岩波現代文庫／学術 229

国際政治史

岡 義武

岩波書店

目　次

序

岩波全書に『国際政治史』を執筆することになったときに、わたくしは国際政治というものの歴史を書きたいと考えた。正確にいえば、国際政治の構造の歴史的変化を基底としつつ、国際関係の変動してきたその基本的動向を描いてみたいと思った。

国際政治およびその重要な構成単位である諸国家の政治的・社会的・経済的基礎は歴史的各時期を通じて変化してきている。そして、そのことを度外視しては、国際関係の発展過程を真に歴史的に理解することは困難であると考えられる。しかし、在来国際政治史の多くの書物においては、ややもすれば、外交交渉における当事国の「国家的利害」や「権謀術数」、またさらに、とり極められた条約の詳しい逐条的紹介や戦争の詳細な記述等々に重点が置かれ、国際政治の推移を現象的に述べることに急である観をまぬかれない。ひろく一般に行われてきたこのような記述方法は、しかし、意識的たると無意識的たるとをとわず、実はその根柢において国際政治に関するある一つの理解を前提としていると考えられる。それは、すなわち、国家なり外交なりは常にいわばアプリオリに国民的利益《ナショナル・インテレスト》を追究するものであり、諸国家の国民的利益《ナショナル・インテレスト》こそ国際政治の基本的動力であるという見解である。このような見方に立つ場合に、たとえば、外交の態様の変遷、外交を制約する国内的条件、国際労働者運動のごとき、その記述において全くふれられないかまたはふれられることの少くなるのは、自然であろう。けれども、国民的利益《ナショナル・インテレスト》という概念は本来きわめて抽象的かつ不明確なものである。このような概念を素朴に定立して、国家なり外交なりが国民的利益《ナショナル・インテレスト》を追究するものと予断して、そのような観点から国際政治の歴史的過程を記述することは、多くの問題を含むものといわねばならない。

けれども、国際政治の構造の歴史的変化を基底としつつ、国際関係の変動してきたその基本的動向を描くということは決して容易なことではない。その困難さをわたくしはこの書物を書くにあたって今さらのように絶えず痛感させられた。そして、構想の不充分、知識の不足のために、そのような意図を本書において充分貫き得なかったことは、筆を擱《お》くにあたって自ら認めざるを得ないところである。ただ、ここにこの書物を書くにあたってわたくしが抱いた本来の意図を記して、この小著をこの方面に関するわたくしの今後の研究を通じて成長させることを期したいと思う。

なお、この書物においては、その記述を時代を下るに従って詳しくし、終りに第二次世界戦争以後における世界政治の動向を約説することを試みた。これは一つには、著者の専攻が近代史であることによるものであるが、しかし、現代世界政治の歴史的背景に重点を置いた国際政治史も、それなりにいろいろな意味において存在理由をもち得るように考える。

終りに、本書の成るについては、この方面における在来の貴重な諸労作に負うところ大であることはいうまでもないが、同時にわたくしの属する東京大学法学部関係の同学のひとびとの日頃の示唆に負うところもまた少くない。それらを改めて回想して、ここに深い感謝の意を表する次第である。

昭和三〇年九月

第一章　ヨーロッパにおける国際社会の成立

国際政治は、国際社会の成立をその前提とする。ヨーロッパにおいて、今日われわれの理解する意味での国際社会が生れたのは、主権国家の成立にはじまるといってよい。

中世のヨーロッパにおいては、キリスト教世界の統一が理念として要請されていたが、しかし、それにとどまらず現実にもまた、ローマ法王を尖端にいただいたキリスト教会がそのような理念を具現するものとしてヨーロッパの精神生活の上に君臨していた。また「世俗の世界」に関しては、キリスト教世界の統一を表現し、かつこれを武力をもって守るものとして、神聖ローマ皇帝が古代ローマ帝国の継承者たることを標榜しつつ、あたかも「精神の世界」におけるキリスト教会に対応した地位を要求していた。ただ、神聖ローマ皇帝は、そのような巨大な使命を充分に果し得るだけの実力をもつことができず、諸国の王たちは皇帝に対して彼らの独立性を主張することを試みたのであり、従って、ヨーロッパは実際には高度の政治的分裂の状態を呈していたのであった。これらの王たちは、しかし、ローマ法王に対しては完全な自律性をもつことはできなかった。たとえば、王はローマ教会の僧正によって即位せしめられた。また、王が法王の意志を無視した場合には、法王から破門《エクスコミュニケーション》を宣告され、この宣告とともに、封建諸侯は王に対する忠順の義務を解除され、王の治下の人民は貢納の義務から解放されたのであった。またたとえば、諸国においては、洗礼が公民たるための要件とされており、従って、教会から破門をうけたものはその公民権を喪失したのであった。このようにして、「王たちは俗界の首長ではなかった。彼らは一つの聖なる世界に仕えるひとびと――神の意志を遂行するために現世の武器をふるうところの信仰の擁護者であった(1)」のである。

しかし、一六世紀以降に入ると、キリスト教世界の統一ということは、ヨーロッパにおいてもはや容易に期待しがたいものになった。それは、一つには、宗教改革の帰結としてであるが、なお一つには、主権国家が発生をみるにいたったことにもよる。この主権国家の成立にともなって、建前において完全な独立性を保持した国家を構成単位とした国際社会が、ここに生誕をみることになったのである。

この主権国家に関して注意すべきことは、第一には、それは絶対王政またはそれに近い統治構造をもった国家として発展したということである。すなわち、王は封建的政治体制を克服してその領域に高度の政治的な統一と安定とを樹立する過程において、強大な王権を中核とした国家組織を築き上げたのである。王がそれに成功し得たのは、その官僚群と軍隊とをこれがために駆使したことにもよるが、なお一つには、封建勢力(土地貴族・僧侶)に対する関係において都市のブルジョアの支持を獲ち得たことにもよる。すなわち、中世末以来の商業資本の発展は、きわめて狭い地域を単位とした高度の自給経済を次第に破壊し、商品を媒介として広い地域を経済的に結びつけることになった。経済生活の地域的単位がこのように拡大されてきたとき、その同じ地域的単位が政治的にもまた統一されることが望ましくなり、このような事態が王をして以上の企図に関して都市のブルジョアの支持を獲得することを可能にしたのであった。

第二に注意すべきことは、主権国家の若干のものは、種族、あるいは言語、あるいは風習、あるいは宗教などの点において同一または類似した集団を基礎として成立した。そして、この集団が民族(nationality)へと成長するにともなって、それらの国家は民族国家(nation-state; national state)として発展をとげることになった(2)。

なお、民族とは、文化を同じくし、かつ運命を共同にすることを欲する社会集団をいう。そして、同一民族であるという意識を民族意識とよぶ。民族は歴史的に生成するものであるから、一つの社会集団を民族へ発展させる決定的要因というものは存在しない。たとえば、種族あるいは言語の同一または類似、宗教の同一、地理的に一つのまとまりをもった地域に居住すること、文化的に異る他の集団との接触など、それらのいずれもが一つの社会集団を民族へと成長させる重要な契機となり得る。しかし、わずかにそういい得るにとどまる。中世のヨーロッパにおいては、一般人は教会・王・封建領主に対して忠誠の義務を負い、またその生活する狭い郷土に対して強い愛着を抱いていた。しかし、たとえば、同一の種族に属し、あるいは類似の言語・風習をもった集団内部に連帯意識が持続的にもたれることはなかった。この意味において、中世のヨーロッパに民族意識の萌芽を見出すことは困難である。しかし、中世末以来の商業資本の発展による経済生活の単位の地域的拡大は、その地域内の住民の文化様式における共通性を大きくすることになり、たとえば、狭い地域ごとに異っていた地方語をこえて共通語の成長するのを助け、また、狭い地域を基礎とした自給経済の産物である狭隘な地方意識の中にとじこめられていたひとびとの視野を次第にひろげることになった。中世末以来の商業資本の発展は、この意味において、民族国家の形成を促進する役割を荷ったのであった。

なお、絶対王政への発展と民族国家の成長とは、しばしば相互連関の関係に立った。すなわち、絶対王政成立の過程において、封建的政治体制が克服されて行くことは、複雑かつ峻厳な身分的階層関係が弱められることを意味し、その限りにおいて、王権によって広汎な地域にわたって社会的統一性が作り出され、このことはその地域全体が一つの政治社会を構成するにいたったことと相まって、その国家内に民族意識の成長する基盤を用意することになった場合が少くない。(3)(4) 同時にまた逆に、たとえば種族、あるいは言語、あるいは風習などの点で同一または類似している地域を政治的に統合することは、そうでない地域の場合に比して容易であり、その点において、民族へ成長する可能性をもった集団の居住する地域に関しては、王権による強力な政治的統一は容易であったということができる。

さらに、絶対主義国家が民族国家として発展する場合においては、王権は民族的統一の象徴《シンボル》としてみられた。そこで、民族意識はその初期的段階においては王朝への忠誠《ロイヤルティ》を軸として成長することになったのである。

第二章　絶対王政期ヨーロッパと世界

第一節　ヨーロッパ国際政治の構造と態様

以上のようにして国際社会が成立をみたとき、その構成単位である諸国家は主権国家であるという点においては、建前上は平等であった。そこで、そのような諸国はいかなる形において相互に交渉をもったか。まず第一に、その交渉様式には一五世紀以降のイタリア都市国家間に行われていたそれが多分に継受せられることになった。

イタリア半島においては、一二世紀頃から小さな都市国家が群立して、しかも、それらのいずれもが他を征服するだけの力を容易にもち得ず、その結果相互間には不安定な均衡が保たれがちであった。しかも、烈しく反目して軋轢するそれらの諸小国は、互に術策・謀略によって他に対して相対的な優越を獲得しようと絶えず試みたのであり、その間においてここに外交技術の著しい発達がみられることになった。しかも、これらの都市国家の間には、以上のような目的の下に、外交使節の交換が行われた。従って、当時において、外交使節の大きな任務は、任地の国の内情を探索することであり、また必要に応じてその国を自国の側へ引きつけ、あるいはその国と第三国とを離間させることであった。外交使節の交換が行われるようになったその初めの頃には、使節は特定の使命を帯びてある期間他の国に滞在するにとどまったが、やがてその常駐化が行われるようになった。このような常駐外交使節の最初のものは一四五五年にミラノ(Milano)がジェノヴァ(Genova)へ送ったそれであったといわれている。このようになるにともなって、この常駐外交使節を通して他国との関係を調整・処理することが試みられるようになった[(1)]。そのことは、当該国家間に恒常的な外交関係がひらかれたことを意味する。なお、使節交換の範囲も次第にひろげられて行き、それはイタリア半島内の都市国家との間にばかりでなく、半島外の諸国との間にもなされるようになった。そして、イタリア都市国家間にはじまったこの常駐外交使節制度とその運用とは、半島外の他のヨーロッパ諸国の倣うところになり、一六世紀末には大多数のヨーロッパ諸国の間に常駐外交使節の交換がみられるようになった。しかも、外交使節制度のこのような発達にともない、諸国の政府にはこの制度を運用する必要から外交に関する専門部局が設置されることになった。なお、イタリア都市国家間に発達した外交技術に関してとくに注目すべきものは、ヴェネチア(Venezia)共和国の場合である。この小さな共和国は、諸国との間に広汎な通商関係を発展させ、また東ローマ帝国と複雑な交渉をもった関係から、その外交技術はイタリアの他の都市国家に比して著しい発達をとげた。そして、優秀な人材を外交使節に起用して行った巧妙な外交は、諸国によってその範とされ[2]、外交使節の派遣ならびに接受に際して行われたその儀典のごときも、諸国によって模倣・移入されたのであった。主権国家の対立関係を基底としてヨーロッパ的規模において成立してくる国際社会の実態が、群立して拮抗するイタリア都市国家間の関係と多分に共通・類似するものを含んでいたことを考えるならば、イタリア半島において早く発達した外交様式が以上のようにひろくヨーロッパ諸国によって継受されることになったのは、きわめて理解し得るところである。近代ヨーロッパ外交の起源は中世後期のイタリア半島に発すると今日いわれているが、それは正に以上の意味においてである。

なお、イタリア都市国家の内政および外交の無慈悲、苛烈な現実を素材としてマキアヴェリ(N. Machiavelli)は『君主論』その他の著作をなしたが、彼のそれらの書物、とくに『君主論』は、ヨーロッパ諸国の王や政治家たちによって長く、かつ熱心によまれることになった。これもまた一つには、イタリア都市国家間の関係が、ヨーロッパ国際社会の政治的現実と高度の類同性をもっていたことによる[3]。

次に、国際社会の構成単位たる国家は、前述のように、絶対王政またはそれに近い統治構造をそなえていた。そこで、このこともまたそれらの国家間の交渉の態様を規定することになった。この絶対王政期ヨーロッパの外交は「宮廷外交」の名でよばれているように、外交の権はこの時代において君主が掌握していた。その結果、君主間の血縁関係がしばしば国家的利益に優先して国の外交政策を大きく左右したのであった。また、外交使節の任用にあたっては、駐在国の宮廷の信任と好感とを得るような者が起用された。イギリスおよびフランスにおいて、一般に貴族が外交使節に起用されたのも、彼らが宮廷の雰囲気にふさわしく振舞うことができると考えられたためであった。また、駐在国の宮廷の特殊の事情を考慮して銓衡されることもあった。ロシアのエカチェリーナ女帝の母ツェルプスト侯夫人はプロイセン王フリードリヒ二世宛書翰において、サンクト・ペテルブルグへ公使を派遣する場合には容姿端麗の人物を選ぶことが有利であると勧告したといわれている。またたとえば、諸国ではオランダまたはドイツ諸国向け外交使節としては酒乱の癖はないが極めて大量に飲酒できる者であることが望ましいと考えられていたと伝えられている。それらは、宮廷外交にまつわる挿話にほかならない。以上のゆえに、この時代のヨーロッパ諸国の外交はしばしば「閨房外交」(boudoir diplomacy)の名でよばれている。さらに、ヨーロッパ諸国の間に常駐外交使節が交換されるようになった当初においては、外交使節の最大の任務は、駐在国の常備軍の状態を探ることであった。その後、その任務の内容は時とともに拡大して複雑化することになったが、駐在国の内情をできるだけ仔細に観察することは常にその重要な仕事であった。しかも、駐在国の機密を探るために、彼らは公文書を盗み出したり、廷臣を買収したりすることを躊躇しなかった。のみならず、駐在国宮廷の側においてもまた、外交使節を誘惑または買収して派遣国側に関する情報を手に入れ、その他自国の利益をはかることを試みた。(4) この時代のスペイン政府は修道僧をしばしば外交使節に任用したが、それも、修道僧の場合には旅費および生活費が低廉ですむこと、貴族に比して一層豊かな教養をそなえていることなどのほかに、その操守が堅くさまざまの籠絡手段、ことに女色にまどわされることの少いことを考慮してであったといわれている。また、エカチェリーナ女帝は他国へ派遣するその外交使節に対して、駐在国側の賄賂をうけてその国に身を売ったように仮装せよと勧告したと伝えられている。この時代の外交官が「身分の高いスパイ」(an honourable spy)と評せられたのも、それゆえに甚だ自然であったといってよい。それだけに、外交使節がその外交交渉において相手側を欺瞞するごときことも、きわめて日常の事とされていた。また、外交使節が駐在国宮廷の誘惑または買収に応じたごとく装いつつ、逆にそれを利用して重要情報を入手するというごとき詭術を用いたことも決して稀ではなかった。一七世紀にイギリスの大使ヘンリー・ウォトン卿(Sir Henry Watton)がドイツのアウクスブルクへ赴いたときに、同地でアルバムに「大使とは自国の利益のために外国で嘘をいう目的で送られた誠実な人間を指す」と記した。このことが彼の政敵によってジェームズ一世に報告されたとき、王は激怒し、全くの戯れの言葉にすぎないとのウォトンの弁明には耳をかさず、彼を外交官の地位から放逐した。けれども、ウォトンのこの言葉は、一七〇〇年にドゥ・トルシ(de Torcy)が外国の宮廷を欺く最上の方法は真実を語ることであるといったのと同様に、(5) この時代の外交使節の活動の重要な一面を述べたものにほかならない。外交使節はまた、外交交渉を自国に有利に妥結させる目的の下に、駐在国宮廷に対して陰謀を弄することをもした。たとえば、王の寵臣を味方につけようとし、その不可能な場合にはそのものを失脚させて自分の味方になし得るものを王の側近へ据えようと試みた。またたとえば、一八世紀のイギリス外交官ジェームズ・ハリス(マムスベリー伯)(James Harris, Earl of Malmesbury)がロシア大使に任命されたとき、彼の重要な任務はロシアをイギリスと提携させることであった。彼はそれを実現させようとして、莫大な金をロシアの廷臣の間に散じて女帝エカチェリーナ二世の首席大臣パーニン(Panin)の勢力を失わせることをはかった。そして、彼はたまたま女帝が自分を思慕しているのを知ると、それを利用して女帝に説いて、パーニンを失脚させることに遂に成功した。このエピソードのようなことは、この時代においては決して珍しいことではなかった。またたとえば、オランダ人アブラハム・ドゥ・ウィックフォルト(Abraham de Wicquefort)は一六八一年に『大使とその職能』(L'Ambassadeur et ses Fonctions)という書物を公にした。この書物は外交というものを全般的に考察した最初の文献と今日されているが、外交使節としての経験をもつウィックフォルトは、この書物の中に、「大使がその任地の宮廷の大臣を買収して腐敗させることは許さるべきことである」と題する一章を設けている。彼はこのようなことを述べたばかりではなく、ブランデンブルク選挙侯の使節としてパリにあったとき、またオランダでブラウンシュヴァイヒ公の使節の任にあったとき、「その任地の宮廷の大臣を買収して腐敗させること」を試みたと今日推測されている。なお、この時代の外交使節は、このように駐在国の宮廷に対して陰謀を弄したばかりではない。あるいは駐在国の政府反対派を操縦することを試み、あるいは内乱を煽動することをさえしばしば行った。

国家がその存立または発展のためにもつ欲求を国家理性(raison d'état; Staatsräson)とよぶが、以上に述べたところからも推察できるように、この時代の国際政治の中に、マキアヴェリが主張し力説したような国家理性の飽くなき追求の試みを見出すことができる。一六世紀のいわゆる宗教戦争の時期に「きわめて篤信的な」フランス王、「最もキリスト教的な陛下」フランソワ一世(François I)は、カトリック教を信奉するカール五世が神聖ローマ皇帝兼スペイン王としてヨーロッパ大陸に覇制的地位を樹立しようとするのを阻止するため、ドイツの新教諸君主およびアングリカン・チャーチ(Anglican Church)の創設者イギリス王ヘンリー八世と提携することを辞さなかった。それればかりでなく、さらにトルコ帝国との間にも同盟を締結して、このような大規模な形において勢力均衡《バランス・オヴ・パワー》を樹立することをはかった。フランソワ一世が、由来ヨーロッパ諸国から「キリスト教を奉ずる犬ども」と称して蔑視されてきたトルコと結ぶにいたったことは、さすがに当時のヨーロッパに大きな衝撃を与えた。しかし、この事実のごとき、一つにはこの頃の国際政治においてキリスト教がもっていた比重の程度を示すものであると同時に、この時代のヨーロッパ国際政治における国家理性の優位をも物語るものである。

上に述べたようにして、ヨーロッパ諸国の間に常駐外交使節が交換されるようになって後も、外交上の慣行的儀礼がともかく一応確立されるまでには、しかし、なお多くの時を必要とした。そのことは、たとえば、一六四八年のヴェストファーレン(ウエストファリア)会議当時の事情からもよくうかがうことができる。三十年戦争を収拾するためにひらかれたこの国際会議へは、ヨーロッパのきわめて多数の国の代表者が参加し、その点でそれは当時にいたるヨーロッパ史上において未だかつてその例をみない大きな国際会議であった。ところで、交戦国間に会議召集に関する取極めが結ばれたのは一六四一年末であり、会議開催に関する取極めの成立したのは翌年七月のことであり、会議が現実にひらかれたのは、実に一六四五年六月であった。開会までにこれほど長い時間を要したのは、主としては外交儀礼に関するこれまでの慣行が甚だ不完全であり、このような国際会議をひらくためには新たにさまざまの儀礼をあらかじめ取極める必要があったのによる。現にたとえば、信任状(credentials)の書式と敬称、各国使節が列伍を組む場合のその順位、会議における各国使節の席次、その他を決めるために烈しい論議が参加諸国間に重ねられたのであった。(6)

国家間の紛争を外交的手段によって解決し得ない場合、しばしば戦争の爆発となる。そこで、以下にこの時代のヨーロッパにおける戦争についてみてみたい。まず、諸国においては将校の地位は一般には貴族層出身者をもって充当され、兵士に関しては傭兵制が採用されていた。この傭兵は、必ずしも専ら自国人民の中に募られたのではなく、外国人を傭い入れることも珍しいことではなかった。たとえば、一八世紀のフランス軍隊は多数のドイツ人傭兵を含んでいた。また、フリードリヒ大王下のプロイセン軍の場合、その三分の二は外人傭兵であったといわれている。またたとえば、アメリカ独立戦争のとき、イギリス政府はアメリカ遠征軍を編成するにあたり、ヘッセン大公国から一万二〇〇〇名の兵士を傭い入れた。その際の雇傭条件は手当二八〇万ポンド、死傷した兵士に対しては別に補償金を支払うというのであった。この時代のドイツ諸小国は他国との間にこのような契約を結んで自国人を他国の傭兵として提供した例が少くない。また、スイス人もその慓悍な性格のゆえに最も素質のよい傭兵として諸国によって珍重されたのであった。

この傭兵制度の下においては、募集の容易でないことや財政的負担の点などから、軍隊は数において到底大きなものではあり得なかった。フリードリヒ大王のごときも、一つの戦闘に二万ないし四万人以上の兵力を用いたことは稀であったといわれているが、そのことは彼の保有した兵力総数が大でなかったことと実は関連している。ところで、王たちは傭兵から成るこの軍隊を長い時間をかけて丹念に訓練した。この訓練は、戦闘技術の面については効果を収めることができたが、しかし、傭兵から成る軍隊はその被傭者意識のゆえにモラルにおいて低いことを到底免かれなかった。たとえば、フリードリヒ大王のごときはその軍隊に対して大きな個人的声望をもっていたにもかかわらず、一つの戦闘に敗れたときに使用兵力の三分の一が脱走してしまうごときことは珍しくなかったと伝えられている。そして、彼は所要兵力を調達する必要から、脱走兵に対して六ヶ月以内に復帰した場合には報償金を与えることさえもしたといわれている。そこで、このようなモラルの低い軍隊を使役して行くためには、苛烈な軍規、惨虐な体刑、大きな報償を必要とした。しかも、傭兵たちは個人的にまたは集団的に、よりよい手当・服務条件を求めて「雇主」を変えることもし、そのためには脱走することをも辞せず、かつその脱走先が敵国側であることも決して稀ではなかった。

軍隊は以上のようにして多大の費用をかけて訓練したもので、かつ容易に補充しがたいものであったから、このことは王たちをして軽々に戦争に訴えることを躊躇させる一因にもなった。同時に他方、この時代における戦術の内容を規定することにもなった。すなわち、将軍たちは戦争において自軍の死傷をできるだけ少くしようとして、敵軍と正面衝突をすることをでき得る限り回避することに努めた。彼らはその戦略の主眼点を相手国軍隊の殲滅に置かず、その軍隊を巧妙に動かして敵軍をして戦闘を交えれば敗北を招かざるを得ない地位へ陥れて降服または退却へ誘導し、そのようにして勝利へ到達することを理想としたのであった。ザクセン伯(Graf von Sachsen)(一六九六—一七五〇年)が「余は合戦させることには賛成でない。とりわけ戦争の初期においては。むしろ賢明な将軍はその全生涯において一度も合戦せずに戦争をすることができると余は確信している」といい、プロイセンの将軍マッセンバッハ(Massenbach)(一七五八―一八二七年)はフリードリヒ大王の兄弟であるハインリヒ公(Prinz Heinrich)を讃えて「デュラキウムにおけるカエサルよりもより巧妙に、ロクロワのコンデよりもより立派に、彼は軍神バーウィックのように、一回の合戦もせずに勝利を得たのである」といい、またジョリ・ドゥ・マイゼロワ(Joly de Maizeroy)(一七一九―八〇年)は「戦争学はいかにして戦うかを知ることにあるのみではない。むしろ、それ以上に、自らを危地に陥れることなくしてその目的を達するよう、戦闘を避けることにある」と記したといわれている。これらの言葉はいずれも上に述べたような戦略の理想を述べたものにほかならない。このような戦略がとられた結果、この時代における戦争はいきおい往々甚だ長期間にわたってつづけられたのであった。

次に注意すべきことは、フェレロ(G. Ferrero)はこの時代におけるヨーロッパの戦争を喩えて、土地・相続・王位・条約などを賭物にした君主間のゲームであったと述べているが(7)、諸国の王たちは烈しい敵愾心を互にもつことなくして、戦争を交えた場合が少くない。そして、彼らはこのいわゆる賭物の価値と戦争継続によって生ずるさまざまな不利益とを比較秤量《しょうりょう》して、戦争を適宜なところで打ち切って和を結ぶことをした。そのようなわけであったから、また従って、後の時代に見られるように敵国の文化を蔑視または否認するごときこともみられなかった。たとえば、一六世紀におけるオランダ独立戦争にあたって、アルバ公(Duke Alba)がこの叛乱を鎮圧するためにスペイン軍を率いてオランダへ入った際に、彼はオランダの学者たちに保護を与えることに努めた。またたとえば、一八世紀においてドイツ諸国とフリードリヒ大王下のプロイセンとは提携してフランスと戦争を交えたが、この戦争下においてもドイツ諸国におけるフランス文化に対する憧憬の感情は何ら変ることはなく、フランス文化を自国へ移植する試みはつづけられたのであった。また、フリードリヒ大王は啓蒙思想を信奉し、当時のフランス文化をもって世界の最もすぐれた文化としてそれに傾倒し、ドイツ人を野蛮視していたが、このようなフリードリヒ大王の率いるプロイセン軍がブルボン王朝下のフランスの軍隊に対してしばしば勝利を得たとき、当時のフランスの知識人はその都度それをもって啓蒙思想の勝利を象徴するものとして歓呼を送ることを惜まなかったといわれている。

さて、戦争は以上のように、王たちが傭兵を用いて行ったのであり、その点において一般人民とはかかわりなかった。かつ、戦場となった地方を別とすれば、戦争が一般人民の日常生活へ及ぼした影響も少かったといってよい。それゆえにこそ、「無辜《むこ》の民には自国が戦争をしているということを気づかせてもいけない」というフリードリヒ大王の言葉も、この時代においては正しく箴言《しんげん》としての意味をもち得たのであった。しかし、戦争がこのように一般人民といわば無関係に行われたその反面として、王たちは講和を結ぶにあたっても彼らの念頭には一般人民のことはなかったといってよい。領土の変更に関しては、その対象たる地域の住民の意向はもとより、住民の人種・言語・歴史・風習などは顧慮せられず、専らその地域の富・人口数・戦略的価値等を考慮して取極めがなされたのであった。一七一三年スペイン継承戦争を収拾したユトレヒト(Utrecht)条約が締結をみた際スペインの政治家アルベロニ(G. Alberoni)はこの条約を評して、列国は「諸国・諸王国をオランダ・チーズを扱うように切ったり削いだりした」といったと伝えられているが、このような比喩は決して単にこの条約に対してのみ妥当するものではなかったのである。

次に、この時代のヨーロッパ諸国によって平時の外交において常に考慮に置かれ、戦後の平和条約作成にあたって重要視されたものの一つに、勢力均衡《バランス・オヴ・パワー》(balance of power)の原則がある。この勢力均衡の原則なるものは、実は本来的には「平和を保全したり、国際的協和に役立たせようとして工夫されたものではない。単に国際社会《ステート・システム》を構成しているある単位国家の力が増大して他を脅かすようになるのを防ぎ、それによって国際社会の各単位国家の独立を維持しようとして工夫されたもの」にほかならない[8]。それゆえに、勢力均衡維持の試みは、普通には、ある一国家が優勢な地位を樹立しようとするのに対して他の若干の国家が提携してこれを阻止する企てとして現われた。このような企てはきわめて古い昔にすでにその例を見出すことができる。たとえば、ハムラビ(Hammurabi)によるバビロニア(Babylonia)帝国建設前の時期にチグリス・ユーフラテス渓谷に沿ったアジア諸小国の間にも行われ、ヨーロッパについていうも、たとえば古代ギリシア都市国家間にも、中世末期以来のイタリア都市国家間にも見出すことができる。しかも、ヨーロッパに前述のようにして国際社会が成立するにいたってからは、勢力均衡ということは、次第にヨーロッパの広汎な地域を対象として考えられるようになった。一六世紀において、神聖ローマ皇帝兼スペイン王カール五世に対抗して、またその後スペイン王フェリペ二世に対抗してヨーロッパの多くの国が提携してヨーロッパにおける勢力の均衡を維持しようとしたのなどは、その最も典型的な例といってよい。たとえばまた、三十年戦争(一六一八―四八年)を収拾したヴェストファーレン(ウエストファリア)条約(一六四八年)は、中央ヨーロッパを人口および資源の点においてほぼ均衡を保ったカトリック圏と新教圏とに分けることをした。そして、ドイツ地方に関して設定されたこの勢力の均衡は、この後二世紀にわたってヨーロッパ諸国間における勢力均衡の基底をなしたのであった(9)。また、一七世紀末から一八世紀初めにかけてルイ一四世はヨーロッパ大陸にフランスの優越的地位を樹立しようと企て、これに対してヨーロッパの多くの国はイギリス、オランダを中心に提携して阻止することを試みた。現にスペイン継承戦争を収拾したユトレヒト条約(一七一三年)は、このようなフランスと他のヨーロッパ大陸諸国との間に勢力の均衡を樹立したのであった。そして、このユトレヒト条約から第一次ポーランド分割(一七七二年)にいたる期間、ヨーロッパ諸国はしばしば同盟を結んで戦争を交えたが、それらの戦争においての目的はユトレヒト条約によって樹立された均衡状態を維持すること、具体的にいえば、右の均衡がとくにスウェーデンの衰退、ロシア・プロイセン・イギリスの勢力増大などの結果として失われようとするのを阻止することにあったのである。

なお注意すべきことは、ヨーロッパにおいては一八世紀末までは、一方においてはオーストリア・神聖ローマ帝国内の他の諸国・イタリア諸国・フランス・スペイン・ポルトガル・イギリスなどを含む諸国間に勢力の均衡を保つことが試みられ、他方、それとはある程度別個独立に北ヨーロッパならびに東ヨーロッパの諸国間に勢力の均衡をはかることが企てられた。そして、その後ナポレオンが登場して、彼が全ヨーロッパ的規模においての優越的地位の樹立を企てるようになったとき、これに対応してここに初めて全ヨーロッパ的規模においての勢力均衡ということが積極的に考えられるようになったのである。

しかし、勢力均衡ということは、前述のような目的において考えられただけではない。一つの大国が一弱小国の犠牲においてその領土的拡張を試みる場合、第三国たる他の大国は右の大国の勢力増大に対抗して等価的な領土拡張を行おうとして、往々勢力均衡の原則を援用することをした。その場合においては、勢力均衡の原則は実は「共同分割の方式」(le systéme copartageant)にほかならない(10)。一八世紀末におけるロシア・オーストリア・プロイセン三国によるポーランド分割の場合のごとき、その典型的な例ということができる。けれどもまた、勢力均衡によって国際平和の維持をはかった場合もしばしばあった。それは、「国家がその欲するところを強いるだけの力のないことを完全に意識した場合には、その行動は平和的で妥当なものになり、調停・仲裁が便宜であることに気づき、実力で要求する代りに法と正義との名において論弁する」ようになるからにほかならない(11)。たとえば、前述のヴェストファーレン条約およびユトレヒト条約の場合においても、条約の起草にあたった政治家たちは、それらの条約によって設定される諸国間の勢力均衡が将来の平和維持にもまた役だち得ることを期待したのであった(12)(13)。

しかし、国家間の勢力の均衡はきわめて崩れやすい。従って、勢力均衡ということに国際平和の維持を安易に期待することは、もとより困難である。それゆえに、ヨーロッパにおいてはきわめて古くから、さまざまの国際平和維持のための構想がひとびとによって抱かれたのであった。しかも、ヨーロッパにおいて前述のようにして国際社会が成立してくる過程において、またその後において、ヨーロッパが戦争または戦争の脅威の下に苦悩したことは、幾多のひとびとをして平和の問題に強く思いをひそめさせ、国際平和維持のためのさまざまの構想がなされる契機となった(14)。けれども、それらの提案はいずれも、ヨーロッパ国際政治の上へ現実に影響力を及ぼし得ずに終った。

戦争の悲惨は、ひとびとに国際平和維持のための計画を構想させたほか、戦争の惨害をでき得るかぎり少くするための方策を求めさせることになった。オランダ人フーゴー・グロティウス(H. Grotius)は一六二五年『戦争と平和との法』(De jure belli ac pacis)を公にして、国家は自然法と諸国間の法(国家間の慣行およびその結果として諸国が承認している諸原則)とによって拘束されるとし、右の両者を法源とした国際法規の存在を指摘したのであった。彼はこの書物の序文において述べて、「上述の理由によって、戦争の準備中にまた戦争中において守らなければならないところの、権利に関する共通の法が諸国民の間に存在することは、きわめて確実であると考える。そこで、わたくしとしては、このことについて一つの論策を書かねばならない多くの、かつ重要な理由があると思う。なぜならば、蛮族でさえも当然恥じるような戦争を行う自由がひろくキリスト教世界に存在しているのである。きわめて些々たる理由で、または何らの理由なくして武器に訴えることが行われている。そして、一たび武器が手にとられるや、神の法と人の法とはもはや全く顧みられることなく、あたかもひとは無制限にあらゆる罪を犯して差支えないかのような有様を呈している」と記しているが[15]、グロティウスがこの書物を著わすにいたったのは、三十年戦争がもたらした惨憺たる戦禍に深く心をうたれてのことであった。そして、以上に引用した序文からも推察し得るように、彼の『戦争と平和との法』は戦争法規の存在を明かにすることをもってその主たる課題としたのであった。しかし、「蛮族でさえも恥じるような戦争」をなくそうとしたグロティウスの意図は、容易に実現し得なかった。のみならず、この以後徐々に発達をみることになった国際法において、戦争法規の部分こそ最も守られること少い部分であった。けれども、グロティウスのこの書物は国際法および国際法学のために巨大な礎石をすえたものであり、彼がその中において述べたところは、その後における国際的慣行の上に大きな影響を与え、国際法の発達を助けることになり、そのゆえに彼は「国際法の父」とよばれることになった。

なお注意すべきことは、絶対王政期のヨーロッパにおいては国家間の関係は君主たちの間の個人的関係としての性格を高度に備えていた。そこで、この時代における国際法、条約、さらにはひろく国際道徳は、君主の騎士道的名誉心に支えられて守られた場合が少くない。この時代のヨーロッパ諸国の宮廷(王および貴族を中心とする)ではフランス語が用いられ、フロックコート・高帽・競馬・賭事・ホイスト・クラブなどイギリス風の趣味が宮廷を支配していた。そして、諸国の王や貴族たちは血縁・婚姻等によって往々密接に結びついていた。それゆえに、諸国の宮廷は共通の言語、共通の生活様式、血の繫がりをもったところの一つの国際的社交界《ソサエティ》を形づくっていたと形容することもできる。君主たちの騎士道的名誉心も、実にこのような環境の中に育まれたモラルに根ざしたところのものであった。従って、グロティウスがその『戦争と平和との法』の最後の章において、「王は良心のゆえに、またさらに統治の権威の基礎をなしている名声のゆえに、信義を厳に重んずる義務」のあることを述べているが(16)、それは単純な教説ではなく、当時の以上のような現実と連関をもったところの提言であったのである。

第二節　「ヨーロッパの膨脹」

さて、絶対王政期のヨーロッパ諸国の活動はヨーロッパ内に限局されていたわけではない。ヨーロッパは世界の諸大陸の中で最も小さい大陸であるにもかかわらず、この最小の大陸は実に一九世紀後半にいたるまで世界のすべての大国をその中に含んでいた。かつ、地球上のきわめて広汎な地域はいわばこの大陸から支配をうけていたのであった[17]。このような意味においての、世界政治におけるヨーロッパの優越、「ヨーロッパの膨脹」(expansion of Europe)は、その歴史的起点をヨーロッパの絶対王政期にもつのである。

すなわち、一四八八年におけるバーソロミュー・ディアス(Bartholomeu Dias)による喜望峰の発見、一四九二年のコロンブス(C. Columbus)によるアメリカ発見、一四九八年のヴァスコ・ダ・ガマ(Vasco da Gama)によるインドへの航路の発見——これらに象徴されるスペインおよびポルトガルによる探険事業の進捗にともない、一六世紀以降イベリア半島のこの二国によってヨーロッパ外への膨脹が企てられた。しかも、一七世紀に入ると、さらにオランダ、フランスおよびイギリスによって植民帝国の建設が始められることになった。なお、これらの諸国はいずれも民族国家であったから、従って、それら諸国のヨーロッパ外への膨脹は、一面において民族国家の対外的膨脹とみることができる。さて、これらの探険事業、それにつづく世界帝国の建設は、実は以上のヨーロッパ諸国において蓄積されてきた商業資本をその推進力としたものであった。そして、この時代においてそれら諸国の商業資本がヨーロッパ外の地域に求めたものは、金・銀・絹・香料・木綿・珈琲・砂糖など当時のヨーロッパにとって珍貴な財貨であり、諸国商業資本としては、でき得る限り多くの利潤を獲得するために、それら財貨の産地を自国の独占的・排他的支配の下に置こうと欲し、自国軍事力によるそれら地域の征服・併合、それによる植民帝国の建設を要求したのであった。そして、一五世紀後半のヨーロッパにおける地理学および天文学の発達、羅針盤の使用、造船術および航海術の進歩による遠洋航海用の船舶の出現などは、ヨーロッパ外の世界へのこの探険事業を成功させたのであり、またこれらの諸事情は火薬使用法の進歩、要塞建設技術の発達と相まって、以上の諸国によるヨーロッパ外地域の征服・植民帝国の形成を容易にしたのであった。「ヨーロッパの膨脹」はそれゆえに、ヨーロッパとヨーロッパ外の地域との間の科学技術上の巨大な懸隔によって可能となったということができる。

この時代におけるヨーロッパ外地域のこの征服は、一般に残忍・無慈悲をきわめた。しかも、自国軍事力を背後に頼んで営まれた独占的商取引は、実は掠奪貿易にほかならなかった。この時代にヨーロッパ外への活動に参加したヨーロッパ人たちの間に口にされた「喜望峰より以東良心の必要なし」「アメリカ以西神は照覧し給わず」というごとき言葉は、以上の点を端的に物語るものである。なお、この時代の上記ヨーロッパ諸国の海外領土は一般に植民地とよばれているが、しかし、北米大陸におけるそれを除いては、それらの地域には商業活動の基地とそれを援護するための堡塁をそなえた軍事基地とが設けられたにすぎなかった。

さて、一六・一七世紀以降ヨーロッパの諸国は以上のようにしてヨーロッパ外へ膨脹を試みるにいたったが、このヨーロッパ外貿易においては、ポルトガルが一時は優勢を示した。そして、その首府リスボンは全アジア貿易の商品市場として繁栄をきわめた。しかし、ポルトガル自身が東方へ提供し得る商品は本来少かった上に、インド貿易に関するその独占的地位を他国に対して防衛し得るだけの海軍力を欠いていた。さらに、一五八〇年スペイン王フェリペ二世がポルトガル王位を兼摂して後、オランダ独立戦争の結果ヨーロッパ外のポルトガル領の大部分はオランダの有に帰した。このような事態に当面したポルトガル人は一六四〇年叛乱して、スペインから分離・独立をとげるにいたったが、しかし、ポルトガルは、昔日のごとき世界帝国を再建し得る力を今はもはや全くもたなかった。

次に、スペインは新世界の広大な地域と若干の太平洋諸島とにその支配権を樹立し、またポルトガルとの前述の合同によってポルトガルの海外領土を統合して、フェリペ二世治下(一五五六―九八年)においては実に巨大なる世界帝国を形成するにいたった。けれども、スペインは一方でヨーロッパ外への膨脹を試みながらも、同時にヨーロッパ内において優越的地位を打ち樹てようと試みた。しかし、この二つの目的を並行して追究することは、国家財政の上からだけでも甚だしく困難であった。しかも、この時代においてスペインの土地の大部分を保有していた貴族および教会は免税の特権を享受しており、さらに富裕なユダヤ人およびムーア人に対する宗教的迫害は重要な財源を破壊する結果となった。その上に、その海外領土から本国へ送られる銀は国庫へ入ること少く、貴族とドイツ人投機業者の懐を徒らに肥えさせるにとどまった。また、すべての国内取引に対する重税は国内産業を次第に萎靡《いび》・不振に陥れ、海外領土との取引に対してもきわめて重い税が課せられたために取引の大きな部分はイギリスおよびオランダの密輸業者によってなされることになった。これらの諸事情の下に、一六世紀終り頃にはスペインはもはや財政的に破産に瀕する有様となっていた。そして、一五八八年のイギリスによるスペインの無敵艦隊《アルマダ》撃破は、その基礎ゆらぐにいたっていた世界帝国スペインのために打ち鳴された弔鐘にほかならなかった。

これより先、一五八一年ネーデルラント(Nederland)地方はスペインの支配に対して叛旗を掲げるにいたったが、一七世紀初めに遂に独立、オランダの建国をみた。しかも、前に述べたように、オランダはその独立戦争の過程においてスペイン王が兼摂するポルトガルの海外領土の大部分を獲得し、その独立後これを基礎として迅速に世界帝国を築いたのである。そして、なお同じこの一七世紀の中に、フランスおよびイギリスもまた、ヨーロッパ外への膨脹を強力に試みるにいたったことは前にふれたごとくである。

ところで、ヨーロッパ外へ膨脹して世界帝国を築くことを試みるにいたった以上の諸国は、その膨脹の過程において相互の間に苛烈な軋轢・衝突をくり返したのであった。この点について注意すべきことは、一七世紀および一八世紀にヨーロッパにおいて行われた戦争の幾つかは、実はヨーロッパ内の地域を対象としての権力闘争たるにとどまらず、ヨーロッパ外の世界におけるその地位を賭けたところのものであった。それゆえに、イギリスはスペイン継承戦争(一七〇一―一四年)に勝利を獲得することによって、世界帝国としてのその地位を著しく強化し、このイギリスに対抗し得る世界帝国としてはフランスがあるにすぎない有様となった。しかも、イギリスはこの一八世紀の間にフランスとの間にオーストリア継承戦争(一七四〇―四八年)・七年戦争(一七五六―六三年)・アメリカ独立戦争(一七七五―八三年)を交えた。かつてシーレー(J. R. Seeley)が指摘したように、「新世界の領有を意図する対立候補者」であったイギリス・フランス両国の間に行われた以上のこの三つの戦争は、いわば「この巨大な世界争奪戦においての決勝戦」であったのである。[18] そして、歴史的にみれば、七年戦争を収拾したパリ条約(一七六三年)によって、イギリスは遂に「太陽の没することのない」巨大な世界帝国へと決定的に発展した。[19] しかも、このイギリス帝国は全く他の挑戦を許さざるまでに優越的な海軍力をもって武装されたのである。

なお、世界帝国としての地位を賭した以上の諸戦争において、その主戦場はあくまでヨーロッパであった。それゆえに、たとえば、ピット(W. Pitt)がいったように、イギリスは七年戦争を交えることによってドイツ地方においてアメリカを征服したのであった。そして、さらに同じくピットの表現を借りれば、イギリスはその後ヨークタウン(York-town)においてだけでなくヨーロッパにおいてアメリカをその掌中から失ったのであった。

第三章　市民的政治体制形成期のヨーロッパと世界

第一節　フランス革命およびナポレオン

さて、一七八九年に勃発をみたフランス革命は、ひろくヨーロッパ大陸諸国における絶対王政没落への歴史的序曲をなすものであった。しかも、フランス革命ならびにその革命過程の変転は、ヨーロッパ国際政治史上にもさまざまの注目すべき結果をもたらすことになった。

フランス・ブルジョア階級が人民大衆の支持の下に、アンシャン・レジームの打倒に成功したとき、そのことはヨーロッパの他の諸国の支配階級を正に戦慄せしめずにはいなかった。彼らはフランスにおけるこの革命が自国の被支配層の上へ及ぼす影響を考えて、烈しい恐怖に駆り立てられたのであった。しかも、そのような恐怖は決して根拠ないものではなかった。自国の政治体制に対して強い不満を抱いてきた諸国のひとびとは、現にフランスにおけるこの革命によって烈しく鼓舞された。彼らは、自国の支配体制がフランスの場合と同様に覆されて彼らが遂に解放される日を近い将来に強く期待するにいたったのである。このような中において、やがて一七九一年にはオーストリア皇帝レオポルト二世(Leopold II)とプロイセン王フリードリヒ・ヴィルヘルム二世(Friedrich Wilhelm II)とはピルニッツ(Pillnitz)に会同し、フランスにおける秩序と王制との復興をもって「ヨーロッパにおけるすべての君主の共同利益」(圏点著者)であると宣言し、ついで翌一七九二年四月この二国とフランスとの間には遂に戦争の火蓋が切られることになった。当時プロイセンおよびオーストリアはこのひらかれた戦争の目的を規定して「フランス内部の無政府状態を終結させ、王位および祭壇への攻撃をとどめ、法的権力を再建し、奪われた安全と自由とを王に復し彼に属する正当な権力を再び行使し得る地位に置くこと」であるとし、もしも今後フランス王室の何人かに対して些かの危害たりとも加えられることがあれば、オーストリア・プロイセン連合軍は「パリ市に武力的制裁を加えて完全にこれを破壊し、かかる暴行をなした叛徒に対しては相当する処罰を科し、このようにして、永遠に記念すべき復讐を加えるであろう」と宣言した。(1) こうして、まずプロイセン・オーストリアとフランスとの戦争を発端として、一七九九年にいたる期間にわたる一系列のいわゆる革命戦争(revolutionary war)がここに開幕されることになった。そして、この革命戦争の中には、実に諸国支配階級の前述のような甚だしい恐怖感が烈しく脈打っていたのであった。ところで、この革命戦争をフランスの側からみると、対プロイセン・オーストリア戦争がいよいよいよひらかれるにいたったとき、国民議会(Assemblée nationale)は宣言を発して、「フランス国民は一つに全くその自由と独立とを維持するがために武器を執るものである。なすことを余儀なくされるにいたった戦争は、国民の国民に対する戦争ではなくして、王の不当な攻撃戦争に対する自由なる人民の正当防衛である」(圏点著者)となしたのであった。

しかし、その後一七九二年八月のパリにおける大暴動を転機として革命の指導権はブルジョア階級から小市民層へ移行し、それにともなって革命はその方向において一段と急進化するにいたり、その過程において君主制は廃止されて共和制が布かれた。そのような中で、戦争に対する革命フランスの見解もまた当然に変化することになった。すなわち、同年一一月国民公会(Convention nationale)は宣言して、フランスは「自由を回復しようとするすべての国民に友情と援助とを与える」であろうとなし、さらに一二月には「フランス国民は、自由と平等とを拒絶しまたは放棄して君主および特権階級を維持し、呼び戻しまたはこれと商議しようとするすべての人民を敵として取扱うであろう。またフランス国民は共和国軍隊の立入る地域の住民の主権と独立とが樹立されるまでは、また人民が平等の原則を採用し自由にして民主的なる政府を樹立するまでは、何らの条約をも結ばず、また武器を捨てないことを約する」と宣言したのである。以上に述べたところからも明かなように、革命戦争はすでに本来、フランス革命前のヨーロッパにおいて交えられてきた多くの戦争のように王朝と王朝との間の戦争という形をとらず、一面において、戦争の形をとったところの国際的規模における階級闘争としての性格をもっていたのであるが、革命過程の急進化はこのことをいよいよ鮮明ならしめることになった。現にたとえば、一七九二年九月、開戦以来敗北・後退を重ねてきたフランス軍はヴァルミ(Valmy)において初めてプロイセン・オーストリア連合軍に対して勝利を獲得し、これを転機として敵国領土へと進攻することとなったが、このフランス軍は侵入して行く地域の被支配層からは彼らの解放者としてしばしば熱狂的歓呼をもって迎えられた。そして、フランス軍はそれらの地域の被支配層にむかってフランス革命の諸原則について啓蒙的宣伝を行い、彼らを支配してきた絶対王政に対する反情・憎悪を煽動することを試みたのであった。国際政治において相手国の世論へ計画的に働きかけることは、後年次第に行われるようになるが、その先例は当時のこのフランス軍によって作られたといってよい(2)。こうして、以上の限りにおいて、フランス軍は他国の被支配層に対して解放軍的役割を荷ったのであった。

しかし、一七九四年の「テルミドールの反動」(Réaction thermidorienne)により、革命の指導権が小市民層から再びブルジョア階級の手へ戻り、それとともに、革命は方向において後退・右傾することになったが、このことはフランスの行う革命戦争の性格に当然反映することになった。すなわち、フランスは他国の被支配層に対して革命の宣伝を行うことを止めるにいたるとともに、その戦争は有利な戦況に支えられつつ征服戦争としての性格をきわめて濃厚に帯びることになった(3)。そして、一七九五年のバーゼル(Basel)条約によってフランスがライン左岸地方についてプロイセンからフリー・ハンドを獲得するに及んで、かつてルイ一四世が抱いたところの古き夢、すなわちライン河・アルプス山脈・ピレネー山脈・大西洋という「自然国境」の獲得は遂にここに実現をみた。さらにその後、とくにカンポ・フォルミオ(Campo Formio)条約(一七九七年)以来は、フランスは自国の周辺に一連の衛星国を作り出し、それらの国々の政治体制を自国のそれに倣わしめるとともに、右の諸国を従属国の地位に置いた。そして、これら衛星国によって自国の安全《セキュリティ》を堅めると同時に、これら諸国を足場としてヨーロッパ大陸に優越的地位を築こうと試みるにいたった。

次に、フランスの行った革命戦争は、その戦争形態の点においてもこれまでの戦争に対して新生面をひらいたということができる。すなわち、革命戦争におけるフランスの将軍たちはこれまでの絶対王政期ヨーロッパ諸国の将軍たちとは異って、敵軍に対し正面から決戦を求めて決定的勝利を獲得することを敢てし、そのような戦術は諸国の王たちの軍に対して勝利を博することをしばしば可能にしたのであった。フランス革命前の諸国が好んで用いた戦術はすでに述べたようにその時代における傭兵制と密接な連関をもっていたが、フランス革命はフランス軍自体をもまた大きく変化させたのであった。すなわち、革命の勃発後、貴族層出身の将校の多くのものは、革命に反対して国外へ亡命しまたはその地位を退き、その結果旧来の軍隊は一旦瓦解に近い状態に陥った。しかも、そのような中でやがて革命戦争の勃発を迎えたが、このときに当り国民議会は「祖国は危機に瀕す」(la patrie en danger)という標語を掲げて、国民に対して志願兵として銃剣をとり、革命の事業を外敵に対して防衛することを烈しく要請するにいたった。この要請が一たび発せられるや、国内の各地からは夥しい数の人民が蹶起、三色旗の下へ身を投ずることになった。しかも、革命政府は他方、革命を支持するものの中から将校を任用した。これら将校の多くは旧来の軍における下士官であったが、それらの将校がここに以上のような志願兵から成る、かつ数において厖大な部隊を率いて続々戦場へ赴いて行くことになった。こうして、革命フランス軍の兵士たちは革命を支持し、これを対外的に防衛するために勇躍銃剣をとるにいたったひとびとであり、彼らのモラルは従ってきわめて高かった。また、その将校たちも革命の事業を死守しようとして率先陣頭に立つにいたったひとびとであった。なお、革命において企てられた身分的特権打破の建前は、将校の任用に関しても適用され、軍事的才能あるものはその出身の如何をとわず、その才能に応じて昇進せしめられた。このような新しいフランス軍は、しかし、あわただしく編成されたものであっただけに、革命戦争の当初においては規律、指揮官の練熟、戦術などの点において諸国の王たちの軍に比してさまざまの弱点、欠陥を露呈した。しかし、戦闘の経験を重ねることによってそれらの不備は次第に補われることになり、そうなるにつれて、そのモラルの高さ、前述のような将校任用の方針、数的優越はその効果を著しく現わすことになった。なお、革命政府は一七九三年には徴集制度(réquisition)を布き、所要兵士数を各地方自治体へ割りあて、自治体はその住民について抽籤を行って兵士たるべきものを選定したが、ついで、一七九八年には徴兵制度(conscription)を採用するにいたった。このようにして、フランスはますます厖大な軍隊を擁することになった。(4) ところで、フランス軍が他の諸国の軍隊に対してもった以上のような特色は、将軍たちをして旧来の伝統的な戦術とは異る戦術をとることを可能にした。将軍たちはその作戦行動に関して自軍の死傷を少くすることに、傭兵制の場合のごとくには、心を労することをもはや必要とせず、敵軍に対して決定的勝利を獲得するためには必要に応じ正面から決戦を求めることを試みるにいたった。そして、そのことはフランス軍を勝利へ導くことにしばしば役だったのであった。

さて、一七九九年に第二次対仏大同盟(Second Great Coalition)が成立した後、革命戦争の戦況はフランスにとって急激に悪化して、ここに重大なる軍事的危機が形成されるにいたった。正にこのような事態を背景としてフランスにおいては将軍ナポレオン・ボナパルトによるクーデタが敢行され(一七九九年)、それとともにヨーロッパ史上いわゆるナポレオン時代がここにひらかれた。そして、この以後フランスとヨーロッパ諸国との間に交えられる戦争を歴史上ナポレオン戦争(Napoleonic War)と呼ぶ。ところで、革命戦争下においてフランス軍が採用した前述のような戦術は、ナポレオンの軍事的天才によってさらに高度に発展せしめられることになった。ナポレオンは戦争の帰趨を一挙に決定するごとき熾烈な決戦を卓抜した作戦計画の下に敢行することを試みた。そして、その場合自軍に生ずる死傷のごときは深く意に介しなかった。たとえば彼は一週に一万人の犠牲を出すことをも毫も躊躇しなかったといわれている。彼はこのような戦争指導によって、敵軍をたちまちにして徹底的に撃破して敵国政府をして和を乞わざるを得ない地位に陥れることを試み、輝かしい成功を連続的に収めたのであった。それゆえに、一八世紀においては、たとえば、フリードリヒ大王はオーストリアとの戦争において六年間連続的勝利を収めながらも首府ウィーンを攻略することはできず、またマールバラ公(Duke of Marlborough)も一〇年間にわたりフランス軍に対して勝利を獲つづけながら、その軍は遂にパリを脅かすことさえできなかった。これに対して、ナポレオンは八年の間にリスボン・マドリード・ウィーン(二回)・モスクワへ入城することに成功したのであった。(5)

さて、フランスが交える戦争は、ナポレオン治下においては征服戦争としての色彩をいよいよ濃厚にすることになった。このような中で、ナポレオンは一八〇四年人民投票によって皇帝の位に即いたが、輝かしい連続的な戦勝を通じて建設されて行く彼のフランス帝国は一八〇八年にはその最盛期に達し、帝国の版図は北は北海から南はポー(Po)河に達し東はライン河から西はピレネー山脈へ及ぶにいたり、さらにナポレオンはイタリア王の資格においてイタリア半島へ君臨し、彼の兄弟ジョゼフ(Joseph)はナポリ王に据えられ、他の兄弟ルイ(Louis)はオランダ王に封ぜられ、巨大なるフランス帝国の勢威はヨーロッパ大陸を正に圧する有様を呈するにいたった。

しかし、そのことはナポレオンを未だ満足させるに足りなかった。「余はこの老いたるヨーロッパには倦《あ》き果てた」という彼の言葉は、それを示唆するものといってよい。彼が抱いていたその窮極の目標は、実にイギリスの打倒にあった。それは第一には、世界帝国イギリスを打倒することによって世界政治におけるフランスの優越的地位を樹立しようとしてであった。しかもさらに、ヨーロッパ大陸に築いたフランスのヘゲモニーを将来にわたって確固たるものにするためにも、イギリス打倒は不可欠のことと考えられた。すなわち、イギリスがナポレオンに対立しつつ大陸諸国のナポレオンに対する抵抗を煽りまたこれに支持を与えつづける限りは、⑥大陸におけるフランス帝国の支配的地位は到底安定性を獲得し得ないがゆえである。彼が一七九七年に「わが政府はイギリス王国を破壊しなければならない。そうしなければ、かの勇敢な島国国民によって破滅させられることを覚悟しなければならない。……イギリスを滅亡せしめよ。それが成就したときに、ヨーロッパはわれわれの脚下に慴伏《しょうふく》するであろう」と述べたのは、以上の点を充分に意識していたことを示すものである。そのような彼はさまざまのイギリス征服の構想を立てた。その一つとしてイギリス本土侵入を計画した。しかし、これがためには幅三二キロメートルのドーヴァー(Dover)海峡の制海権を掌握することを必要とし、しかも、イギリスの強大な海軍力を考慮するとき、これに成功し得る成算を容易にもち得なかった。しかも、一八〇五年一〇月トラファルガー(Trafalgar)の海戦においてフランス・スペイン連合艦隊がネルソン(H. Nelson)の率いるイギリス艦隊によって撃破されたとき、脆弱化したフランス海軍力をもっては、イギリス本土上陸を企てることは不可能となった。ナポレオンはまた、英帝国の巨大な支柱であるインドを衝いて、これを攻略するという「東方進攻計画」をも構想した。けれども、一七九八年フランス艦隊がアブキール(Aboukir)湾においてネルソンの指揮するイギリス艦隊のために撃破されたとき、エジプトを前進拠点として計画された東方進攻計画は一旦挫折するにいたった。ついで、翌一七九九年シリア、メソポタミアからインドへ侵入する計画の下に彼の軍はイギリス要塞エーカー(Acre; Akko)へ殺到、熾烈な攻防戦が展開せられた。しかし、この際イギリス艦隊の援護作戦は効を奏し、ナポレオンの言葉を借りていえば、「エーカーの泥の堡塁」は「余と余の使命とした東方征服との間の障壁」と化したのであった。ナポレオンはまた一八〇一年およびその後において、ペルシアを基点としたインド侵入計画を構想したが、しかし、それは実行に移し得ずして終った。さらにナポレオンはまた、イギリスに対して経済封鎖を行い、ヨーロッパ大陸の市場からイギリス商品を遮断してイギリス国内に高度の生産過剰を惹起させて、イギリス経済を破綻へ導き、屈服の余儀なきにいたらしめることを計画した。彼はこのような意図の下に、一八〇六年ベルリン条例を発布して、対英封鎖を宣言し、彼の支配下または勢力下にある諸国とイギリスとの間の通商を禁止し、またイギリス船舶がフランスおよびその同盟国の港湾に入ることを禁じた。ついで一八〇七年には、さらにミラノ条例を発布して、たとえ中立国の船舶でもイギリスの港湾またはイギリス軍占領下にある港湾から来たものは、フランス軍艦または捕獲私船(privateer)によって拿捕され得る旨を宣言したのである。当時ナポレオンとしては大陸において有するその圧倒的勢威を通じて、封鎖が強力な効果を挙げ得ることを期待したのであった。しかし、ナポレオンがコンティネンタル・システム(continental system)とよばれるこの対英封鎖を断行するや、イギリスは対仏封鎖を宣言してこれに応酬、その強大な海軍力をもってフランスならびにその支配下および勢力下にある大陸の諸地域と世界の他の地域との間の通商遮断をはかるにいたった。このようにして展開されるにいたった苛烈な封鎖戦下において、イギリスがこうむるにいたった打撃はもとより一通りのものではなかった。しかし、イギリスはその工業品が生産過剰に陥る危険については、アメリカ大陸におけるその市場の拡大、大陸諸国との間の密貿易、特許貿易(後述)等により大きな破綻を招くことなく処置することに成功した。しかし、イギリスの直面したなお一つの重大な問題は食糧問題であった。イギリスは産業革命の進行にともなって増加してきたその人口を支えるために大陸諸国からの輸入農産物に高度に依存してきていただけに、その輸入杜絶は容易ならぬことであった。しかし、大陸諸国との間の密貿易および特許貿易を通して結局相当量の農産物を入手することに成功して、破局的事態を回避することができた。封鎖戦は、しかも他方、フランスの支配または勢力下に置かれている大陸諸国にも重大な影響を及ぼした。これらの諸国は従来ヨーロッパ外の諸国植民地生産物に少からず依存してきていただけに、イギリスの対仏封鎖政策はそれら諸国の経済生活に巨大な困難をもたらすことになった。さらにまた、これら大陸諸国とイギリスとはこれまできわめて密接な経済的相互依存の関係にあった。すなわち、イギリスにおいては一七六〇年代以来諸国に先だって産業革命が進行するにいたっており、その結果イギリス近代工業の廉価な商品は大量的に大陸諸国に供給され、これに対して、それら諸国はその農産物をイギリスに輸出してきたのであった。そこで、英仏間の封鎖戦は、このような相互依存関係の断絶を意味した。しかも、イギリスから大陸諸国への工業製品の供給杜絶に対して、産業革命を未だ迎えるにいたっていない当時のフランス工業はイギリスに代位することはできなかった。また、大陸諸国の対英貿易が禁止されたのにともない大陸諸国には農産物の過剰が現出したのに対し、高度に農業国的性格をもっていたフランスとしては、この過剰農産物を引受けることは不可能であった。こうして、ナポレオンの対英封鎖はイギリスに比して大陸諸国をより重大な経済的困難へ陥れる結果になった。なお注目すべきことは、フランス自身さえもイギリス工業製品にある程度依存せずには当時その戦時経済を運営することは不可能であった。その点で、ナポレオンの「偉大なる軍隊」(La Grande Armée)の将卒の着用する外套の相当量がヨークシャー(Yorkshire)の毛織物工業の製品であったという事実は、きわめて象徴的である。そこで、ナポレオンは「リサンス」(licence)（特許の意）と称してフランス商人をしてフランスおよび大陸諸国に不可欠のイギリス工業製品を特例的に輸入させざるを得なかった。しかも、この特許貿易による輸入は実は相当の量に上った。以上に述べたような諸事情のゆえに、イギリスは特許貿易ならびに大陸諸国との間の密貿易を通してその困難に対処することができたのであった。そこで、本来このようにその実行の容易でないコンティネンタル・システムを励行するためには、フランス陸軍力をもって大陸諸国を占領して完全にこれを支配することが絶対に必要であった。しかも、それをなし得るだけの陸軍力をナポレオンは有してはいなかった。

ナポレオンの対英封鎖政策に内包されていたこのような破綻への契機は、一八〇八年ナポレオンが半島戦争(Penninsular War)をひらくことによって発展することになった。彼がこの戦争を企てるにいたったのは、本来二つの動機にもとづく。第一は、スペインおよびポルトガルをその支配下に置くことによって、この二国へイギリス商品が流入することを阻止し、それによって、対英封鎖の強化をはかろうとしてであった。第二には、スペインの造船能力を動員してスペイン海軍を再建し、フランス・スペイン連合艦隊の力をもって地中海の制海権を獲得し、水路インドへ進攻しようとしてであった。ナポレオンはこれらの意図を実現するためにはスペインの完全な協力を確保することが絶対に必要であると考え、スペイン王を逐い、ナポレオンの兄弟ジョゼフをフランス軍の援護の下にスペイン王位に据えた。しかし、これに対してスペイン人民は、征服者が君臨せしめたこの新王の支配を認めようとせず、ゲリラ戦を展開して抗争するにいたった。(7) これがために、スペインへ侵入したフランス軍はこのゲリラ隊およびこれと策応しつつ行動するイギリス軍のために甚だしく苦しめられる有様となり、遂にナポレオンは東方進攻計画のために用意した兵力を割いてスペインへ投入することを余儀なくされるにいたった。しかも、それにもかかわらずイベリア半島のこの戦争は徒らに長引いて前途混沌とした有様を呈することになった。ところで、他方ロシアは農業国として在来イギリス工業品の輸入に高度に依存してきた関係から、コンティネンタル・システムの下において甚だしい経済的困難に苦悩しつづけてきていたが、半島戦争が以上のような有様を示すにいたったのをみて、ロシアはこれに乗じて一八一一年末からコンティネンタル・システムを事実上無視して、イギリスとの通商関係を次第に大きく再開するにいたった。これをみたナポレオンは、一つには対英経済封鎖の実効をあくまで挙げようとして、また一つにはロシアを制圧してロシアを基点とした東方進攻を実現に移そうとして、一八一二年遂にロシアに宣戦するにいたった。ところで、ナポレオンがこの対露戦争のために投入した兵力は、当時にいたるヨーロッパ史上一国が動員したものとしては未曾有の厖大なものであったが、(8) 彼のロシア遠征は、しかし、結局完全なる失敗をもって酬いられ、遂にその遠征軍を率いて惨憺たる退却を演ずるにいたった。

しかも、ナポレオンが一旦このような蹉跌へ落込んだとき、ロシア・オーストリア・プロイセン・スウェーデンの四国はイギリスの援助の下にここに第四次対仏大同盟(Fourth Great Coalition)を結んでフランスに宣戦し、一八一三年の「諸国民戦争」(Battle of Nations)においてナポレオンの軍を撃破して、彼を失脚させ、それとともに彼の巨大なフランス帝国もまた瓦解をとげることになった。そして、一八一五年に再挙を企てたナポレオンがワーテルロー(Waterloo)において連合軍に対して大敗を喫するにいたったとき、彼の没落はここに全く決定的となった。

ナポレオンが戦争を通して追究したところの窮極の目標が世界帝国イギリスの打倒にあったことは、すでに述べたごとくである。そこで、その点を考えるとき、ナポレオン戦争は一面においては、一八世紀においてイギリスと世界政治における優越的地位を争って敗れたフランスがイギリスに対して再度の挑戦を試みたものということができる。そして、ナポレオンの蹉跌・没落は、歴史的にみるならば、フランスのそのような企図を決定的に封殺したものといってよい。これらの点において、ナポレオン戦争は正に世界史的意義をもつものであった。(9)

第二節　ウィーン体制の成立

ナポレオンが没落の運命を荷うにいたったとき、今後のヨーロッパをいかに再建すべきかがここに直ちに当面の大きな課題となった。過去二十余年にわたる革命戦争・ナポレオン戦争下において、ヨーロッパ国際社会は実にめまぐるしいまでに変転に変転を重ねてきたのであった。その間において、ヨーロッパの幾多の王朝は久しきにわたって君臨してきた由緒あるその玉座から逐われ、それのみならず、頻々と旧き国家は打ち壊されて新しい国家が創設され、また古い歴史をもった国境も無雑作に廃止されて国境の改変がしきりにくり返された。そこで、ナポレオンの失脚した今、ヨーロッパにはここに新しい国際秩序が打ち樹てられなければならない。この重大にしてかつ困難な事業をなしとげることが、実に一八一四年九月から翌年六月にかけてひらかれたウィーン会議(Congress of Vienna)の課題であったのである(10)。

さて、革命戦争・ナポレオン戦争へはヨーロッパの大多数の国が引入れられた関係から、このウィーン会議はヨーロッパのきわめて多くの国の君主またはその代表者の参列の下にひらかれることになった。かくまでに多数の国々の参加した国際会議は、実にヨーロッパ国際政治史上未曾有のことであった。ところで、これらの諸国君主、その代表者たちのきわめて多くは、フランス革命前の各自の国の絶対王政の伝統を深く身につけたひとびとであったから、会議は古風な伝統的な宮廷的雰囲気の中に進められた。オーストリア政府はウィーンに滞在する君主、その代表者たちの無聊《ぶりょう》を慰めるために華麗な饗宴、きらびやかな舞踏会、豪華な催物をつぎつぎにひらいたが、そのために投ぜられた費用は莫大な額に上り、ウィーンが「外交家たちによって占領されたこと」(diplomatic occupation)は、ナポレオンによるウィーンの軍事占領(military occupation)に劣らぬまでにオーストリア帝国の財政に大きな負担をもたらしたといわれているが[11]、このことの中にも、会議を包んだ雰囲気が象徴されている。そしてまた、会議自体においても宮廷外交の伝統をひいた大小の掛引・陰謀が絶えず渦巻いたのであった。他方、しかし、過去二十余年にわたる革命戦争・ナポレオン戦争がヨーロッパにもたらした惨害は、実に甚だしいものがあった。たとえば、当時のヨーロッパには腕の一つしかないもの、片眼のもの、片足のひとなどがいたるところにみられたといわれている。また、当時の駐英アメリカ公使は、イギリス宮廷の饗宴には常に四、五十人の陸海軍将官が列席していたが、彼らのほとんどすべては負傷していたと記しているという。長年にわたって交えられた戦争はまた、ヨーロッパを甚だしい疲弊に陥れており、ヨーロッパのかくまでにひろい地域がかくまでに疲弊するにいたったことは、近世史上未だかつてその比を見ないといわれている[12]。戦争がもたらしたこのような惨害と疲弊とは、ウィーン会議における諸国の君主とその代表者たちをしておのずから、今後のヨーロッパに平和の保たれることをしきりに望ましめた。それのみならず、彼らは二十余年にわたる革命戦争・ナポレオン戦争下において彼ら自身が満喫した苦難・辛酸を再びくり返さないことを切望しており、その点からもまた彼らは将来の国際平和の持続を強く願望したのであった。

以上のような中で、ウィーン会議の議事はどのように進められたか。それは国際会議でありながら、開会式は取り行われることなく、また各国代表間に全権委任状の交換も行われず、総会議もひらかれることなく終った。会議において決定さるべき重要な問題はすべて、イギリス・ロシア・オーストリアおよびプロイセンの四ヶ国の商議によって処理・決定されたのであった。すなわち、ナポレオンを打倒する上において指導的役割を演じた以上の四国は、ナポレオン没落後のヨーロッパに新しい国際秩序を創設するについて決定的な発言権を行使したのであった。ただし一八一五年一月からは、フランスもまたこれら四国の協議に参加することを許された。なお、特定の問題に関しては特別委員会が設けられて、その処理が試みられた。これらの結果、諸小国の代表たちは自国に関係ある問題に関する特別委員会へ場合により出席して、意見を陳述する機会を与えられたにとどまった。しかし、華かな宮廷的享楽を織り交ぜながらつづけられる会議の議事は遅々として容易に進まず、「会議は踊る。されど、会議は進まず」(Le Congrès danse, mais il ne marche pas.)と揶揄されたが、一八一五年六月にいたってようやく終結、以上のような方法によって作成された諸取極めをまとめて会議参加国がこれに調印したウィーン会議最終議定書(L'Acte final du Congrès de Vienne)が、ここに成立をみた。

そこで、このウィーン会議によって、どのような国際秩序が創設せられることになったか。これを約言するならば、ウィーン会議における指導原則は正統主義(principle of legitimacy)と勢力均衡《バランス・オヴ・パワー》の見地とであったということができる。正統主義とは、フランス革命前夜における諸国の主権者をもって当時彼らが君臨していた版図の正統な(legitimate)保有者であるとなす主張をいう。この建前に従えば、これらの主権者が革命戦争・ナポレオン戦争下においてその地位を逐われたとしても、その後をうけて彼らに代って彼らの版図に対して統治権を行使したものは単なる簒奪者にすぎなかったことになる。ウィーン会議がヨーロッパの再建にあたってこの正統主義をある程度まで基準として用いたのは、一つには、この会議がフランス革命とナポレオンとによって直接的・間接的に苦しめられた諸国の支配者の会議であったことにもとづく。詳言するならば、フランス革命は、神権王国の建前に立つブルボン王朝の統治を人民主権論の名において否認したのであった。そして、そのような革命から生れ出た新しいフランスと諸国との間に革命戦争が交えられたのであった。その後ナポレオンによってヨーロッパ大陸に巨大なフランス帝国が樹立せられたが、コルシカ島出身のナポレオンが一八〇四年に皇帝の地位に就いたのは実に人民投票によってであった。そして、革命フランスによって、ことにナポレオンによって、由緒・伝統を誇ってきたヨーロッパの歴史的諸王朝は正に翻弄せられたのであった(13)。ウィーン会議が正統主義をその指導原則の一つとしたのは、君主たちが彼らの玉座を過去において加えられたその汚辱から浄め、彼らの支配の「歴史的権利」をあらためて高らかに宣言したものにほかならない。なお、ウィーン会議が正統主義を戦後の再建の基準の一つとした結果、ヨーロッパの多くの地方においては革命戦争・ナポレオン戦争の間に没落した君主たちが昔の玉座に復帰し、その昔の版図に君臨することになり、それにともなって、それらの地方にはフランス革命前の絶対主義的政治体制が全面的または部分的に復興することになった。それゆえに、正統主義の適用はヨーロッパの国際政治のみならず、多くの国の内政をもフランス革命前夜の状態へ多分に引戻すことになった。ヨーロッパ史上、ウィーン会議以後七月革命(一八三〇年)にいたる時期を「復古」(restoration)の時代とよぶのは、このゆえである。

ウィーン会議がこの正統主義を指導原則としたのは、しかし、ある限界内においてであった。すなわち、第一には、それは主要戦勝国であるロシア・プロイセン・オーストリアおよびイギリスの利益に反しない限度においてであった。第二には、正統主義の適用はウィーン会議におけるなお一つの指導原則とされた勢力均衡の見地からも限界づけられたのである。

そこで次に、ウィーン会議は具体的にはどのような勢力均衡をヨーロッパに設定することを試みたか。まず第一には、諸国はフランスの将来に対して烈しい警戒の念を抱いていた。ひとびとは、フランスにおける革命の再発、それを契機とする第二の革命戦争・第二のナポレオン戦争の夢魔に強く脅えていたのであった。そこで、将来フランスが諸国に対して侵略戦争をひらくことを困難にするために、版図の画定にあたりロシア・プロイセン・オーストリアの勢力をフランスに対する関係において強化することを試みた。しかも、それと同時に、大陸の以上の四大国間に勢力の均衡が保たれるように工夫された。これらの決定のなされるについては、イギリスの工作に負うこと少くなかったが、イギリスが大陸の諸国間に勢力均衡を維持させることをその伝統的外交方針としていたことは、すでに述べたとおりである。第二に、ウィーン会議の前後を通じて、諸国間にはロシアに対して深い恐怖が抱かれていた。そもそも、ナポレオンのロシア遠征が惨憺たる失敗に終り、軍事的栄光に輝く「偉大なる軍隊」がロシア軍の追撃を浴びつつ総崩れとなってロシアから敗走、それを契機としてナポレオンが没落の淵へ駆り立てられたことは、諸国の君主たちをして爾来ロシアに対して深刻な恐怖を抱かせることになった。かつて彼らがナポレオンに対して抱いた恐怖は、今やロシアに対する恐怖へと転換せられたのであった。そして、彼らは今後もしヨーロッパに戦争が勃発した場合には、ロシアがこれに介入して、その結果いかなる事態が現出するか予測を許さないと考えたのであった[14]。ところで、ウィーン会議に列したロシア皇帝アレクサンドル一世は、一面「ヨーロッパの解放者」として当時巨大な声望を荷っていたが、彼は再建ヨーロッパの保護者の地位に上ることを夢みており、またポーランド王国を復興してこれをロシアの従属国にすることを欲していた。なお、ナポレオン没落直後には、彼はスウェーデン皇太子ベルナドッテ(J. B. Bernadotte)をフランス王位に据えてロシアの勢力をフランスへ及ぼすことをさえ構想したのであった。ところで、ウィーン会議においては、とくにオーストリアおよびイギリスはロシアがその勢力を中央および西ヨーロッパへ拡大するのを阻止しようとし、そのような意図の下にオーストリアおよびプロイセンを強化して、この二国をロシアの勢力の西方への拡大の防波堤たらしめることを企て、この意味においてロシアとオーストリア・プロイセンとの間に勢力の均衡を作り出した。

ウィーン会議は、以上のような形において勢力の均衡を実現することにより、今後のヨーロッパにおける平和維持をはかろうとしたのであった。この点に関連して注意すべきことは、第一には、勢力均衡ということは在来とかく一国家が専ら自国の利益をはかるための手段として唱えられた場合が少くなかった。そのことは、すでにふれたとおりである。ところで、ウィーン会議当時においては、上記の諸国は革命戦争・ナポレオン戦争において共にひとしく危険に曝されただけに、勢力均衡をこれまでのように単に自国の利益を擁護または推進するための具としてばかりでなく、それを今後のヨーロッパの共同福祉に協力するための基礎として役だてようとしたのであった。[15] 第二に注意すべきことは、すでに述べたように、ヨーロッパにおいてはこれまでも特定の地域に関して勢力均衡を実現して平和維持をはかることが、しばしば試みられた。けれども、全ヨーロッパ的規模における優越的地位の樹立をめざしたナポレオンの没落したあとをうけたウィーン会議においては、全ヨーロッパ的規模における勢力均衡の実現が企てられたのであった。[16] なお、そのような勢力均衡の設定は、革命戦争・ナポレオン戦争においてのフランスの与国、および、フランス革命前のヨーロッパに存在していた諸小国の犠牲においてなされた。そこで、その限りにおいては、ウィーン会議ではナポレオンを打倒した戦勝国間に利益の分配が行われたということができる。

ところで、ウィーン会議が以上のように正統主義と勢力均衡の見地とを指導原則として新しい国際秩序の設定を試みたということは、半面において、ヨーロッパの諸地方に徐々に目醒めつつあった民族意識を考慮の外に置いたことを意味する。現に一八一三年の諸国民戦争の中にも、諸国民の民族意識の閃きを看取することができるが、しかし、ウィーン会議における諸国君主、その代表者たちは、それをもってヨーロッパの専制的支配者を打倒しようとして燃え上ったところの激情の表現にすぎないと考えたのであった。ただし注意すべきことは、ウィーン会議当時においては、一般的にいって、民族的統一をみるにいたっていないヨーロッパ諸地方の民族意識は未だ多分に情操的であり、民族的統一を要求する積極的な政治意志はなお生れ出るにいたっていなかった。それゆえに、ウィーン会議が民族主義を国際社会の組織原理の一つとして考えなかったのも、さして怪しむべきことではない(17)。

なお、ウィーン会議においてなされた取極めの中には、直接に世界政治的にきわめて重要な意義をもつものが含まれていた。すなわち、ウィーン会議の結果、イギリスは革命戦争・ナポレオン戦争下において占領したマルタ(Malta)島およびオランダ領ケープ植民地(Cape Colony)を自国に獲得した。(18) 前者はシチリア島とボン岬(Cape Bon)との間の狭い水域を扼《やく》していることによって事実上地中海の航行を制圧し得る位置にあり、後者はスエズ(Suez)運河の未だ開通していないこの当時においてはインドへの水路の要衝にあたっていた。イギリスの海軍力はナポレオン戦争後いよいよその世界的優越を誇るにいたっていたゆえに、イギリスとしてはこの二つの地域を獲得することによって英帝国交通路の安全をますます確保し得ることになったのである。

ナポレオン戦争後諸国の支配層の中において抱かれた国際平和への願望は、以上のような形でウィーン会議の決定へ反映したのみではない。それは、ナポレオンを打倒した連合諸国のフランスに対する措置の中にも示された。連合諸国はフランスにブルボン王朝を復位させたが、しかし、復興ブルボン王朝第一代の王ルイ一八世にシャルト・コンスティテュシオネル(Charte constitutionnelle)の名で知られる欽定憲法を発布せしめた。この憲法は、フランス革命の原動力であったブルジョア階級の中の上層部へ参政権を与えたものであった。連合国としてはこのような立憲君主政を採用させることによって、将来フランスに第二のフランス革命、従って、第二の革命戦争・第二のナポレオン戦争の勃発することを予防しようとしたのであった。連合国はまた、この復興ブルボン王朝下のフランスとの間に平和条約(第一次パリ条約)を結んだ(一八一四年五月)が、この条約はフランスに一七九二年一月一日現在の国境を保有することを許し、かつ何ら賠償の義務を負わせなかった。この後の点について連合国は声明して、過ぎ去った不幸な時代の名残をとどめないために、当然要求し得べき賠償を放棄すると述べた。平和条約のこのような内容を過去二十余年にわたる革命戦争・ナポレオン戦争の背景において考えるとき、それはきわめて寛大なものであったということができる。連合国としても、ウィーン会議におけるフランス全権委員タレーラン(de P. Talleyrand)が主張したように、「将来の戦争を避ける途は、大国民を屈辱的立場に置くことにあるのではない」と考えたのであった。かつまた、復興ブルボン王朝下のフランスとの間に苛酷な内容の平和条約を結ぶことは、同王朝の国内的威信を甚だしく傷つけることになり、それは、ひいて第二のフランス革命、従って、第二の革命戦争・第二のナポレオン戦争への契機を用意することになると考えたのであった。しかし、やがて、その後ナポレオンがエルバ(Elba)島を脱出、フランス国民の歓呼の中に帝位に復するという事態が起った。ナポレオンのこの再挙はたちまちにして挫折、失敗に終ったが、しかし、連合諸国は再挙したナポレオンをフランス国民が熱狂的に支持した事実に鑑みて、フランス国民は未だなおナポレオン時代へ強い憧憬を寄せているものとみて、懲罰および将来への警戒の意味において、前述の平和条約に代えて改めて新しい平和条約(第二次パリ条約)をフランスとの間に結んだ(一八一五年一一月)。この新条約においては、フランスの国境を革命勃発直前の一七八九年現在のものと定め、かつ七億フランの賠償義務を課し、またナポレオンが諸国から掠奪した財宝をそれら諸国へ返還させることとした。また、条約を履行させる保障として連合国側は向う五ヶ年を越えない期間フランスの主要な要塞を占領することとした。この第二次パリ条約は第一次のそれとの比較においては一段厳しい内容のものであった。けれども、フランスに対して寛大な措置をとるという当初の方針は、この条約の場合にもなお依然守られたのであった。

諸国支配層の国際平和への欲求は、なお、平和維持を目的とした国際的協力の試みとしても具体化された。その一つは神聖同盟(Holy Alliance)であった。それは、一八一五年ロシア皇帝アレクサンドル一世の主唱にもとづき、イギリス摂政、ローマ法王およびトルコ皇帝をのぞくヨーロッパのすべての国の君主の参加の下に成立をみた。この同盟においては、加盟国はキリスト教の教える正義・キリスト教的仁愛および平和をその外交ならびに内政の唯一の準則とすることを誓い、「万人は互に兄弟と考えなければならないとの聖書の文言に従い」加盟国君主は「真実にして解くことのできない友愛の絆によって今後結びつけられ、かつ互に同胞とみとめてあらゆる機会、あらゆる場所において互に援助を与え合い、かつその各自の人民と軍隊とに対しては自らを家父と考え」「友愛の精神をもって彼ら(人民と軍隊―著者)を導いて宗教・平和・正義を擁護」することを約したのであった。この同盟は、帝王神権説の伝統、絶対主義の信条に生きる君主たちが国際平和の維持に協力すべきことを宣言したものといってよい。この神聖同盟は、しかし、当時のイギリス外相カスルレー(R. S. Castlereagh)が評したように、結局「一片の崇高な神秘主義とナンセンス」(a piece of sublime mysticism and nonsense)以上のものではなかった。

ところで、ひとしく平和維持を目的として作られながら、神聖同盟とは異ってヨーロッパ国際政治の現実に対して大きな影響力をもったものは、一八一五年にロシア・オーストリア・プロイセン・イギリスの諸国間に締結された四国同盟(Quadruple Alliance)であった。この同盟において、以上四ヶ国はフランスにボナパルト王朝の復辟《ふくへき》すること、および、フランスに革命の再発することを協力して防止することを約束したほか、四国の元首またはその使節は今後定期的に会合して、共通の利害関係事項を協議し、かつ「諸国民の静安と繁栄」とに関して審議することとしたのである。ウィーン会議において設定された国際秩序がこれら四国の意志を基礎としたものであったことは、すでに述べたとおりであるが、四国は今この同盟を結ぶことにより、同盟を通じてウィーン体制を将来にわたって協力して擁護し、それによって今後のヨーロッパに平和を維持しようとしたのであった。なお、この四国同盟を最初の例として、この後のヨーロッパにおいては、国際紛争にあたって諸大国が国際会議をひらいて紛争の平和的収拾をはかり、たとえ戦争を防止し得ないような場合でも戦争を局地化してその波及・拡大を防ぐことをしばしば試みるようになった。諸大国によってなされるそのような試みは、ヨーロッパ協調(European Concert; Concert of Europe)という名で総称されている。

この四国同盟は成立後大きな国際的威信をもち、ヨーロッパに生ずる大小の国際的紛争についてこれを互譲的に処理し、または第三者として調停によってその解決をはかった。そして、その定期的会議へは諸国からさまざまの問題が提起され、その裁定を求められたのであった。[19] ところで、同盟は定期的会議の最初のものを一八一八年エクス・ラ・シャペル(Aix-la-Chapelle)においてひらいたが、その際四国はフランスを招請して会議へ参加させた。フランスは当時すでに平和条約によって課せられた義務を完全に履行し終っており、かつ復興ブルボン王朝下のその国内政治情勢も一応安定を示しており、革命の再発・ボナパルト王朝復辟の可能性も遠のいたようにみえていた。そこで、四国としては大国フランスをも加えて、ヨーロッパの国際問題を処理することが望ましいと考えたのであった。しかも、四国はさらにそのような見地からこの機会にフランスとの間に同盟を結び、ヨーロッパの平和を協力して維持することにした。五国同盟(Quintuple Alliance)が、これである。そして、この五国同盟成立の後は、四国に代えて五国による定期的会議がひらかれることになった。ただし、四国としてはフランスに対する警戒は未だ完全に解くべきでないと考えて、四国同盟を依然存続させることにし、さらにエクス・ラ・シャペル会議の際に秘密協定を結んで、将来フランスに何らかの騒擾が起って隣邦の静安と安全とを危くするにいたった場合には、四国は共同してフランスに対して実力行動に出る旨を約束したのであった。

第三節　ウィーン体制の運命

さて、ウィーン会議によって設定され、四国同盟および五国同盟によって保障された新しい国際秩序は、安定性をよく獲ち得ることになったであろうか。

ウィーン会議が正統主義をその指導原則の一つとした反面の結果として、ヨーロッパの多くの地方に絶対主義的政治体制が全面的または部分的に復興するにいたったことは、前に述べたとおりである。しかし、諸国の被支配階級はすでにフランス革命において自由および平等の原則が宣言され、絶対主義的政治体制が打倒されたのをみたのであった。彼らはまた、フランス革命の成果が革命戦争およびナポレオン戦争を通してフランスの占領下または勢力下に置かれた地域へ移植・導入されるのをみたのであった。

また、ウィーン会議はヨーロッパの国境画定にあたってすでに述べたように民族意識に考慮を払うことをしなかったが、しかし、同会議以後ヨーロッパの多くの地方には民族意識が成長することになった。この点に関連して注意すべきことは、フランス革命において唱えられた人民主権論は、王朝への忠誠《ロイヤルティ》を中核とした民族意識を国民を担い手とした近代的民族意識へと転換する思想的契機を提供したものということができる。(20) さらにまた、ナポレオンはそのヨーロッパ制覇の企図を実現する過程において、若干の地方に関しては、そこにすでに発生していた民族意識を自己の征服計画のために利用することをした。彼はまた他方、その支配下に置いた地方に対する峻烈な軍事的独裁および搾取を通じて、それらの地方の民族意識を刺戟してそれを発展させ、またはその地方における民族意識の発生を誘発したのであった。それらの点において、歴史的には、ナポレオンはヨーロッパにおける民族意識の発達を促進する役割を荷った。[21] さらに、復古《レストレーション》の時代のヨーロッパには一八世紀啓蒙主義に対する反動としてロマンティシズム(romanticism)の思想が現われたが、それは個性的・非合理的存在としての民族を価値づけた点において、民族意識に積極的な理論的基礎づけを与え、その意味において民族主義(principle of nationality; nationalism)理論の発展に貢献したのであった。なお、政治的意味において民族主義という言葉が用いられる場合には、それは、民族がその文化的個性の自由な発展をとげるためには他民族の政治的支配から解放されなければならないという主張を指す。

そこで、以上のような事情の下に、ウィーン会議後のヨーロッパにおいては諸国の被支配階級および被支配民族の間には、全面的または部分的に復興された絶対主義的政治体制、民族主義の原則に反する国境に対する不満が次第に蓄積され、それにともなって、政治的自由獲得の運動、民族的解放の運動が徐々に発展することになった。この点に関しては、諸国における資本主義の進展とともにその経済的実力を高めてくるブルジョア階級が、一般的には、これら現状変革の運動の主たる担い手となったことを考え合さねばならない。

彼らはその経済的実力の上昇にともなって政治に対する発言権を次第に強く要求するようになり、そのことは彼らをして政治的自由獲得の運動の推進勢力たらしめることになった。また彼らが被支配民族に属する場合においては、民族的独立によって形成される国家はその経済的基礎を強固ならしめるために民族資本の育成をはかることが当然に予想されたがゆえに、彼らは民族的解放運動の主動力となったのであった。

なお、経済的に後進的な国家または地方において行われることになった現状変革の運動については、その推進勢力を一義的に規定することは困難である。それは、ある場合には、政治的自由・民族的解放の理想に烈しく憧憬する有識者層であった。また農民階級が重要な役割を荷った例も見出すことができる。(22)

さて、ヨーロッパ諸国における政治的自由獲得の運動・民族的解放の運動はウィーン体制の変革を意図するものであったから、これらの運動は当然に五国同盟の重大な関心の対象となった。そして、これらの運動が諸国において革命の形をとって進展するにいたった場合には、五国同盟はその定期的会議において事態を審議、国際的武力干渉によってこれを鎮圧することを試みたのである。すなわち、一八二〇年両シチリア王国に起った民主主義革命は、ライバッハ(Laibach)会議(一八二一年)の結果オーストリア軍の武力干渉によって鎮定された。また一八二〇年スペインに勃発した同様の革命も、一八二二年のヴェローナ(Verona)会議の結果フランスの出兵によって弾圧せられた。なお、一八二一年サルデイニア(Sardinia)に勃発した民主主義革命は、オーストリアが五国同盟と別に武力干渉を行い、それを失敗に終らせた。

しかし、五国同盟の形におけるヨーロッパ協調は、本来的に決して強固なものとはいいがたく、内に破綻の契機を宿していた。この同盟の重要な支柱の一つともいうべきオーストリアは終始、諸国の政治的自由獲得の運動・民族的解放の運動に対して五国同盟としてあくまで抑圧方針をもって臨むべきことを強硬に主張した。オーストリアとしては、文化的にきわめて雑多な人口構成をもち、それらの集団の中に民族意識が成長しつつあった関係から、他国における民族的解放運動の成功が帝国内のこれらの集団を刺戟し、彼らの中における民族的解放への意欲を高揚させ、その結果帝国の存立自体が危うくされるにいたることを惧《おそ》れたのであった。また、他国における政治的自由獲得の運動の成功も帝国内におけるこの種の運動を鼓舞し活発化させ、その結果以上のような人口構成をもつ帝国が分裂、瓦解へ導かれることを惧れたのであった。このような事情こそ、この時代のオーストリア宰相メッテルニヒ(K. Metternich)をして、「もし何人か余にむかって、革命はやがて全ヨーロッパに氾濫するにいたるのでないであろうかと問うならば、余はそのようなことはないといって賭をしようとは思わない。けれども、余は余の呼吸のつづく限りこれ(革命)と戦うことを堅く決意している」といわしめたのであった。これに対し、五国同盟内においてこのオーストリアと対蹠的ともいうべき立場に立ったのは、イギリスであった。

イギリスは同盟の定期的会議においては、同盟が他国の事態に対して国際干渉を試みることに常に強硬に反対しつづけた。それは一つには、他国との比較において自国に存在している立憲的自由に「自由の身に生れたブリトン人」(freeborn Briton)としての誇りを抱いていたイギリスとしては、他国における革命が自国の被支配階級に及ぼす影響について他の四国のごとくには惧れていなかったためである。また一つには、イギリスは五国同盟による国際干渉を通じてとくにオーストリアまたはロシアの勢力が大陸において優勢となることを惧れ、そうなることは大陸諸国間に勢力の均衡を保たせようというイギリスの伝統的方針からみて好ましくないと考えたのであった。さらにまた、イギリスは他国における政治的自由または民族的解放の運動に対して好意的態度を示すことにより、それらの地方を大陸諸国に先だって発展しつつあったイギリス産業資本のよき市場たらしめようと考えたのであった。

五国同盟に内在するこのような不一致は、やがて一八二二年のヴェローナ会議に際して遂に大きく表面化するにいたった。同会議においてフランスは一八二〇年に勃発したスペインの革命に対して同盟の名においてこれに干渉して鎮圧にあたるべきことを主張したのに対して、イギリスはあくまで反対して譲らず、その結果五国の協調はここに完全に破綻し、これを機会に五国同盟は瓦解するにいたった。ところで、このような紛糾の後フランスはすでに述べたようにピレネー山脈を越えてスペインへ出兵、革命を粉砕したのであったが、しかも、ロシアおよびフランス、とくに後者はさらに進んで、スペイン本国の革命を機会に相ついで独立を宣言した中南米のスペイン植民地へも干渉、これらをスペインの支配下へ引戻すことを欲していた。イギリスは、しかし、これに対してあくまで強硬に反対し、もしもフランスがそのような意図を実行に移す場合には、フランスに対して断然宣戦すべき旨を明かにした。しかも、他方アメリカ大統領モンロー(J. Monroe)もイギリスの支持の下にいわゆるモンロー主義(Monroe Doctrine)の宣言を発して、アメリカとしてヨーロッパの国家によるアメリカ大陸への干渉をあくまで排斥する旨を声明するにいたった(一八二三年一二月)。当時のアメリカにおいては、独立戦争の記憶が未だ消えやらず、在来のスペイン植民地へヨーロッパ保守勢力が介入することは、アメリカの自由なる政治的・社会的諸制度の将来を危うくする契機を作り出すものとみ、自国の安全《セキュリティ》の上からそれを阻止すべきであるとなしたのであった。イギリスおよびアメリカのこのような強硬な態度は、フランスをして遂にその干渉計画を放棄させることになり、中南米のスペイン植民地の独立はここに決定的となった。イギリスがスペイン植民地への干渉に以上のようにあくまで反対した動機としては、第一には、イギリス産業資本の要求を考えなければならない。スペインはこの一八二〇年の革命にいたるまで中南米のその植民地との通商に関しては半独占的関係を維持してきていたが、これらの植民地はその独立を宣言した後自由貿易の方針を採用するにいたった。そこで、これら植民地が将来にわたって独立を維持することは、イギリス産業にとって大きな利益を約束するものであった。また第二に、イギリスはフランスのスペイン本国干渉を契機にフランスの勢力が今後スペインへ及ぶ可能性を考え、スペイン植民地を独立させそれらを完全にフランスの勢力外に置き、それによりヨーロッパにおける勢力均衡の崩れるのを予防することを試みたのであった。そして、イギリスはそのような目的のためにアメリカを利用することができたのであった。なお注意すべきことは、モンロー主義の宣言がフランスを牽制する上に大きな効果をもち得たのは、「大統領モンローの穏かな声の背後でカニング(G. Canning)(当時のイギリス外相—著者)の恐喝の声が遠くから聞えてき、方々に分散しているアメリカ巡洋艦の彼方にイギリス戦闘艦隊の帆がみえていた[23]」からにほかならない。

五国同盟の形における諸国の保守勢力の国際組織は、以上のようにして消滅することになった。けれども、大陸諸国内においては、政治的自由獲得の運動・民族的解放の運動はその後も烈しい弾圧をこうむりつづけた。メッテルニヒの支配下または勢力下にあるドイツおよびイタリア地方においてこれらの運動に対して加えられた弾圧のごときは、その典型的なものといってよい。このような中において一八三〇年に入ると、フランスにはいわゆる七月革命(Révolution de Juillet)が勃発した。そして、ブルジョア階級上層を推進力としたこの革命によって、復興ブルボン王朝の支配は打倒され、オルレアン公ルイ・フィリップ(Louis Philippe, Duc d'Orléans)を王としブルジョア階級上層を基礎とした保守的な立憲君主政が樹立せられた。フランスにおいては、「正統な」王朝が革命によってこのように覆された。しかも、ルイ・フィリップは革命派の提出した新憲法をその統治の基準とすることを承認した上で、革命派によって王位に迎えられたのであった。新しいオルレアン王朝の統治は、それゆえに、観念的にはフランス革命において宣言された「人民主権論」の上に立つものであったということができる。この七月革命は、実にウィーン会議の決定が覆された最初の例であった。

フランスにおけるこの七月革命は、従って、当時のヨーロッパにきわめて大きな衝撃を及ぼした。そのような中で、ルイ・フィリップは即位後列国に対して声明を発して、彼は革命の進行に歯止めをかける意図をもって王位に即いたこと、彼が王位にあることによってフランスが共和国となるのを阻止し得ること、フランスは将来にわたって平和の維持を念願するものであること、フランスは今後ともウィーン会議の決定を尊重すること、フランスは決して隣邦の内政に干渉する意志を有しないことを述べた。彼はこのような声明によって、諸国がかつてのフランス革命への連想から不安と恐怖とに駆り立てられ、フランスの新政権に対して国際干渉に出るのを防止しようとしたのであった。しかし、イギリス・オーストリア・ロシア・プロイセンの四国はさきに一八一五年に四国同盟を結び、また一八一八年には秘密協定を締結して、フランスにおける革命の再発にそなえたのであったが、この一八三〇年当時には四国はもはやフランスに対して国際干渉を試みる意志はなく、事態を傍観するにとどまった。すなわち、イギリスはこの革命の結果王位を逐われたシャルル一〇世のアルジェリア(Algeria)政策に対してかねてから甚だしい不満を抱いていたので、進んで新政権を承認した。また、オーストリアは当時財政的にも対仏干渉を試みる余裕なく、プロイセンもフランスの事態に介入する積極的意志をもたなかった。このような中で、ひとりロシア皇帝ニコライ一世のみはオーストリアおよびプロイセンとともに対仏共同干渉を行い革命を鎮圧することを強く欲したが、右の二国が勧説に応じなかったとき、彼もまた遂に動くことを断念した。

フランスにおける七月革命の勃発は、しかし、ヨーロッパの諸地方に鬱積してきた現状不満の気運に正に点火したものであった。この革命を契機として、ベルギー・ドイツ・イタリア・ポーランドの諸地方およびスイス・スペイン・ポルトガルには、政治的自由の獲得あるいは民族的解放の実現、またはこれら両者を目的とした革命・叛乱が次々に爆発するにいたった。そして、これらの革命・叛乱において、諸国の革命勢力の間には、フランスの新政権がフランス革命の伝統にもとづいて彼らに対して援助の手をさしのべるであろうとの期待が抱かれた。また現にフランス内部においても、彼らに対して援助を与うべきことを唱える声がしきりに挙げられたのであった。けれども、諸国による国際干渉を惧れるルイ・フィリップの政府は終始動こうとせず、そのような中で、それらの革命・叛乱の多くは時期熟せずして失敗に終った。しかし、スペインおよびポルトガルにおける民主主義革命は成功し、またオランダからの分離を目的としたベルギー地方の革命は勝利を獲得した。さきにウィーン会議は、ナポレオン戦争前オーストリア領であったベルギー地方をオランダに転属させたが、これは、オランダを強化することによって、将来フランスが中央ヨーロッパへ侵入することを困難ならしめようとしてであった。そこで、ベルギー地方に革命が勃発したときに、オランダ王は列国に対して、オランダを援助してウィーン会議の右の決定を維持することを要請し、これに対してプロイセンおよびロシアは一旦はベルギー地方に対して武力干渉を試みようと企てた。しかし、正にそのときにあたってロシア領ポーランドにポーランド民族解放を目的とした叛乱が勃発し、ロシアは自国内のこの事態を収拾しなければならなくなり、プロイセンもかつて旧ポーランド王国の一部をなしていたその東部国境地方のポーランド人の動向を警戒することになった。その結果両国はベルギー地方への干渉計画を放棄し、ベルギー地方の革命はそのまま成功して、その独立は一八三一年に国際的承認を得ることになった。このベルギーの独立こそ、ウィーン会議の決定に加えられた第二の修正であった。

七月革命によってひき起された以上の波紋が鎮まっていったのち、ヨーロッパ国際政治は表面的にはしばらくの間概して平穏であった。しかし、その間において、大陸諸国においては産業革命が徐々に進行し産業ブルジョアが緩慢ながら成長しつつあった。そして、それを背景として、政治的自由獲得の運動・民族的解放の運動は活発さを加えることになった。このようにして高まってくる現状変革の気運は、やがて一八四〇年代に入ると逐次大きく表面化し始めた。すなわち、一八四五年から一八四八年にかけてのスイスの内乱は民主派の勝利をもって終ったが、一八四六年にはプロイセン領ポーゼン(Posen; Poznań)、クラクフ(Kraków)共和国およびオーストリア領ガリシア(Galicia)には民族的解放を目的としたポーランド人の陰謀が企てられ、それらは結局失敗に終ったが、しかし、一八四七年全ヨーロッパを襲うにいたった恐慌は現状に対する不満を高揚させ、そのような中で、翌一八四八年一月には両シチリア王国において民主主義革命が勃発して、それは勝利を得、この革命と並行して、ロンバルディア(Lombardia)、ヴェネチア(Venezia)、ミラノ(Milano)、パドヴァ(Padova)にはイタリア民族の解放を意図した排墺運動が演ぜられたが、ついで翌二月に入ると、フランスにはまたも革命の勃発をみるにいたった。一八四八年の革命(Révolution de 1848)または二月革命とよばれるものが、これである。

フランスに一たびこの革命が勃発すると、ヨーロッパの広汎な地域にこれまで蓄積されてきた現状不満の気運は、これに触発されて相ついで爆発をみるにいたった。すなわち、まずウィーンに革命の勃発をみ、つづいて、ミラノ(当時オーストリア領)、ヴェネチア(同)、イタリア諸国(サルディニアを除く)、ハンガリー(Hungary)、ボヘミア(Bohemia)、クロアチア(Croatia)、イリュリア(Illyria)には政治的自由・民族的解放の獲得を目的とした革命が相前後して起り、しかも、オーストリア内部がこのように混乱に陥ったのに乗じて、サルディニアはオーストリアへ宣戦し、この機会にイタリア半島からオーストリアの勢力を除去してイタリア民族の統一を実現しようとするにいたった。革命的事態はさらにドイツ地方にも展開せられ、プロイセン、バイエルン(Bayern)、ザクセン(Sachsen)、バーデン(Baden)には政治的自由・民族的統一の実現を目ざした革命が爆発し、ドイツ地方の革命勢力もまたオーストリア国内の混乱を機会にドイツの民族的統一を一挙に実現しようとしたのである。そして、オーストリア帝国の中でこれまでドイツ連邦を構成してきた地域ならびにドイツ諸国から普通選挙で選出された議会がフランクフルト・アム・マイン(Frankfurt am Main)にひらかれ、この議会を中心として統一ドイツ国家の建設が企てられた。二月革命によってひき起された国際的波紋は、しかし、以上にとどまらなかった。かつてポーランド王国の版図であった地方にも政治的自由・民族的解放の獲得を目的とした革命が勃発をみたほか、オランダにも民主主義革命が起り、ベルギーおよびスイスにおいては、民主的改革が戦いとられた。二月革命の波紋は、さらにまた海峡を越えてイギリスへも及び、大陸における革命的事態に刺戟されてチャーティスト運動(Chartist Movement)ならびにアイルランド民族解放運動は一段と激化する有様を呈したのであった。

さて、二月革命の結果、フランスにおいてはブルジョア階級および小市民層の手によって急進民主主義的共和国が樹立されたが、このことは、ヨーロッパの耳目を正に聳動《しょうどう》せしめた。当時諸国はこの新フランス共和国をもって、かつてのフランス革命下の共和政におけるジャコバン主義の伝統を継承するものでないかと疑った。従って、諸国としてはこの新しい共和国が一つには「革命の福音」を拡大・普及しようとして、また一つにはフランス革命の事業に敵意を抱いた国際的保守勢力によってウィーン会議で画定された国境線を打破しようとして、対外戦争をひらくのではないかと惧れたのである。現にまた、革命勝利の凱歌に湧くパリにおいては、この革命に刺戟されてイタリアおよびポーランド地方に起った革命に対して援助を与えることを要求する示威運動がしきりに演ぜられる有様であった。このような中で、革命政府は三月に声明を発して、「フランスが共和政体を採択することを宣言したことは、他のいかなる政体に対する敵意をも含むものではない。……君主政と共和政とは氷炭相容れない絶対的原則なのではなく、互に理解と尊敬とをもって相接し得るものである。……フランス共和国は何国に対しても戦争をひらくことはないであろう。現在フランスを統治しているものは次のごとく考えている。もしも(他国から)フランスに対して宣戦が布告されるならば、それはフランスの喜びとするところである。けだし、その場合にはフランスはその本来の穏和なる態度にもかかわらず、力ならびに光栄を獲得することにならざるを得ないであろう！　しかし、もしもフランスが他国から挑発されないにもかかわらず戦争をひらくにいたるならば、その責任は重大であろう！」「フランス共和国は一八一五年の諸条約(ウィーン会議の決定を指す―著者)をもって法的にはもはや存在しないものと考える。しかしながら、領土に関するその諸条項はこれを事実上は他国との関係における基礎とし、出発点とすることを承認するものである。……共和国を一八一五年の諸条約から解放することは、ヨーロッパの静安と毫も矛盾するものではない。しかし、われわれは次のごとく宣言するものである。もしも若干の被抑圧民族の再生の機会が神意によって到来したとわれわれが考えた場合、またもしもわが国の誠実なる友邦スイスが……脅威せられた場合、またもしもイタリア半島の独立諸国が侵略をこうむった場合、またもしもそれら諸国の国内改革に対して制限あるいは障害が加えられた場合、またもしもそれら諸国の相連合する権利が高圧的に否認された場合には、……フランス共和国はこれらの正当なる諸運動を擁護するために当然武器をとらねばならないと考えるであろう。……共和国はその成立にあたって自由・平等・博愛という三つの言葉を宣言した。……もしもヨーロッパにして賢明かつ公正であるならば、これらの何れもは平和を意味することになるのである」[24]。この宣言は、一方において、他国の革命勢力を援助することを要求している国内世論を慰撫するとともに、他方フランスがそのような対外干渉に出ることを恐怖している諸国を安堵させようとしたものにほかならない。

ところで、フランスにおける革命を国際干渉に訴えて鎮圧しようとする積極的意志は、当時の諸国の間には抱かれてはいなかった。フランスにおける革命を契機としてヨーロッパの広汎な地域に革命・叛乱が相ついで爆発するにいたったとき、諸国においてはフランスに対する国際干渉を考える余裕は存在し得なかったのであった。

一八四八年四月ロシア皇帝ニコライ一世はイギリス女王ヴィクトリア(Victoria)宛書翰の中に「ヨーロッパにおいて何が元のままの形で残っているでしょうか。それは、イギリスとロシアとだけです」と記したが、たしかにフランスにおける二月革命を機会に、ヨーロッパのひろい地域には一躍して政治的自由が打ち樹てられ、民族的解放の日が訪れ、ヨーロッパはここに巨大な政治的変貌をとげるかのごとくにみえたのである。けれども、それは実は束の間のことにすぎなかった。多くの地方においては、革命・叛乱は結局相ついで蹉跌した。そして、各地において反革命派が勝利を獲た後のヨーロッパをみるに、フランスが急進民主主義的共和国として残ったほかには、サルディニア王国が一八四八年一月制定の憲法をその後そのままに維持し、プロイセン王国がこの年の革命に起源をもつ一八五〇年憲法――それは甚だ保守的色彩に富んだものであったが――を保持しているのを見出し得るにすぎなかった。けれども、しかし、この一八四八年に政治的自由・民族的解放の獲得を意図して立ち上った諸地方には、その際の闘争の記憶は今後人心の中に深く刻まれ、それは将来における勝利への希望を育むことになった。

フランスにおける二月革命に触発されて爆発した諸国の革命・叛乱の多くが、以上のように反革命によって潰《つい》え去った後、ヨーロッパの上にはいわゆる反動の時代がひらかれた。そして、政治的自由獲得の運動、民族的解放の運動は諸国において一旦雌伏《しふく》を余儀なくされることになった。そのような中で、フランスにおいてはやがて大統領ルイ・ナポレオン

(Louis Napoléon)は一八五一年から五二年にかけてクーデタと人民投票とを用いて、二月革命によって樹立された急進民主主義的共和政を倒して帝位に即き、ナポレオン三世と称し、強力な独裁政をフランスに布くにいたった。かつて一八一五年に、ロシア・オーストリア・プロイセンおよびイギリスは四国同盟を結び、ナポレオンの血統のものがフランス王位に即くことを協力して阻止することを約束したのであった。しかし、ナポレオンの甥ルイ・ナポレオンが今や皇帝としてフランスに君臨するにいたったとき、かつてのこの四国はもはや動こうとはせず、フランスにおける事態を傍観するにとどまった。

しかし、このような中で一八五〇年代末に入ると、反動の濃霧はようやくうすれ出し、一九世紀前半期以来の現状変革の諸運動は諸国において次第に復活して動きはじめるのである。その点でとくに注目すべきものは、イタリアおよびドイツ地方における民族的統一運動の進展であった。前者はサルディニア王国を中心として、後者はプロイセン王国を中心として行われることになったが、しかも、両者はその過程において幾つかの民族解放戦争をひき起しつつ、それらを通して進展することになった。

そもそも、ウィーン会議以後一九世紀前半期においては、バルカン半島を除くヨーロッパには久しきにわたって平和が保たれてきた。ヨーロッパにかくも長く平和が維持されたのは、一四九四年来未だかつてなかったといわれている。(25) それは一つには、ウィーン会議前後において将来の国際平和の永続が願望された既述の諸事情がその後持続したことに原因するといってよい。しかし、一八四八年にいたってプロイセンとデンマークとがシュレースヴィヒ＝ホルシュタイン(Schleswig-Holstein)問題で戦火を交え、またサルディニアがイタリアの民族的統一を意図してオーストリアに宣戦するに及んで、久しきにわたって保たれてきたヨーロッパのこの平和も遂に破れたのであった。そして、その後一八五四年から五六年にかけてクリミア戦争(Crimean War)が行われたが、それはヨーロッパ史上ナポレオン戦争以後での最大の戦争であった[26]。ところで、このクリミア戦争の惨害は久しきにわたって大戦争を経験しなかったヨーロッパの人心に深い印象を与えた。そして、この戦争に終止符をうつことになったパリ平和会議(一八五六年)は、このような人心を背景として、次のような言葉を含む議定書を採択したのであった、「各全権委員は各自の政府の名において以下のごとき希望を表明することを躊躇しない。すなわち、重大な紛争に陥った国家は、武器をとるに先だち事情の許すかぎり友邦に斡旋を求めることが望ましい。各全権委員はこの会議に列していない諸国もまたこの議定書の精神に同意することを希望するものである」。

しかし、その後の歴史の進行は、パリ会議の以上のような希望の表明も一片の空文にすぎないことを証拠だてるに終った。すなわち、クリミア戦争の後、イタリアおよびドイツの民族的統一を目標とした民族解放戦争が次々に爆発することになった。まず一八五九年にはサルディニア・フランス対オーストリア戦争が行われた。そして、この戦争におけるサルディニア側の勝利を機会にイタリア半島の統一は著しく進められ、一八五九年から六〇年にいたる期間に、オーストリア領であるヴェネチアならびにローマを中心とする法王国を除いて全イタリア半島はサルディニア王国の傘下へ入るにいたり、一八六一年にはサルディニア王国はイタリア王国と改称するにいたった。さらに、プロイセンを中心とするドイツ民族統一の運動は、一八六四年におけるプロイセン・オーストリア対デンマーク戦争および一八六六年の普墺戦争におけるプロイセンの勝利によって著しく進展し、プロイセンはオーストリアの覇制の下に置かれてきた在来のドイツ連邦を解消させてオーストリアの勢力をドイツ地方から除去すると同時に、プロイセンが覇制的地位を占め、かつ北ドイツ諸国を基礎とした北ドイツ連邦(Norddeutscher Bund)を組織して、これをドイツ統一への足場としたのである。なお、普墺戦争に際してイタリアはイタリア民族の統一を完成へ近づける意図の下にプロイセン側へ参戦し、この戦争における勝利によってオーストリア領ヴェネチアを獲得した。このように進展したイタリア・ドイツ両民族の統一運動は、その後一八七〇年から七一年にいたる普仏戦争を通して一応完成をみるにいたった。すなわち、この戦争におけるプロイセン側の勝利により、プロイセンが覇制的地位を占めた連邦としてドイツ帝国の建設をみた。しかも、イタリアはこの戦争の機会を利してその軍をローマ法王国へ進駐させ、ついで法王国内に人民投票を施行、その結果にもとづいて同地域をイタリア王国へ併合したのである。ここにいたって、中央ヨーロッパおよびイタリア半島にはドイツ・イタリアの二大民族国家が生れ出、ヨーロッパの政治地図は大きく変動するにいたった。一九世紀初め以来のヨーロッパ国際政治の進展は、以上のようにして、ウィーン体制を全く崩壊せしめるにいたったのである。

第四節　パクス・ブリタニカ(Pax Britanica)

ウィーン会議以後大陸諸国を中心とするヨーロッパ国際政治は、以上のような推移を示してきたのであるが、この時期を世界政治の観点からみるならば、それは世界政治においてイギリスの優越的地位がいよいよ確立されるにいたった時期にあたる。

そもそも、イギリスは他の連合諸国とともにナポレオンを打倒し、それによって、ヨーロッパに優越的地位を築こうとする彼の試みを失敗に終らしめた。そして、ウィーン会議においてヨーロッパの再建が試みられるにあたっては、前述のように、大陸諸国間に勢力の均衡を設定するについて、重要な役割を荷ったのであった。そこで、ウィーン会議後ヨーロッパ大陸諸国間に久しきにわたって保たれることになった勢力の均衡と、世界的優越を誇るイギリス海軍力とによって、世界帝国イギリスの地位はここにいよいよ確固不抜の観を呈することになった。

しかも、イギリスにおいては他国にはるかに先だって産業革命が進展するにいたった結果、その産業資本は一九世紀中頃から一八七〇、八〇年代にかけて世界経済において半ば独占的地位を樹立するにいたった。イギリスは一八四六年に穀物法(Corn Laws)を廃止して自由貿易主義を採用したが、それは実にイギリス産業資本のこの世界的優越の開幕を象徴するものであった。そして、その後一八六〇年にフランスとの間に自由貿易主義に立つた通商条約を締結したが、しかも、この種の通商条約はその頃からヨーロッパの大多数の国家相互の間に結ばれるようになり、一八六〇年から七〇年にいたる期間においては、その数は合計一二〇に上るにいたった。ヨーロッパにおける国際通商がこの時期におけるほど自由貿易制へ近づいたことは、前後かつてないといわれている(27)。現に世界の大国で当時保護貿易主義をとっていたのは、ロシアとアメリカとにすぎなかった。ところで、自由貿易の原則がかくもひろく諸国によって受け容れられたということは、実は一面において、イギリス産業資本主義の優越、いいかえれば、いわゆる「世界の工場」(workshop of the world)としてのイギリスの地位が諸国によって承認されたことを意味するものにほかならない。そして、たとえば、一八七〇年代におけるイギリスの重工業および紡績業の生産額は世界の他の諸国の生産総額を凌駕し、一八七〇―七四年のイギリスの銑鉄生産は年額平均六四〇万トンに上っていたのに対して、ドイツ・フランス・アメリカ三国のそれは合計で年額平均五二〇万トンにとどまった。また同じ時期におけるイギリスの石炭生産額は一億二〇七〇万トンであり、それはイギリス・ドイツ・フランス・アメリカの四国の石炭生産総額の五七パーセントにあたった。また、右期間においてイギリスの保有していた紡錘総数三五九〇万錘は、前記四ヶ国の有していたそれの六九パーセントにあたっていた。(28) これらの数字によっても、イギリス産業資本主義の優越が国際的に承認されたことは、甚だ自然であったといってもよい。世界経済においてこのような地位を築くにいたったイギリスは、いわば世界のいたるところにその原料供給地と市場とを見出すことができた。一八六六年にスタンレー・ジェヴォンス(Stanley Jevons)のいったという、「インドはわがために棉花を作り、オーストラリアはわがために羊毛を剪り、ブラジルはわがために香高き珈琲をつくる。……世界はわが農園、イギリスは世界の工場」という言葉は、正にこの事実を形容したものにほかならない。ウィーン会議以後の世界においてイギリスが占めるにいたった巨大な地位は、その世界帝国たることにもともとより由来するが、しかし、なお一つには、世界経済におけるイギリス産業資本のかくのごとき優越によって強力に支えられていたのであった。

以上のようにイギリス産業資本の世界的優越が現出するにともなって、イギリスに生れ出た政治的見解に「小英国主義」(Little Englandism)とよばれるものがある。それは、一九世紀中頃から一八七〇、八〇年代にいたる期間に一部のひとびとによって抱かれたものであり、植民地の領有を無用視し、英帝国の維持・膨脹に意義をみとめようとしない主張をいう。後年にイギリス帝国主義の代弁者として大きな役割を荷ったディズレーリ(B.

Disraeli）のごときも、ある時期においてはこのような見解の所有者であった。彼が一八五二年外務大臣宛書翰中に「……これらの仕様のない植民地は、すべて数年を出でずして独立するであろう。これらの植民地はわれわれの首にまつわっている挽臼である」と記したのも、それを示すものである。また、パーマストン（H. J. T. Palmerston）はかつてその組閣準備の会議の際に植民大臣に適任者を見出し得なかったとき、「それでは、余がなるほかなかろう。属僚よ。会議が終ったならば、余とともに階上へ来てもらいたい。余は地図をみるから、卿は余に植民地の所在を示されよ」といったといわれている。またたとえば、一八七〇年に当時首相の地位にあったグラッドストーン（W. E. Gladstone）は述べて、「植民地が発達して母国から分離する場合には、その分離は平和的かつ友好的になされたいものである」といった。さらに、一八八一年になってもなお、『タイムズ』はその論説において「われわれは厖大な植民地を領有することによって、より弱くなったのであるか。それとも、より強くなったのか。より富むにいたったのか。それとも、より貧しくなったのか。より幸福になったのか。それとも反対になったのか」と論じたのであった。以上の例は、小英国主義がこれらの時期においてイギリス政治において無視しがたい一つの傾向をなしていたことを物語るものにほかならない。しかも、このような思想が生ずるにいたったのも、イギリス産業資本がその市場と原料供給地とを世界にひろく求めることができ、とくにその市場に関しては人口密度の稀薄で購買力の低い自国植民地よりもヨーロッパ大陸およびアメリカの方がはるかに重要であり、それらの結果として、経済的観点においてはイギリスにとって植民地の重要度が低下するにいたったことによるところ大である。

イギリス産業資本の世界的優越は、他のヨーロッパ諸国およびアメリカの産業資本主義が著しい後進性を示していた結果として、これら諸国の経済を自由貿易制を媒介としてイギリス産業資本主義に高度に従属させ、結びつけていたことを意味する。しかも、このように、イギリスを中心としてある程度相互依存の関係に立つ国際経済が形成されたことは、他面世界政治の安定度を補強する効果をもち得たということができる。この時代のイギリスにおいて、コブデン(R. Cobden)、ブライト(J. Bright)のごとき自由貿易論者は、各国の関税障壁を撤廃することによって国際平和を樹立し得ると主張したが、これは自由貿易主義が国際通商の原則とされることによって諸国間に経済的な相互依存関係が発展し、それは国際平和が維持されるための有力な保障となり得るとなすものにほかならない。けれども、注意すべきことは、経済的後進国にとっては自由貿易制の下では自国の民族資本の発展を期待することは少からず困難であったから、従って、これら自由貿易論者の主張は、客観的には、世界経済におけるイギリス産業資本の優越を将来にわたって確保することを試みた理論であったということができる。

さて、英帝国に象徴される世界政治におけるイギリスの優越は、世界経済におけるイギリス産業資本の優越と相まって、この時代の国際政治の安定に役だちつつあった。しかし、この意味における「パクス・ブリタニカ」(イギリスによる平和)を脅威するものが、全くなかったわけではない。それはロシア帝国であった。イギリスが海を越えてヨーロッパ外へ膨脹して、巨大な帝国を形づくるにいたったのに対して、ロシアは一六世紀以降南方および東方へ陸つづきにその領土を拡大しつづけた。この領土的膨脹の速度はきわめて速く、たとえば、一七〇〇年から一九〇〇年にいたる二〇〇年間についていえば、それは一日平均一〇四平方キロメートルの割合をもってなされたといわれている。[29]ところで、ロシアとしては、その拡大して行く領土を防衛する上からも「凍らない外海に面した海」を獲得することをいよいよ切実に必要とし、そこで膨脹の力点は地中海・ペルシア湾・太平洋に不凍港を獲ることに置かれるようになった。このようになるにつれて、ロシアは英帝国に対して当然次第にきわめて鋭い対立の関係に立つこととなった。すなわち、ロシアがバルカン半島を南下して、コンスタンティノープル(Constantinople)(現イスタンブール)を支配下に置き、東部地中海へその勢力を及ぼすことは、イギリスにとって「インドへの通路」を脅かされることを意味し、またロシアが中央アジアを南へ膨脹することは「インドの安全」への脅威を意味したのであり、さらにロシアが東アジアにおいてその勢力を南へ拡大して行くことは、中国におけるイギリスの権益を危険ならしめる惧れがあると考えられたのであった。従って、イギリスは二〇世紀初めにいたるまで世界政治的規模においてロシアと烈しい対立・緊張の関係に立ちつづけることになった。しかも、イギリスは、その世界帝国に対して水路を通して加えられる攻撃に対しては強大な海軍力をもってこれに対処する用意をもっていたのに対して、ロシアの脅威は陸上から迫るものであったから、イギリスとしては甚だ困難な地位に立たざるを得ず、それだけにロシアの危険はきわめて重大深刻なものとして感ぜられたのであった。[30]

第四章　市民的政治体制発展期の世界政治

第一節　「帝国主義の時代」

一八七〇年代の初めに前述のようにドイツ・イタリアの二大民族国家が成立したが、それにつづく一八七〇、八〇年代から一九一四年にいたる一時期は国際政治史上しばしば「帝国主義の時代」とよばれている。これは、ウィーン会議以後主要な世界帝国としてはイギリス、ロシアの二国があったのに対して、一八七〇、八〇年代以降には他のヨーロッパ諸国、ついでアメリカおよび日本が強力な膨脹を試みることとなったのによる。

まずヨーロッパ諸国の場合についてみるに、諸国がこの時期に活発な膨脹の過程へ入るにいたったのについては、まずこれら諸国における産業資本の成熟を考えなければならない。そのことは、ドイツおよび西ヨーロッパ諸国の場合においてとくにそうである。ヨーロッパでは、石炭およびその他の鉱物はイギリスのミッドランズ(Midlands)からアルトワ(Artois)・アルデンヌ(Ardennes)地方・ルール(Ruhr)地方・ザクセン(Sachsen)・シレジア(Silesia)を貫いてひろい帯状をなして分布しており、その関係上いち早くイギリスに、その後おくれてフランス・ベルギー・ドイツに近代産業が発展することになった(1)。そして、それら諸国の産業資本の要求こそ、その膨脹のきわめて重要な要因をなしたのであった。しかも、これら諸国においては、その産業資本の発展にともなって、一方においては高度の保護貿易制を採用して、自国内の市場および原料供給地をその民族資本のために確保することを試みるようになった。たとえば、ドイツは一八七〇年代に、フランスは一八八〇年代に保護関税政策へ転換するにいたった。なお一八七〇年代にイタリアおよびオーストリア＝ハンガリー(オーストリアは一八六七年に国名をこのように改称した)も同様の転換を行ったが、これもこれらの国においてもまた、産業資本が徐々にではあるが発達しつつあったことを示すものである。一旦前述のようにヨーロッパ諸国の間に採用された自由貿易の原則は、このようにして、今や次第に放棄されることになった。しかも、諸国は他方において、自国産業のために市場と原料供給地とを拡大することを次第に強力に試みるようになり、それにともなって植民地の獲得を漸次積極的に企てることになった。それは、すなわち、植民地は必要に応じて民族資本のための排他的な市場または原料供給地となり得るからにほかならない。なお、かつて絶対王政期のヨーロッパ諸国によってヨーロッパ外への膨脹がなされた場合には、当時の商業資本主義との関連から、ヨーロッパ外に産する珍貴な財貨の獲得が目的とされ、従って、それらの財貨を産出する地域を「植民地」として領有することが熱心に試みられたのであったが、しかし、ヨーロッパ外への膨脹がこのように産業資本を推進力とするにいたったとき、近代産業の上述のような要求を満足させ得る地域が植民地として高く評価されることになり、そのような地域の獲得が熱心に企てられることになった。

なお、注意すべきことは、この時代におけるドイツおよび西ヨーロッパ諸国の膨脹においては産業資本がその重要な推進力をなしたのに対して、ロシアおよびオーストリア＝ハンガリーの場合においてはその資本主義の後進性のゆえに、膨脹の対象たる地域を自国産業資本のために役だたせることよりも、課税・徴発その他政治的手段をもってその地域の富を収奪することに比較的に重点が置かれたのであった。ロシアに関しては一八八〇、九〇年代以降その産業資本主義はそれ以前の時期に比してその発展速度を増し、それにともなってロシアの膨脹にも産業資本の要求が次第に多く織込まれることになった。しかし、ロシア人口の巨大な部分を占める農民階級は甚だしく貧困であり、その購買力は低く、従って、ロシアの国内市場はきわめて狭隘であった。そこで、ロシア産業資本としては眼を国境の外へ注ぐことになった。けれども、この一八八〇、九〇年代以降においてもロシア資本主義はなお依然として後進性を脱し得ず、その資本力は脆弱であったから、「開放された」世界市場への進出はその欲するところではなく、市場または原料供給地たりうる地域にロシアの政治的支配を樹立して、これを自国産業のでき得る限り独占的な活動の場とすることを欲したのであった。

ヨーロッパ大陸諸国が一八七〇、八〇年代から膨脹を強力に企てるにいたったのについては、それを促進したものとして、国際政治的条件をも考えなければならない。そして、それはイタリア・ドイツ両民族の統一の実現と直接または間接に連関をもつ。まず、ドイツおよびイタリアが膨脹へ進むにいたったのについては、主としては、政治的統一によってこの両地域の資本主義的発展が著しく進展するにいたったことによるが、しかし、なお他面、膨脹によって国際政治における自国の比重を高めることは、統一によって高揚された民族感情にとってきわめて魅惑的であった。(2) また、オーストリア゠ハンガリーおよびフランスが一八七〇、八〇年代以降強力な膨脹政策をとるにいたったが、前者の場合には、ドイツ・イタリア両民族の統一運動の進展にともないドイツ・イタリアの両地方に対して久しきにわたって有してきたその巨大な勢力を逐次喪失することになった。そこで、一つにはそれを補填するために、バルカン半島への発展を積極化することになったのである。また、フランスの場合には、その東に巨大な民族国家ドイツが成立したことによって、ヨーロッパ国際政治におけるフランスの比重が低下したのに対して、ヨーロッパ外に植民帝国を建設してこの打撃を償うことが、その膨脹政策の重要なモチーフであったのである。(3)

一八七〇、八〇年代以後の時期において対外的膨脹を強力に試みることになったのは、しかし、ヨーロッパの諸国のみではなかった。やがて、アメリカおよび日本というヨーロッパ外の国家もこの「帝国主義の時代」に登場して重要な役割を演ずることになった。この日本・アメリカ両国のそのような動きについては、後に述べることとしたい。

以上のような歴史的過程の進展は、反面において、重大な結果をもたらすことになった。まず第一に、世界経済において久しきにわたって保たれてきたイギリス資本主義の優越的地位は、後進資本主義諸国に発展してくる産業資本の次第に烈しい攻勢によって脅かされて、徐々に崩れ出すことになった。一九世紀の最後の三半世紀以降についてみるに、イギリスの工業生産はこの期間依然上昇をつづけたが、しかし、その上昇速度は他の諸国よりもはるかに緩慢であり、世界の工業生産においてイギリスの占める比率は従って低下することになった。そして、イギリス・ドイツ・フランス・アメリカの四大主要工業国の石炭生産額・鋼鉄生産額・紡績錘数のそれぞれの総計において、イギリスのそれらが占める割合は逐次下降の方向をたどった。それのみでなく、絶対的にみても、一九〇〇―〇四年のアメリカの石炭生産額はすでにイギリスのそれを凌駕し、一八九〇年代にはアメリカおよびドイツの鋼鉄生産額はイギリスを凌ぐにいたった。(4)(5) しかも、諸国における産業資本の発展は、一つには、それらの国の経済の対英依存度を次第に減じさせることになるとともに、イギリスの輸出貿易はこれら諸国の資本による次第に烈しい競争をこうむることになった。それらの結果として、イギリスはその貿易における主要輸出先を漸次に産業的後進地域、とくに英帝国内へと移行させることになり、イギリス輸出貿易総額において英帝国内諸地域へのそれが占める比率は、たとえば、一八七一―七五年においては二三パーセントであったのに対して、一九〇九―一三年には三七パーセントに上昇するにいたった[6]。一八九七年にドイツ駐在のイギリス商務官ガストレル(W. S. H. Gastrell)はその著『世界におけるわが国貿易』(Our Trade in the World)の中において、「商業上・産業上におけるわが国の圧倒的優越はもはや昔のような確固たるものではなくなってしまった。わが工業製品に対して意に介するに足るような競争者が世界市場に存在しなかった過去の日のあの羨むべき地位にわれわれはもはやいないのである。楽しかりし昔の日よ！　今や、すべての国民の進化・発達とともにわれわれは新しい情勢に直面してこれと戦って行かなければならないのである[7]」と記したが、そのような事態は時とともに大きくイギリスの前に展開することになった。

そこで第二に、イギリス産業資本主義が以上のような情勢に直面するにつれて、イギリスにおいては植民地の意義がここに次第に再評価されるようになった。そして、植民地が必要に応じて排他的市場または排他的原料供給地となり得る点において、イギリスにとってその価値を増大するにいたったとき、世界にひろがる厖大な英帝国自体に対しても当然に改めて強い関心が寄せられることになった。一八八七年ロンドンにおいてヴィクトリア女帝即位第五〇周年を祝う華麗、壮大な記念式典が各自治領・植民地の代表者参列の下に挙行せられたが、それは以上のような情勢を背景として、当時のイギリスの人心に深い感銘を与え、世界にひろがる巨大な英帝国の姿を今さらのごとく強く印象づけたのである。そして、この祝典を機会に、イギリス本国政府と各自治領政府代表との会議がロンドンにひらかれ、英本国と自治領・植民地との連絡を一層緊密化するための方策が協議せられたが、このような会議のひらかれたこともまた、イギリスが直面するにいたっていた前述の事態を背景としたものであった。なお、この会議は、その後同様の目的の下にしばしばひらかれることになった英帝国会議(Imperial Conference)の最初のものであった。さらにまた、イギリスは既存のその世界帝国に対する関心を強めるにいたったばかりでなく、新しい植民地の獲得にきわめて積極的となるにいたった。そのことは、イギリス帝国主義が一九世紀最後の三〇年間に獲得した新領土は厖大であり、それは第一次世界戦争直前の英帝国総面積の実に三分の一にあたるといわれていることからも、[8]想像し得るであろう。

以上のような諸条件の下に、国際政治史上「帝国主義の時代」とよばれる一時期がひらかれたのである。なお、帝国主義(imperialism)という言葉は多義的である。最広義に用いられる場合には、国家がその支配または勢力を対外的にでき得る限り拡大しようとする試みを指す。けれども、帝国主義を近代国際政治史上の歴史的概念として考えるならば、帝国主義は、その典型的な形においては、民族国家の対外的膨脹であり、そして、その主要な推進力は資本主義であるということができる。このような意味においての帝国主義が多くの国家によって対外政策としてとられるにいたった点において、一八七〇、八〇年代

表4－1　(単位：％)

	1876年	1900年	増　減
アフリカ	10.8	90.4	＋79.6
ポリネシア	56.8	98.9	＋42.1
アジア	51.5	56.6	＋5.1
オーストラリア	100.0	100.0	――
アメリカ	27.5	27.2	－0.3

以降の時期を普通「帝国主義の時代」とよぶのである。なおその場合、この時代の終期を一九一四年に置くが、それはこの年が巨大な帝国主義戦争であった第一次世界戦争勃発の年にあたるからであり、従って、便宜的理由によるものにほかならない。

さて、このようにしてひらかれた「帝国主義の時代」において、諸国の植民地獲得の試みはきわめて活発に行われた。そのことは、簡単な数字によっても甚だ明瞭である。たとえば、一八七六年現在のヨーロッパ諸国およびアメリカについてみるに、後者は植民地を保有せず、前者の場合は植民地面積の合計は四六四九万四八〇〇平方キロメートルであった。これに対して、一九〇〇年にはヨーロッパ諸国およびアメリカの植民地面積合計は七二九〇万一〇〇平方キロメートルに達した。しかも、この一八七六―一九〇〇年にアメリカの獲得した植民地はそれほど大でなかったから、従って、一八七六年現在にヨーロッパ諸国の有していた植民地面積合計の実に約二分の一にあたる土地が、一八七六年から一九〇〇年にいたる僅か二四年間にそれら諸国によって新たに植民地として獲得されたのであった(9)。

次に、右の期間において、これら諸国の膨脹は地球上のどの地域に対してなされたかをみるに、一八七〇年代から一九〇〇年にいたる期間においては主としてアフリカおよびポリネシアにむけられた。しかも、その膨脹はきわめて急速になされたので、この僅か三〇年近くの間にこれらの地方は主としてヨーロッパ帝国主義諸国間にほとんど全く分割されてしまった。ズパン(A. Supan)は、一八七六年および一九〇〇年の両年をとり、この各年について諸大陸毎にその総面積に対する欧米諸国の植民地面積の比率ならびにその比率の増減を右の表の形で算出している。(10)

そして、このような情勢の中で二〇世紀に入るとともに、ヨーロッパ帝国主義諸国の膨脹の地域的対象はアジア、とくに中国へとむけられたのであった。

なお、ヨーロッパ外の世界へのこれら諸国の活発な膨脹は、技術的諸条件の変化によって容易にされたのであった。E・L・ウッドワードの指摘したように、「ベッセマー(Bessemer)製鋼法・汽船用のコンパウンド・エンジンならびに改良コンデンサーは私的利益のためになされた発明・発見ではあるが、それらは世界の他の部分に対する関係に影響を及ぼし、政治家たちに新しい問題を提供した。鋼鉄レールおよび石炭・水の節減は陸上および海上運輸を廉価ならしめた。アフリカへの侵略は廉価になった運輸の結果なのである。スエズ運河は一八六九年にひらかれたし、電信線および海底電信は事業《ビジネス》を遂行することを容易にした。一八八二年には、冷却装置の発明がオセアニアおよびアフリカ大陸の富をおびただしく増加させることになった。有限株式会社の発達は有望な企業のための組織をすでに提供していた。こうして、ヨーロッパ諸国民は〈自由な〉地域の獲得へとむかったのであった[11]」。

一八七〇、八〇年代以降におけるヨーロッパ諸国のヨーロッパ外への急速な膨脹は、地球上において領土権の確定していない地方を激減させることになった。そこで、そのこととの連関において、それら諸国によってやがて次第にさかんに行われ出すことになったのは、いわゆる資本の輸出であった。ヨーロッパ帝国主義諸国の多くは、世界における先進資本主義国であったが、これら諸国の資本主義は、一般的にいえば、たとえば一八六〇年代または一八七〇年代初めにおいてもなお自由競争の原則に立ったものであったということができる。ところが、ヨーロッパは一八七三年から一八九〇年代中頃にかけてほとんど持続的な長い不況期に入り、その下において諸国では独占資本の形成が著しく進み、この傾向はさらに一九〇〇年から一九〇三年にかけての恐慌によって一段と発展をとげ、このようにして、これら諸国の資本主義は二〇世紀の初めにはいわゆる独占資本主義の段階へと移行するにいたった。なお、この独占資本主義(Monopolkapitalismus)の段階は金融資本の優位をともなうがゆえに、金融資本主義(Finanzkapitalismus)の段階ともよばれる[12]。ところで、資本主義のこのような変質と、新植民地の獲得が前述のように容易でなくなったこととの結果、蓄積されてくる厖大な資本は国内産業へ投下されるだけではなく、後進資本主義国にむかって次第に多く輸出されることになった。これは、後進資本主義国においては一般に原料・賃銀が低廉で、かつ資本が欠乏しており、従って、それらの国々にお

表 4-2　（単位：10億フラン）

年	1862	1869	1872	1880	1882	1890	1893	1902	1914
イギリス	3.6	—	15	—	22	—	42	62	75-100
フランス	—	10	—	15	—	20	—	27-37	60
ドイツ	—	—	—	—	?	—	?	12.5	44

いては資本の利潤率は高かったからである。この資本の輸出は、政府の庇護の下に企業家・銀行などによって私的になされた場合が多く、それは国外企業・後進資本主義国企業への融資および後進資本主義国の発行する外債への応募という形をとった。なお、企業への融資または外債への応募の場合、融資国または応募国の工業製品の購入が条件とされた場合が少くない。その点において、資本輸出はしばしば市場獲得の有力な手段として役だち得たのである。なお、以上の形によるもののほかに、先進資本主義国の政府自身が自国資本の輸出を試みた場合もある。資本の輸出という現象は、一九世紀においても決してみられなかったわけではない。しかし、以上のような事情の下に、二〇世紀に入ってからは大規模な形において行われるようになった。先進資本主義諸国によってなされたこの資本輸出の実態を、数字的に示すことは容易ではないが、レーニンは、この点に関して表4-2のような算定を試みている[13]。

なお、この資本輸出の対象となった主要な国としては、スペイン・スウェーデン・ロシア・バルカン諸国・トルコ・南米諸国・中国などを挙げることができる。

ところで、資本の輸出は、その対象たる後進資本主義国をして政治的独立を保ちながらも経済的には資本輸出国に高度に隷属させることにしばしばなった。しかも、それのみでなく、資本輸出国が輸出した自国資本を保護するために後進資本主義国へ干渉して、その国またはその投資地域を自国へ政治的にも隷属させることが往々起ったのである。たとえば、イギリスがトルコ帝国の一部たるエジプトをその勢力範囲に加えるにいたったごとき、フランスが同じくトルコ帝国の一部であったチュニジアを保護領としたごとき、アメリカがラテン・アメリカ諸国をその勢力圏に加えるにいたったごときが、そうである。また、アングロ・イラニアン石油会社(Anglo-Iranian Oil Company)がイギリス帝国主義がペルシアへ勢力を拡大する拠点となったごとき、またロシア国家資本による東清鉄道(Chinese Eastern Railway)の建設がロシア帝国主義の満州進出の足場となったごとき、いずれもその例である。なお、後進資本主義国の保有する植民地が先進資本主義国の資本輸出をうけ入れることによって、ある程度後者の実質的植民地へと転換することも生じた。たとえば、今述べている時期についていえば、イギリスの資本輸出が行われたポルトガルおよびオランダの植民地の場合のごとき、その最も顕著な例である。(14)

さて、以上のような「帝国主義の時代」の開幕は、国際政治史上きわめて重大な意味をもつ。第一に、それはいうまでもなくパクス・ブリタニカの終焉を意味した。このことを別の面から、かつ幾分比喩的にいえば、イギリス以外のヨーロッパ諸国、ついでアメリカおよび日本が活発な帝国主義的活動をひらくにいたった結果として、ここに世界政治における行動主体の複数化、世界政治の重心点の多元化が生ずるにいたったのである。さらに第二に、アメリカならびに日本という非ヨーロッパ国家が世界政治へ登場するにいたったことは、きわめて重大な歴史的意味をもつ。すなわち、一九世紀末にいたるまでヨーロッパ諸国は実に久しきにわたってヨーロッパ外の地球上の広大な地域を支配・統治してきたのであり、この意味においてヨーロッパは世界政治の中心であった。そして、幾百年にわたるこの長い間、「世界の運命は、ヨーロッパ諸国の会議室またはヨーロッパ諸国の戦う戦場で決せられたのである。そして、国際関係とは主としてはヨーロッパ諸国間の関係であった」[15]。しかし、そのような「世界のことはヨーロッパで決定される」時代は、以上の非ヨーロッパ諸国の世界政治への登場によって今やようやく終止符を打たれることになったのである。

第二節　帝国主義的対立の展開（一）

さて、前節に述べた諸国の帝国主義はその発展過程においてしばしば衝突して、鋭い国際的軋轢・緊張がしきりに醸し出されることになり、それらの国際的対立を軸として世界政治は複雑にして変化にみちた展開を示すことになった。そして、一八一五年から七一年にいたる期間において、植民地の獲得をめぐって重大な国際的紛争の生ずることが稀であったのを考えるならば、今や国際政治は大きく変化するにいたったわけである。以下にその基本的過程について述べることとしたい。

まずヨーロッパについてみるに、一八七一年から一九一四年にいたるヨーロッパ国際政治は、ビスマルクがドイツ帝国宰相(Reichskanzler)の地位にあった一八七一—九〇年とその以後との二期に分けて観察することができる。まず、この第一の時期についていえば、この期間のヨーロッパ国際政治をしばしば極度に緊張させた最も重要な国際的対立としては、二つのものを挙げることができる。

その第一は、いわゆる東方問題(Eastern Question)に原因するものであり、それはとくにロシア、オーストリア＝ハンガリー間の帝国主義的対立をその中心とした。なお、東方問題とはトルコ帝国の分解にともなって派生したところの諸問題を指す。そもそも一四世紀にアジアからバルカン半島へ侵入して、北方へ勢力を拡大したトルコ帝国は、その最盛期においてはヨーロッパにおける領土としてはバルカン半島のほかに東ヨーロッパおよび中央ヨーロッパの一部をふくむにいたったが、国力の衰えるにともないヨーロッパにおける版図はオーストリア(後のオーストリア＝ハンガリー)、ロシアなどによってしきりに蚕食されることになつた。しかし、それにもかかわらず、ウィーン会議直後においては、トルコはなお未だ全バルカン半島を支配下にもちつづけていた。けれども、一九世紀の進行につれて、同半島の諸民族の間には、中欧および西欧における民族的解放の運動に刺戟されてトルコ人の支配からの離脱が次第に強く要求されるようになった(16)。このことは、トルコの統治の実力的基礎をなす軍および官僚の腐敗と相まって、トルコにとってこれら諸民族を支配しつづけることが逐次に困難となり、そのような中で、一八七一年までにギリシア・セルビア・ルーマニアの諸民族は遂に独立国家または準独立国家を形づくるにいたった。

一九世紀から二〇世紀初めにかけての東方問題は、しかし、バルカン半島における民族的解放運動の進展、それにともなうトルコ帝国の分解だけをその内容としたものではなかった。トルコ帝国が衰退しつつ分解にむかう中で、他方ロシアおよびオーストリア＝ハンガリーはバルカン半島へその勢力をのばそうと試みたのである。ロシア帝国主義がその場合に膨脹の目標としたところは、前にもふれたように、同半島を南下してコンスタンティノープルへその勢力を及ぼすことであった。それは、主として軍事的・経済的理由にもとづく。すなわち、第一に、コンスタンティノープルは、ロシアが獲得を切望しつづけてきた「凍らない外海」に面した港たり得る。また第二には、在来ロシアは「ヨーロッパの穀倉」とよばれた南ロシア、とくにウクライナ(Ukraina)の農産物および家畜の大部分を黒海のオデッサ(Odessa)で積荷し、ボスポラス(Bosporus)、ダーダネルス(Dardanelles)海峡経由、地中海を通じて輸出していた。そして、右の輸出は南ロシア地方において鉄道の建設が進むにつれて、逐次その量を増大することになった。しかも、この輸出は慢性的な逼迫状態にあるロシア財政にとって本来大きな支えとなっていたのである。ところで、コンスタンティノープルはこの重要な輸出貿易のルートにあたる以上の両海峡を扼《やく》する地位にあり、そこで、ロシアとしてはコンスタンティノープルをその勢力下に置かない限りは、戦争に際して他国により両海峡が封鎖される危険があり、その場合にはロシア黒海艦隊は黒海に封じ込められるばかりでなく、以上の輸出貿易の杜絶によってロシアの戦時財政は重大な困難に逢着することが予想されたのである。以上のようにして、コンスタンティノープルを勢力下に置くことを渇望したロシア帝国主義は、トルコ帝国の支配下のバルカン諸民族の庇護者たることを標榜して民族解放運動を支持してトルコ帝国の分解を促進し、これら諸民族の解放を通してその勢力をコンスタンティノープルへ及ぼそうとしたのであった(17)。

これに対して、オーストリア＝ハンガリーの場合、バルカン半島への膨脹の目標は、一八七一年以後においては、エーゲ海沿岸のサロニカ(Salonica)へその勢力をのばすことに置かれ、この計画は「東方への迫進」(Drang nach Osten)または「サロニカへの行進」(March to Salonica)の名をもってよばれた。オーストリア＝ハンガリーはヨーロッパの大国であったにもかかわらず、トリエステ(Trieste)を除いては良港をもたず、しかも、トリエステの住民はイタリア人であり、その関係からイタリアの統一後はこの地方はイレデンティズム(irredentism)の運動の目標の一つとされることになった。イレデンティズムとは一八七〇年におけるイタリア統一の際にイタリア王国の外に残されたイタリア民族居住地方――それは「回復されていないイタリア」(Italia irredenta)とよばれた――をイタリア王国へ併合しようとする運動をいう。そこで、オーストリア゠ハンガリーとしては、トリエステを将来にわたって長く保有し得るか否か確実でなく、その関係からバルカン半島への膨脹計画の目標をサロニカ港に置くことになったのである。

以上のようにして、バルカン半島を対象としてロシア、オーストリア゠ハンガリー両国は鋭い帝国主義的対立の関係に立つことになった。しかも、他方イギリスもまたバルカン半島に対しては早くからきわめて強い関心を抱いた。由来イギリスはロシアの勢力がバルカン半島へ拡大することを好まなかった。それは第一には、自由貿易制をとるトルコが分解してロシアの勢力が代置されて行くことは、ロシアのとる高度の保護貿易政策の結果としてバルカン半島におけるイギリス商品市場の狭隘化をもたらすからであった。また、商港として巨大な価値をもつコンスタンティノープルがロシアの勢力下に落ちることは、イギリスの貿易に甚大な打撃を与えるものと考えられたのであった。第二には、イギリスはロシアがバルカン半島を拠点としてその勢力を東部地中海・近東方面へ拡大することを危惧したのであった。イギリス本国とインドとの連絡路は一八六九年までは二つあり、その一つは喜望岬を迂回する水路であり、他の一つは地中海を経由し、トルコ領であるスエズ

(Suez)地峡・シリア・メソポタミアを経てペルシア湾へ出てインドにいたるものであった。イギリスはこれらの「インドへの通路」を確保することをその外交政策の基本的目的の一つとしてきたのであり、第一のルートについては海軍力をもってその安全を充分に防衛することができたのに対し、第二のルートに関しては、これに対するイギリスのコントロールをでき得るかぎり強化し、他の大国がそれを支配するにいたるのをあくまで阻止する方針を堅持した。しかも、この場合、そのような大国としてはロシアおよびフランスが考えられたのであった。[18] ところで、一八六九年におけるスエズ運河の開通とともに、ここに紅海・ペルシア湾を経由するインドへの最短距離の水路がひらかれることになり、それとともに、これをでき得る限り確実にイギリスの支配下に置くことが、その外交の新しい大きな課題となった。しかも、この場合においてもまた、ロシアならびにフランスの動きが警戒せられたのであった。[19] イギリスはそのような観点からスエズ運河開通の前後を通じて常にバルカン半島に対するロシアの動向に大きな関心を抱きつづけたのであった。東方問題は、かくてイギリスにとってきわめて重大性を帯びた問題であったのである。

以上のようにして、バルカン半島は、ヨーロッパ帝国主義大国が重大な利害関係をもち、それら諸国の利益がとかく尖鋭に対立し烈しく衝突し合う地域をなしていたのである。そして、バルカン半島をめぐる露墺両国の帝国主義的対立は、ロシア帝国主義がその主たる膨脹の方向をバルカン半島に求めた時期においては常に危機状態を呈したのであった。しかも、一たびそのようにして巨大な国際的緊張が醸し出された場合には、ヨーロッパの他の帝国主義諸国もこれに対して到底傍観的態度を守ることはできなかった。たとえば、露土戦争(一八七七―七八年)からベルリン会議(Congress of Berlin)(一八七八年)にいたる経過のごときは、その点を最もよく象徴するものといってよい。すなわち、露土戦争に勝利を獲得した後にロシアがトルコとの間に結んだサン・ステファノ(San Stefano)条約は、バルカン半島に対するロシア帝国主義の意図を大規模に実現したものであった。それだけに、オーストリア＝ハンガリーおよびイギリスはこの条約に対して直ちに強硬な反対を表明し、事態は戦争の危機を孕むにいたった。しかし結局一八七八年、ロシア、オーストリア＝ハンガリー、イギリスの三国にトルコ・ドイツ・フランス・イタリアを加えた七ヶ国による会議がベルリンにおいてひらかれて、サン・ステファノ条約に大修正が加えられ、事態は収拾をみたのであった。なお、このベルリン会議は、一九世紀後半におけるヨーロッパ協調の最も代表的な例ということができる。

バルカン半島はヨーロッパ帝国主義大国の利害の複雑に入り交った地域であったので、トルコ帝国の支配を脱しようとするバルカン諸民族の解放運動は、当然にこれら帝国主義大国の対立関係と交錯・複合せざるを得ず、その結果としてそれらの民族解放運動は、ある場合にはこれら大国間の利害の対立・衝突に煽られて大きく進展し、またある場合には逆にこれらのために阻害されて難航したのであった。また、これら民族的解放の運動が契機となって帝国主義諸大国間の対立関係はしばしば激化し、ヨーロッパ国際政治はこれがためにたびたび緊張、動揺を呈したのであった。

一八七一―九〇年のヨーロッパにおける重大な国際的対立としては、東方問題に原因するもののほかに、フランスにおける対独復讐論を中心とした独仏関係を挙げなければならない。フランスにおいては、その国内政治情勢またはその植民帝国建設の試みの蹉跌を契機としてしばしば「ルヴァンシュ」(対独復讐)の叫びが高まったが、その度毎にそれは直ちに独仏関係を烈しく緊張させて重大な危機を形成したのであった。この対独復讐論においてその目標として常に取上げられたアルザス・ロレーヌ問題は、こうして、「表面治癒したように見えながらも、僅か触れただけでもまた破れるような傷」にも似ていた。[20] このことは、ひとりこの時期についてばかりでなく、その以後についてもまた妥当するのである。

以上の期間におけるヨーロッパの国際政治は、こうして、とくに東方問題またはフランスにおける対独復讐論によってしばしば烈しく動揺した。しかも、それにもかかわらず事態は結局は破局へ陥ることなく一八九〇年に及んだが、そのことについては、ビスマルクの「保障政策」(Versicherungspolitik)に負うところ少くない。一八七一年以後ビスマルクは帝国宰相として、新しいドイツ帝国の安全《セキュリティ》をヨーロッパ国際政治の中において確保することをその外交の基本方針とし、かつそのような観点において、ひろくヨーロッパに平和の維持されることをきわめて望ましいと考えた。そのような見地において、彼はドイツを中心とした複雑、精緻な同盟・協商網をつくり、周密な考慮の下にそれを運用することを試みた。ドイツ、オーストリア＝ハンガリーおよびロシアの間に結ばれた三帝協商(Entente of Three Emperors)、独墺同盟(Austro-German Alliance)、ドイツ、オーストリア＝ハンガリー、イタリアの間に結ばれた三国同盟(Triple Alliance)、対露再保険条約(Treaty of Reinsurance)は、ビスマルクのこの保障政策の所産ということができる。彼は東方問題に関しては、バルカン半島をめぐる露墺帝国主義の対立が激化して両国が戦争を交えるにいたることを惧れた。そして、ドイツにとっては東方問題は「ポメラニアの一擲弾兵の骨にも価しない」と考える彼は、必要に応じて露墺両国間に立って「誠実なブローカーの役割」(Die Rolle des ehrlichen Maklers)を荷って、紛争を調停して二国間に均衡を保たせることを努めたのである。(21) なお、それは、当時におけるドイツ資本主義の発展段階との連関においても可能であった。ドイツ資本はこの頃には未だバルカン半島へ発展を試みるまでに成長をとげてはいなかったのである。次に、ビスマルクはフランスによる復讐戦争に関しては、フランスが同盟国を獲得した場合においてはその可能性は最も高まると考え、そのような判断の下に、フランスを常に国際的孤立の状態に保つことに努めた。(22) 同時に、彼はフランスの植民帝国建設の試みに側面から援助を与え、フランスの関心をヨーロッパ外へそらせることによって、フランス国内に対独復讐論が勢をうるのを抑制しようとした。なお、イギリスは一八七〇、八〇年代に中東においてロシアと、一八八〇年代にエジプトにおいてフランスと尖鋭な帝国主義的対立の関係に立ち、それらの結果イギリスは一八八二年に成立をみた三国同盟に対しては好意的態度を示していたのであった。

一八九〇年にビスマルクが帝国宰相の地位を去るにいたって後、ヨーロッパ国際政治の上には、巨大な変化が生ずることになった。この大規模な変動は、ヨーロッパ諸大国の帝国主義の進展によってひき起されたものにほかならない。ところで、この一八九〇年以後一九一四年にいたるヨーロッパ国際政治の方向を規定した基本的な要因は、イギリス・ドイツ両国の帝国主義的対立であったということができる。一八七〇、八〇年代以降イギリス資本主義が諸国の新興資本主義の次第に烈しい競争をこうむり、世界経済におけるその優越的地位は次第に崩れ出すにいたったことは、すでにふれたとおりである。そして、その際に述べたように、これら諸国資本主義の中で最も注目すべきものは、アメリカおよびドイツのそれであった。ただ、しかし、アメリカ資本主義は一九一四年にいたる期間において飛躍的な発展を示しながらも、その国内市場が広大であったために、世界貿易の上にイギリスの有力な競争者として登場して、イギリスを甚だしく脅かすまでにはいたらなかった。これに反して、ドイツ資本主義は世界経済におけるイギリスの優越的地位に挑戦する巨大な勢力へと発展をとげるにいたったのである。一八九七年、ウィリアムズ(E. Williams)は『ドイツ製』(Made in Germany)という書物を公にして、イギリス市場ならびに世界市場がドイツ商品の進出によって脅威され出していることを指摘して、イギリス国民の注意を喚起することを試みたが、それはイギリスにおいて「ドイツの危険」を唱えたところの最初の声であったといわれている。[23] しかも、同じ一八九七年九月、『サタデイ・レヴュー』(Saturday Review)は評論して、英独両国は地球上いたるところにおいて敵対の関係にある、もしも明日ドイツが壊滅せしめられたとすれば、一人一人のイギリス人は今よりも豊かになるであろうと述べて当時の世上を聳動させた。しかも、世界経済における英独資本主義の相剋はその後次第に烈しさを加えることになった。

このドイツ資本主義の急激な発展こそ、一八九〇年以後ヴィルヘルム二世の統治下において「世界政策」(Weltpolitik)の名の下に展開されることになった強力な帝国主義政策の重要な背景をなしたのである。そして、ドイツはこの「世界政策」を通してもまた世界帝国イギリスに次第に大きな政治的・軍事的脅威を感ぜしめることになった。しかも、注意すべきことは、ドイツがヨーロッパ外へむかって帝国主義的膨脹を計画する場合、ドイツの地理的位置からいって、イギリスとの関係は本来的に甚だ困難となる。すなわち、北海およびバルチック海に面しているドイツがヨーロッパ外のその植民地との間に水路による連絡を保とうとすれば、その水路は必然的にドーヴァー(Dover)海峡を経由せざるを得ない。しかも、イギリスがその海軍力をもってこの海峡の制海権を掌握しているかぎりは、ドイツはその海外植民地との連絡を確実にすることができない。そして、これに対処するためにドイツがもしイギリスに対抗し得る海軍力を保有しようと企てれば、その対英関係は当然に悪化せざるを得ない。ドイツのヨーロッパ外への膨脹については、しかし、なお一つの途があった。それは、陸路によってドイツ本国と連絡された植民帝国または勢力圏を建設することであった。そして、現にこの時期のドイツはオーストリア＝ハンガリーとの同盟を拠点としてその勢力をバルカン半島へのばし、さらにこの半島を「東方世界への橋」として、中東(Middle East)へ帝国主義的支配を及ぼそうと企てていたのであり、それは、具体的にはコンスタンティノープルからアジア・トルコを貫いてバグダード(Bagh-dad)にいたる鉄道敷設計画を根幹として進められていたのであった。しかも、この計画もペルシア湾を窮極の目標とするものであった点において、イギリスの「インドへのルート」を脅威するものとなり得たのであり、従って、この鉄道敷設計画は現に対英関係を甚だしく緊張せしめることになった。(24)

ドイツは、以上のようにして、世界帝国イギリスと経済的・政治的に次第に鋭い帝国主義的対立の関係に立つことになった。ドイツの海軍大拡張、および、それにともなって英独両国間に展開されることになった建艦競争は、実にその集中的表現にほかならない。ドイツは一八九八年に海軍拡張七ヶ年計画を立てたが、それは沿岸守備を主たる建前とした在来のドイツ海軍を大洋において作戦行動を行い得るものに発展させ、海相ティルピッツ(v. Tirpitz)の言葉をかりていえば、ドイツ海軍を列国にとって無視し得ない存在たらしめることがその目的であった。しかも、それから僅か二年後の一九〇〇年には、南ア戦争

(South African War; ブーア戦争 Boer War)によりドイツ人心の中に反英感情が沸騰するにいたった機会をとらえて、以上の計画をさらに飛躍的に拡大した海軍拡張一七ヶ年計画を作成した。この計画の目標は、明白にイギリスに拮抗し得るところの海軍を建設することにあった。ドイツがこのように海軍大拡張を企てるにいたったのに対しては、イギリスももとより傍観することはできず、一九〇三年には巨大な海軍拡張計画を立案、これに対抗するにいたった。

さて、英独帝国主義の次第に尖鋭化するこの対立を軸として、国際政治は大きくその様相を改めることになった。イギリスは一九〇四年にフランスとの間に英仏協商(Anglo-French Entente)——それはアンタント・コルディアール(Entente cordiale)(心からの諒解という意味)ともよばれている——を成立させた。すなわち、イギリスとフランスとは、エジプトおよびモロッコをめぐって長年にわたって演じてきた烈しい帝国主義的対立関係、ならびに、ニューファンドランド(Newfoundland)、シャム(Siam)、マダガスカル(Madagascar)、ニューヘブリデス(New Hebrides)に関する両国間の係争問題を互譲的に解決して、その国交の調整を行ったのである[25]。イギリスとしては、かくすることによって、ドイツ帝国主義の烈しい攻勢により強力に対処し得る地位に立とうと欲したのであり、またフランスは、ドイツと次第に鋭く対立し出しているイギリスに接近することによって、ドイツに対するその地位を有利ならしめることを望んだのであった。

フランスは、これよりさき一八九三年以来ロシアとの間に露仏同盟を結ぶにいたってい
た。そもそもビスマルクの失脚後、ドイツは、ロシアの希望にもかかわらず対露再保険条
約の継続を拒絶した(一八九〇年)[26]が、当時国際的孤立の状態にあったロシアはドイツのこ
の態度から推して、バルカン半島に関して将来露墺帝国主義が衝突した場合にドイツはオ
ーストリア＝ハンガリーを全面的に支持するのではないかと考えるにいたった。しかも、
当時ドイツは、ロシアと長年にわたって鋭い帝国主義的対立関係に立ってきたイギリスへ
接近するかのごとき動きを示しており、そのこともまたロシアの不安を一層高まらせた。
これらの事情の下に、ロシアは遂にフランスへ接近するにいたったのであった。ロシアと
しては、フランスとのこの同盟によって、オーストリア＝ハンガリーのバルカン政策にド
イツが支持を与えるのを牽制し得ることを強く期待したのであった。他方、フランスはこ
の同盟の成立によって、一八七一年以来の国際的孤立の状態からようやく離脱するにいた
った。そして、露仏同盟の実現は、フランスにとっては普仏戦争における敗北とともに著
しく低下したその国際的比重の再建を意味するものであったといってよい。この同盟の締
結によってドイツに対する関係において強化されたフランスの地位は、ついで一九〇四年
の英仏協商によって今や一層補強されることになった。

イギリスは英仏協商を結んでフランスとの間の帝国主義的対立関係について調整を試み
た後は、これまで主としてフランスを対象として地中海に配置してきたその海軍力の大部

分をイギリス本国水域へ移動させ、それによってドイツに対する軍事的地位を一段と強化するにいたった。ついで、その後、日露戦争における日本海海戦(一九〇五年五月)によりロシア海軍力の中核をなしてきたバルチック艦隊が壊滅したとき、ロシアに備えて極東に配置していた海軍力の大部分をもまた本国近海へ移動させた。そして、これらの措置によって強大な本国艦隊を編成し、これを北海に配置して、ドイツにそなえるにいたった。

さて、英仏協商が結ばれて後四年にして、一九〇七年英露協商(Anglo-Russian Entente)が成立をみるにいたった。そもそも、イギリス・ロシア両国の帝国主義的対立は、すでにふれたように、長い歴史をもち、「一つの不可変的な天然自然の事実[27]」であるかのようにこれまで考えられてきた。けれども、一たび英仏協商の成立をみた後は、イギリスとしてはフランスの同盟国たるロシアと旧来のような鋭い対立関係をもはやそのまま維持することはできなくなった。かつ、英独帝国主義の次第に深刻化する対立、それの象徴的表現としての両国建艦競争の熾烈化は、イギリスをしてドイツ帝国主義の攻勢に対抗する上からもまた対露国交調整の必要を痛感させることになった。しかも、他方ロシアもまた英仏協商の成立によってイギリスとの関係について再検討を要することになった。しかも、日露戦争における敗北によって極東におけるその膨脹計画は一旦蹉跌に逢着したのみならず、同戦争末期に日英同盟が更新・強化された結果として、将来極東およびインドへ進出することは甚だしく困難となった[28]。そこで、ロシアはその帝国主義的発展の主たる方向をバルカン半島・近東(Near East)へ転換し、この膨脹計画をイギリスとの妥協の下に推進しようとするにいたった。そこで、これらの諸事情の下に、一九〇七年イギリスとロシアとは、久しきにわたって両国帝国主義の係争地域になってきたペルシア・チベット・アフガニスタンに関して互譲的な解決を行い、それによって国交の調整をはかった。(29) この英露協商の成立によって、イギリスとしてはインドに対するロシア帝国主義の長年にわたる脅威から脱することになったのである。

かつて英仏協商が成立をみたとき、フランス外相デルカッセ(T. Delcassé)は同僚パレオローグ(M. Paléologue)にむかって、「ああ、何という美しい視野がわれわれの眼前にひらかれることだろう！　考えて見給え！……もしロシアとイギリスとの両国に頼ることができるならば、われわれはドイツに対する関係においていかに強力になることであろう」、英仏協商と露仏同盟とを将来結びつけることは容易ではない、しかし、「一日には一日になすべき仕事がある」と述べたが、(30) 英露協商の成立は、現にフランスの側面的工作によって少からず助けられたのであった。ところで、露仏同盟・英仏協商の後にいま英露協商が成立をみるに及んで、その結果としてここにイギリス・フランス・ロシアの三国は当然にきわめて相接近した関係に立つことになった。三国間に形成されたこのような友交的関係を三国協商(Triple Entente)とよぶ。ところで、ロシアがイギリスと協商関係を結ぶにいたったのは、前述のように一つには、ロシア帝国主義がその方向をバルカン半島・近東へ転換するにいたった結果であった。従って、バルカン半島をめぐるロシア、オーストリア＝ハンガリー両国の帝国主義的対立は今後当然に一段と激化せざるを得ず、かつ同時に、ロシアは同半島を経由して近東・中東へ進出しようとしているドイツとの間に摩擦を来さざるを得ない。こうして、これまで述べたところから明かなように、三国協商はドイツに対立するところのブロックとして発展することになったのである。

しかし、三国協商成立の国際政治史上の重要性はひとり以上の点にあるのではない。この三国協商の成立によって、ヨーロッパの帝国主義大国は三国同盟・三国協商という二つの大きなブロックに分れて対立することになったのである。そして、そのことは、きわめて重大である。すでに述べたように、イギリスは、ヨーロッパ大陸諸国間に勢力の均衡を保たせることをその伝統的外交方針とし、そのような観点において、これら諸国間に勢力均衡が失われる惧れが生じたような場合にはイギリスは劣勢に落ちようとする国家または国家ブロックに援助を与えて、これを補強し、それによって均衡の維持をはかることを試みてきた。イギリスがこのような援助を大陸諸国間の戦争への参加という形において行った場合のことは別として、外交的手段を通じてそのような役割を演ずることによって、イギリスはヨーロッパにおける平和の維持にしばしば役だってきた。イギリスが久しきにわたって誇ってきた「光栄ある孤立」(Splendid Isolation)は、イギリスがヨーロッパ国際政治上においてそのような役割を荷うことを実は可能にしていたのであった。ところが、イギリスは三国協商の一員となることによって、対立するブロックの一方に今や所属するにいたったわけである。そこでその結果、三国同盟と三国協商との間には勢力の均衡が一応形づくられたものの、その均衡は在来の大陸諸国間のそれとは異って、それの持続のために必要に応じて力を借すところの第三の勢力――いわゆるバランサー――を欠いていたのである。そこで、両ブロック間の均衡が今後持続するとすれば、それはいわば全く偶然の事情に依存することになった。ヨーロッパ帝国主義諸国間の平和の基礎は、この点において今や全く不安定なものとなったのである。

さて、三国協商成立の前後を通じて、ヨーロッパ国際政治は険悪な様相を示しつづけつつあった。すなわち、烈しい建艦競争を中心として英独関係は慢性的な緊張状態を呈し、またモロッコ問題をめぐる独仏帝国主義の対立は、一九〇五年にはドイツ皇帝ヴィルヘルム二世のタンジール(Tangier)上陸事件をひき起し、これを契機として独仏関係は一時危機に瀕した。事態は翌一九〇六年のアルヘシラス(Algeciras)会議によってようやく収拾せられたが[31]、しかし、その後一九一一年には再度モロッコに関してアガディール(Agadir)事件の勃発をみ、独仏関係を中心としてヨーロッパ国際政治は甚だしい緊張を呈するにいたった。局面はドイツ・フランス両国間の外交交渉によって辛うじて解決せられたものの[32]、しかし、前後二回にわたるモロッコ問題の危機は、独仏関係を甚だしく悪化させ、かつ両国間のこのような帝国主義的対立関係を背景として、フランス国内には対独復讐論が高揚する有様になった。さらにまた、バルカン半島をめぐるロシア、オーストリア＝ハンガリーの両国帝国主義の対立も、複雑にして重大な様相を展開する有様であった。この点については、便宜上次節に述べることとする。

さて、以上に述べたような情勢を通して、三国協商の形におけるイギリス・ロシア・フランスの提携は次第に密接を加え、協商はある程度同盟の性格を帯びるにいたった。これに対して、三国協商のこのような発展といわば対蹠的な推移を示すことになったのは、三国同盟であった。その点について最も注目すべきものは、三国同盟におけるイタリアの地位であった。本来イタリアがドイツ、オーストリア＝ハンガリー両国との間に三国同盟を結ぶにいたったのは、北アフリカにおけるフランスとの帝国主義的対立がイタリアをしてドイツへ接近させたことに由来する。ところが、イタリアは一八九六年アビシニア(Abyssinia)(現エチオピア)征服計画に失敗して後は、その帝国主義的膨脹の対象をトリポリタニア(Tripolitania; Tarabulus)(トルコ領)へと転換することを考えるようになった。フランスはこれをみるや、イタリアを三国同盟から阻隔させてドイツに対するフランスの立場を強化しようとして、イタリアとの間にトリポリタニアおよびモロッコに関して互譲的内容の秘密協定を結び、北アフリカに関する両国の帝国主義的計画の調整を行ったのである(一九〇〇年)[33]。伊仏関係はこれを転機として、爾来著しく改善されることになり、その反面三国同盟に対するイタリアの関心は少からず冷却するにいたった。フランスは、一九〇二年にはイタリアとの間にさらに秘密協定を結び、それにより、両国の一国がその名誉と安全とのために第三国と開戦するにいたった場合には、他方は中立を守る旨が約束されたのである。しかも、一九〇四年に英仏協商の成立をみたとき、三国同盟に対するイタリアの関係はいよいよ微妙なものとなった。すなわち、英仏協商が成立した結果、三国同盟と露仏同盟との間に将来戦争がひらかれた場合にはイギリスが後者の側へ参戦する可能性は増大することになり、しかも、そのような戦争の場合、イタリアが英仏両国の海軍力に対して自国を防禦することは明白に不可能であったからである。イタリアは、このようにして、ドイツおよびオーストリア＝ハンガリーにとって次第に信頼しがたい同盟国となった。しかも、その後ロシアはバルカン半島に対する帝国主義政策を推進する上から、オーストリア＝ハンガリー、イタリア両国を離間させようとし、一九〇九年にイタリアとの間に秘密条約を結んで、バルカン半島・トリポリタニア・キレナイカ(Cyrenaica; Barqah)に関して諒解を成立させたのである(34)。しかも、この条約へは、その後イギリスおよびフランスも参加し、こうして、その結果バルカン半島に関して三国協商の諸国およびイタリアの間には政策協定が成立をみた。その反面として、イタリアはここに三国同盟からますます離れることになったのである。三国同盟の脆弱化は、このようにイタリアに関して生じてきたのみではなかった。同盟の他の一員であるオーストリア＝ハンガリーは、後に述べるように、時とともに熾烈化する民族解放運動をその内部に包蔵しており、これがためにその国内政治は次第に甚だしい動揺、混乱に陥りつつあり、将来における帝国の瓦解が噂される有様であった。このようにして、三国協商が次第にその結合度を強めてきつつあるのに対して、三国同盟は逐次弱体化の方向をたどっていたのである。三国協商と三国同盟との間に保たれているようにみえる均衡は、こうして、時とともに表見的なものに変りつつあったといわなければならない。

第三節　帝国主義的対立の展開（二）

ヨーロッパ帝国主義諸国間の関係が以上のような推移を示す中において、これと並んで注目すべきものは極東における日本・アメリカ両帝国主義の動向であった。

アメリカはモンロー主義の宣言（一八二三年）以来、アメリカ大陸へヨーロッパ諸国の支配または勢力が及ぶことを阻止し、それによって自国の安全《セキュリティ》を確保することをその伝統的な方針として堅持してきた。しかし、大統領クリーヴランド(G. Cleaveland)の時代にいたって、モンロー主義の名の下にアメリカ大陸に対するアメリカの優越的地位を主張するようになった。ついで、一八九八年にアメリカはスペインとの間に西米戦争(Spanish-American War)を交えるにいたった。そもそもこの当時にいたるまで、アメリカが東亜に対して抱いていた主たるその関心は対清貿易にあった。たとえば、一八五三年ペリー

(M. C. Perry)の率いる艦隊を日本へ送り開国を強要したのも、一つには、日本に給炭地を得ることによって清国との貿易をさらに推進しようというアメリカ資本の要求が背後にひそんでいたのであった。以上の点からみて、西米戦争の行われた一八九八年は、アメリカ外交史上における巨大な転換点をなすものということができる。すなわち、アメリカはこの戦争における勝利の結果フィリピン群島を獲得し、東アジアに領土をもつにいたったのである。なお、同じ年にさらにハワイ王国を併合した。こうして、アメリカがアメリカ大陸とアジア大陸との中間に位置するハワイを併せ、またオランダ領東インドと台湾との間に位置するこのフィリピン群島を領有するにいたったとき、アメリカはアメリカ大陸外へ膨脹することにより今や極東の国家としての面をそなえるにいたったのである。ただ、注意すべきことは、この以後においてもアメリカ世論においては、モンロー宣言以来の古い伝統に即してアメリカ大陸外へ政治的に関与することをでき得る限り少くし、それによって自国の安全《セキュリティ》を守ろうとするいわゆる孤立主義(isolationism)が、無視しがたい勢力をもちつづけた。(35) この点については、アメリカ資本主義が豊饒な国内資源と広大な国内市場との上になお発展をつづけ得ていたこと、および、アメリカの農業生産力が国内需要をはるかに越えていたためアメリカはヨーロッパ諸国の場合のごとくには植民地を切実に必要とするにはいたっていなかったことを考え合せねばならない。(36)

さて、アメリカが清国市場へ登場してくる以前、清国の上へはすでにヨーロッパ帝国主義諸国の重圧が加重されてきていた。すなわち、ロシアはアジアにおけるその南下政策の結果として、すでに一七世紀以来清国との間に交渉をもつにいたっていた。また、阿片戦争(一八四〇—四二年)に敗れた清国はイギリスとの間に南京条約(一八四二年)を結び、それを端緒として清国は西洋諸国に対して開国するにいたったが、そのことはヨーロッパ帝国主義諸国の清国への勢力浸透の門戸がひらかれたことを意味した。なおまた、フランス帝国主義は一九世紀中頃からインドシナ侵略に着手していたのであった。その後、日清戦争(一八九四—九五年［明治二七—二八年］)において清国がみじめな敗北をこうむったことは、清帝国の脆弱を全世界の前に暴露した結果になり、そのことはヨーロッパ帝国主義諸国を刺戟し、これら諸国は競って清国に租借地を獲得することを試みるにいたった。そして、一八九八年におけるドイツの膠州湾租借、つづくロシアの旅順・大連租借、イギリスの威海衛租借は、かねて噂されてきた「シナ分割」が近い将来において歴史の日程へ上るのではないかと思わせるものがあった。一八九九年、アメリカが国務長官ジョン・ヘイ(John Hay)の通牒の形において列国に対して、清国においてすでに諸国の勢力範囲となっている地域に関して商業上の機会均等主義が尊重さるべきことを要請したのは、このような情勢を背景としてであった。しかも、翌一九〇〇年義和団の騒擾が勃発をみ、帝国主義諸国は共同出兵によってこれを鎮圧することを試みたが、アメリカは、それら諸国がこの機会をとらえてその勢力範囲を拡大しまたは勢力範囲たる地域に対する政治的支配を強化するにいたることを危惧し、この年再びヘイの名において列国に通牒を送って、清国の全版図において商業上の機会均等主義が尊重さるべきこと、および、清国の領土的・行政的保全が尊重さるべきことを要請したのである。アメリカはこの前後二回の通牒を通じて、清国の門戸開放(open door)と領土保全とをはかり、それによって、アメリカ資本が将来清国へ強力に浸透するための可能性を確保しようと企てたのであった[37]。しかし、ヘイのこれらの通牒に対して、列国中で全面的同意を表明したものはなかった。ただ、イギリスのみは本来的にはアメリカと同様の意向を抱いていた。それは、強大な資本を擁するこの両国としては清国を各国資本の自由競争の場とすることが、自国の経済的進出の上から最も有利であると考えたのによる。

ところで、極東国際政治に登場するにいたったなお一つの帝国主義国家は、日本であった。日本は明治維新(一八六八年)以後アジア諸国に先だって、西洋文明、とくに産業および軍事技術を迅速にとり入れることに努め、その限りにおいては急激な近代化を進めた。そして、このことは、日清戦争における日本の勝利の大きな原因をなしたのであった。そして、この戦争において日本が示したところの軍事力は、当時北京に滞在していたロシア軍事使節をして次のように記させたといわれている。「われわれは日本というきわめて危険な隣人をもっている。われわれは将来において次第次第にこの国を念頭に置かなければならなくなるであろう。そして、この国はある条件の下においてはわが国に幾多の困難や面倒な事をつくり出すことができるのである。以上はわたくしの所信である。われわれは、これまではいつも極東におけるわれわれの地位を主として中国およびイギリスに対抗して確立しなければならないと考えていた。しかし、今や、少くもわたくしにとっては、事態はそれと異るものと考えられる。日本は今や最も重要な、しかも、極度に深刻なファクターなのである。日本という形で、極東の今後の運命に大きな影響を与える一つの新しい強国が生れ出たのである。率直にいえば、このような考え方はぴったりしない。けれども、早かれ遅かれ、われわれはこのような考え方に慣れなければならないであろう(38)」。日清戦争における日本の勝利は、たしかに極東国際政治における日本の存在を世界に強く印象させることになった。けれども、清国に関するヨーロッパ帝国主義諸国の権益はすでにきわめて錯綜していた。従って、戦争におけるその巨大な勝利にもかかわらず、日本が清国に一挙に強力な帝国主義的拠点を獲得することは、これらヨーロッパ諸国との関係において容易に許されないところであった。日本が下関条約によって清国から一旦割譲させた遼東半島を、ロシア・ドイツ・フランスによる三国干渉(Triple Intervention)の結果清国へ返還することを余儀なくされたのも、そのことを正に端的に立証したものにほかならない。「極東のことはヨーロッパにおいて決定される」という伝統的な命題は、この三国干渉によって、依然その真実であることが証拠だてられたのであった。

極東の事態は、その後やがて重大化することになった。すなわち、ロシアが一九〇〇年における義和団の騒擾を機会に満州を軍事占領下に置くにいたったことは、それを契機として日本とイギリスとの間に同盟を締結させることになった(一九〇二年[明治三五年])。この日英同盟は、これを日本の側からみれば、ロシア帝国主義が満州を拠点として韓国に対するその勢力を強化するにいたるのを阻止することに、主目的があったのである。他方、イギリスは、満州へ進出するにいたったロシア帝国主義が将来清国の首府北京へ重圧を加えて清国政府を傀儡《かいらい》化し、その結果として、揚子江沿岸を中心とするイギリスの帝国主義的権益が脅威されるにいたることを惧れたのであった。かつ、イギリスとしては、清国政府がロシアに従属するにいたった機会に、帝国主義諸国による「シナ分割」が誘発されることを危惧したのであった。なお、イギリスが以上のような考慮の下に、ロシア帝国主義と対立する地位に立つ日本との間に同盟を結ぶにいたったのは、日清戦争において示された日本の軍事力が極東国際政治において日本を無視し得ない存在たらしめるにいたっていたことと関連する。

さて、日英同盟成立後二年にして日露戦争(一九〇四—〇五年[明治三七—三八年])が勃発をみたが、この戦争は、満州および韓国をめぐる日本・ロシア両帝国主義の衝突を重要な側面とするものであった。同戦争において、イギリスは融資および軍需品供給を通じて同盟国日本に有力な援助を与えたが、これに対して、フランスは融資その他によってその同盟国ロシアを助けた。ただ、フランスとしては、露仏同盟を主としてヨーロッパにおいてドイツに対抗する観点において意義づけていたゆえに、ロシアが極東における戦争によりその国力を消耗することを好まなかった。従って、フランスはやがてロシアに対してアメリカ大統領ローズヴェルト (T. Roosevelt) の和平斡旋を受諾するよう勧告し、かつロシアの戦争続行を融資をもって援助しつづけることは困難である旨を述べて、戦争を打切るよう牽制を試みたのであった。なお、ドイツ皇帝ヴィルヘルム二世もまたロシア皇帝ニコライ二世に対してアメリカの周旋に応ずることを勧告した。ドイツとしては、戦争がこのまま続行された場合イギリスおよびフランスによって調停を試みられることを予想し、その調停が成功した場合にはこれを契機として英仏協商は一段と強化され、かつイギリス・フランス・ロシア・日本の四国は接近してこの四国によって世界政治が左右されるにいたる惧れがあると考えたのであった(39)。フランス・ドイツ両国の以上の勧告は、ロシアをしてアメリカの斡旋を受諾させる有力な原因となった。

ところで、アメリカが日露両国間の和平斡旋を企てたのは、この両国間に今後勢力の均衡を保たしめようとしてであった。ロシアは元来その資本主義の後進性のゆえに、その帝国主義的支配下に置いた地域を自国資本のためのでき得る限り排他的・独占的な場たらしめる方針をとっていた。清国に関して門戸開放・領土保全の原則を樹立することを欲していたアメリカとしては、従って、清国に対するロシア帝国主義の重圧が増大するのを抑制しようとしたのであった(40)。しかも、アメリカとしては同時に、この戦争を軍事的優勢の中に進めている日本が戦後に日英同盟を背景としていかなる動向を示すかについて、すでに早くも警戒を抱きだしていた。アメリカが以上のような意図の下になした斡旋によってひらかれた日露両国間の和平交渉はやがて妥結して、ポーツマス(Portsmouth)条約の成立(一九〇五年)をみた。この条約は日露両国の間に勢力の均衡を樹立した点において、正にアメリカの意図に沿うところのものであったといってよい。

日露戦争は、このようにして、単に日露両国の間に交えられる戦争ではとどまり得ず、戦争の進行および収拾へは西洋帝国主義諸国が以上のような形で関与したのであった。しかし、日露戦争と世界政治との連関は、ひとり以上の点にとどまらない。一九〇五年、モロッコ問題のためにヨーロッパ国際政治は一旦重大な危機に陥ったが、これも日露戦争と連関をもつものであったことは、すでに述べたとおりである。また、日露戦争後ロシア帝国主義がその膨脹の方向を極東からバルカン半島へと転換し、その結果バルカン半島におけるロシア、オーストリア゠ハンガリーの帝国主義的対立が激化するにいたったのも、その重要な契機の一つは、前にふれたごとく、この戦争におけるロシアの敗北に求めることができるのである。

「帝国主義の時代」の進行にともなって、ヨーロッパ諸大国、ついではアメリカおよび日本というヨーロッパ外の国家が世界政治の上へ登場するにいたったが、それとともに、「パクス・ブリタニカ」の時代とは異って世界政治の重心点は今や著しく多元化することになった。そして、それら帝国主義諸国間の相互関係は次第に複雑なものになるとともに、その影響は世界政治的規模を帯びたものになってきた。それらの点は、はからずも日露戦争を機会にきわめて鮮明、顕著に露呈するにいたったわけである。世界政治の時代は、こうして今やいよいよ本格的な形においてひらかれることになった。

さて、日本は日露戦争における勝利の結果、韓国に対する宗主権・遼東半島の租借権・南満州における鉄道権益を獲得して、大陸に有力な帝国主義的拠点を樹立した。しかし、日本の戦後の南満州経営は、ロシアの場合と同じくその資本主義の後進性のゆえに、アメリカの唱えてきた門戸開放主義と相反する方向をとかくたどることになり、その結果アメリカ資本の満州進出の欲求を背景として、日本・アメリカ両帝国主義は南満州をめぐって鋭い対立を来すことになった。しかも他方、日露戦争において示された日本の軍事力はアメリカの太平洋沿岸諸州に日本に対する強い警戒心を抱かせることになったが、そのことは日本移民の低賃銀労働と相まって、これらの地方に烈しい日本移民排斥運動を発展させることになった。そして、この移民問題は以上の日米帝国主義の対立と交錯して、両国の関係をしばしば極度に緊張させることになったのである。こうして、日米両国の関係は、日露戦争を境として急転して悪化する有様になった。

しかも、満州へ経済的に浸透しようとするアメリカ帝国主義の執拗な攻勢は、やがて日露帝国主義をして提携してこれに対抗させる事態を発展せしめることになった。一九〇七年(明治四〇年)における第一次日露協商(Russo-Japanese Entente)は、その最初の現われである。すなわち、この年両国は協定を結んで、北満州をロシアの、南満州を日本の勢力範囲となすことに定め、かつ外蒙古および韓国に関して諒解を成立させたのであった。[41][42]

ところで、この日露協商の成立がフランスおよびイギリスの工作によって側面から強力に促進されたことは、注目に価する。すなわち、当時のヨーロッパにおいては英露両国の間には国交調整の議がすでに起っており、かつフランスはその対独政策の上から英露協商の成立を切望していた。しかし、この協商が実現するためにはその前提として、イギリスの同盟国たる日本とロシアとの間に国交調整の行われることが当然に必要とされた。そこで、日露両国間に協商のための交渉がひらかれた後、交渉がやがて一旦難航するにいたったとき、フランスおよびイギリスは当時日本との間に起っていた融資問題を利用して日本を牽制して、交渉の妥結を側面から強力に促進したのであった。すなわち、日露戦争後日本は甚だしい財政的逼迫の中で「戦後経営」にあたらなければならない地位に置かれるにいたり、そのような日本はイギリスおよびフランスにおいて起債することを計画することになったが、これに対して、前述のように英露協商の成立を望んでいたフランス・イギリス両国は、日本が対露国交の調整を行うことを融資に応ずるための先決条件とする旨を通告したのであった。両国側のそのような意向こそ、日本をして難航しつつあったロシアとの間の交渉を成立させるための強力な側圧となったのであった。そして、日露協商がやがていよいよ成立するに及んで、ここに英露協商が実現することになったのである。第一次日露協商は、かくして、当時における極東国際政治の所産であったと同時に、その成立はヨーロッパ国際政治と密接な連関をもつものであった。かつ同時に注意すべきことは、日本はこの日露協商を媒介として三国協商の側へ引きつけられることになったのである。

第一次日露協商が以上のようにヨーロッパ国際政治と連関をもちつつ成立したことは、極東およびヨーロッパの国際政治がその相互的関係をいよいよ密接にするにいたったことを示すものである。しかし、同時に注意を要することは、極東における帝国主義的対立はこの後にわたってなお一面においてある程度独立した性格をもちつづけたのであった。すなわち、第一次日露協商成立以後、アメリカ帝国主義の清国、とくに満州への経済的浸透は依然執拗に企てられ、それは日露両国を刺戟して日露協商はその後更新・強化され、アメリカに対する両国の提携関係は広汎かつ強力なものへと発展することになった(43)。しかも他方において、満州をめぐる日米帝国主義の鋭い対立はアメリカにおける慢性化した日本移民排斥運動と相まって、日米関係をしきりに緊張させることになり、このような事態は、将来における日米戦争の可能性を世界において噂させる有様であった。日米関係のこのような推移は、しかし、反面イギリスをして日米間に戦争が勃発して自国が日英同盟条約の関係から日本側へ参戦しなければならなくなることを次第に危惧させるにいたった。そして、一九一一年(明治四四年)日英同盟が更新される機会に、イギリスは将来日米開戦の場合には日本に対してイギリスとして援助義務を負う意志なきことを明かにしたのである。[44]かくして、日本はすでに述べたように三国協商の側へ強く引寄せられながらも、しかも、日本の同盟国であるイギリスは極東における日米帝国主義の対立関係に対しては局外の地位に立つにいたったのである。そこで、以上の限りにおいては、極東の国際政治はなおヨーロッパのそれからは独立した面をもっていたということができる。

第四節　第一次世界戦争

さて、すでに述べたようなヨーロッパ帝国主義諸国間の尖鋭な対立の発展は、ヨーロッパ国際政治を次第に甚だしく不安定なものにし、二〇世紀の進行とともに情勢はますます暗澹となり、「次第に多くのひとびとは、事態は堪えがたくまた絶望的である。どのような戦争でも、このような平和に比べればまだましであるとひそかに呟く」ような有様となった。[45]しかも、全ヨーロッパを挙げての大戦争の到来がしきりに噂されている中で、ドイツ帝国宰相ベートマン゠ホルヴェーク(T. v. Bethmann-Hollweg)はドイツ帝国議会へ陸軍大拡張案が提出された際(一九一三年)に演説して、われわれを「脅かしている世界的大火災の範囲、それが諸国民の上にもたらすであろう不幸と苦難――それらを何人も想像することはできない。すべてのこれまでの戦争は恐らくは児戯に類したものになってしまうであろう。それゆえに、およそ責任ある政治家は容易にマッチに点火をする気持にならぬであろう」と述べた。けれども、ひとびとの口に上りまたひとびとを脅えさせてきたヨーロッパ国際政治の決定的破局は、一九一四年夏に遂に到来し、第一次世界戦争がここに開幕されることになった。

この大戦争の導火線となったものは、実にユーゴ＝スラヴ族(Jugo-Slavs)の合同運動であった。一九世紀以来バルカン半島の諸民族の間に発展するにいたった解放運動は、すでに述べたように、同半島に対するヨーロッパ帝国主義諸大国間の対立する利害と交錯して複雑な過程をたどりつつ進展し、それにともなって、トルコ帝国は分解してバルカン半島には幾つかの小さな民族国家が成長してきた。その結果、一九一四年現在にはトルコの新月旗はバルカン半島に関する限りもはや僅かに半島南端のコンスタンティノープル(Constantinople)・アドリアノープル(Adrianople)附近に飜るにすぎない有様になった。ところで、かつて一八七八年にフランスの歴史家アルベール・ソレル(Albert Sorel)は述べて、東方問題が解決をみた暁には、オーストリア＝ハンガリーの問題がヨーロッパ政治の日程に上るであろうと述べたが、二十余年の後に、この予見は事実をもって裏づけられることになった。すなわち、以上の小さな民族国家の中、セルビア(Serbia)およびルーマニア(Romania)は、その建国後自民族の居住地方をほぼ自国へ併せてからは、やがて国境を接したオーストリア＝ハンガリー内の自民族または自民族と類似系統の民族の居住地方を自国へ併合することを次第に強く欲求するようになった。しかも、オーストリア＝ハンガリー内のそれら民族の居住地方にもまたこれと策応して合同をめざす運動が発展することになったのである。その点においてとくに注目すべきものは、セルビアのそれであった。セルビア人、ならびに、ひろくユーゴ＝スラヴ族の間には、二〇世紀の初め頃から、セルビアを中心とし、同じくセルビア民族の国家であるモンテネグロ(Montenegro)を併せ、かつオーストリア＝ハンガリー内のユーゴ＝スラヴ族居住地方を包容したユーゴ＝スラヴ族の国家を建設しようとする運動が次第に進展するにいたった。(46)

ところで、これらの民族運動の発展は、オーストリア＝ハンガリーを重大な局面へ臨ませることになった。オーストリア＝ハンガリーは、その国内の諸民族の間に解放の要求が高まってくるにともない、その統治はつとに逐次困難を加えてきていた。すでに普墺戦争(一八六六年)における敗戦を機会に、当時のオーストリアはその国家機構を改革して、オーストリア帝国とハンガリー王国とから成る連邦に改め、国名をオーストリア＝ハンガリーと改称したが、この改革の真実の目的は、被支配民族の中で民族的解放闘争において最も果敢、戦闘的であったハンガリー地方のマジャール人(Magyars)に同地方の支配権を与え、それによって敗戦の結果動揺するにいたった帝国の基礎を補強することにあった。この改革後においても、しかし、オーストリアおよびハンガリーの両国はともにその内部に多くの被支配民族を含み、その後それら諸民族の中に高まってくる解放運動は両国の国内政治を絶えず烈しく動揺させる有様であった。しかもさらに、ハンガリー王国における支配民族たるマジャール人の間には、一九世紀末以来ハンガリーの自治拡大の要求が時とともに高まって熾烈化するにいたった。オーストリア皇帝兼ハンガリー王フランツ・ヨーゼフ(Franz Joseph)はこれに対して、この要求を承認することはハンガリーの完全独立への途をひらくことになる惧れがあるとして、あくまで拒否する態度を堅持し、その結果ハンガリーの自治拡大の要求をめぐってもまたオーストリア＝ハンガリーの内政は甚だしい混乱を呈する有様であった。オーストリア＝ハンガリーの民族問題が、このようにして、時とともに困難なものになるにつれて、オーストリア＝ハンガリーが果してその国家的存立を将来にわたって維持し得るか否かが、次第にひとびとによって問題とされだすにいたった。唯でさえこのような中において、ユーゴ＝スラヴ族合同の運動が前述のようにその国境の内外にわたって発展するにいたったことは、きわめて重大といわなければならない。しかも、オーストリア＝ハンガリーは、ベルリン会議(一八七八年)の決定により行政管理を行ってきたトルコ領のボスニア(Bosnia)・ヘルツェゴヴィナ(Herzegovina)の二州を一九〇八年に一方的意志をもって併合するにいたったが、そのことは、この二州がユーゴ＝スラヴ族合同運動において将来の統一国家の一部とすることが考えられていただけに、同運動を甚だしく刺戟していよいよ激化させることになった。しかも、オーストリア＝ハンガリーとしては、もしもこのユーゴ＝スラヴ族合同運動が成功してオーストリア＝ハンガリーの領土の一角が崩れてセルビアに合体するごとき事態が生ずるならば、分解の危険を高度に孕《はら》んでいるその国家はこの機会にいかに成り行くか、予測を許さないと考えたのであった。それゆえに、この合同運動が高揚しつつある中において、オーストリア＝ハンガリー政府は、近い将来に機会をとらえてセルビアに大打撃を加え、セルビアにユーゴ＝スラヴ族合同の希望を放棄させなくては、オーストリア＝ハンガリーの存立を保全し得ないと遂に決意するにいたり、これとともにオーストリア＝ハンガリーとセルビアとの関係はここに緊迫へむかうことになった。

このような中において、一九一四年六月オーストリア＝ハンガリーの皇太子および皇太子妃がサラエヴォ(Sarajevo)においてユーゴ＝スラヴ族の統一を理想とする一青年によって暗殺されるにいたった。この事件が一たび勃発をみるや、かねて以上のような意図を抱いてきたオーストリア＝ハンガリーは、この事件の背後にはセルビア政府があると称して、セルビアに宣戦するにいたった。しかも、オーストリア＝ハンガリーとセルビアとの間にこうしてひらかれたこの戦争は、すでに形成されてきたヨーロッパ帝国主義大国間の尖鋭な対立関係へたちまちに反応をよび起し、戦争は急速にその規模を拡大することになった。

すなわち、ロシアはセルビアを支持して、オーストリア＝ハンガリーへ宣戦するにいたった。すでに述べたように、ロシアはバルカン半島をめぐってオーストリア＝ハンガリーと鋭い帝国主義的対立の関係に立ち、烈しい軋轢を重ねてきたのであったが、当時ロシアとしてはオーストリア＝ハンガリーがこのセルビアとの戦争に勝利を獲て、それを契機としてバルカン半島に対するその帝国主義的計画を推進するにいたることを惧れ、セルビア側へ参戦するにいたったのである。

これに対して、ドイツはオーストリア＝ハンガリー側へ参戦した。それは、形式的には三国同盟にもとづくものであったが、しかし、ドイツにとっては、ビスマルクの昔以来オーストリア＝ハンガリーを保全することは前述のように絶対の必要事として考えられていた。さらにまた、ドイツは当時にいたるまでオーストリア＝ハンガリーとの同盟を足場としてバルカン半島から中東へその帝国主義的支配をのばそうとしてきた。そこで、それらの関係において、ドイツとしては、ロシアに対してオーストリア＝ハンガリーの存立を防衛することは、絶対に必要かつ不可欠のことと考えたのであった。

次に、フランスはロシアへ加担、独墺側へ宣戦するにいたった。それは形式的には露仏同盟にもとづくものであったが、実体的には、独仏帝国主義のこれまでの烈しい対立と連関をもつものであり、同時に対独復讐《ルヴァンシュ》の意図にもとづくものであったということができる。

さらに、独仏開戦後、ドイツが作戦上その軍をベルギーの中立を侵犯して同国へ侵入させるにいたったとき、イギリスはベルギーの中立擁護を名目としてドイツに宣戦するにいたった。ドーヴァー海峡をへだてた対岸地方へ第三国の勢力が及ぶことを自国の安全のために阻止することは、イギリスの永年にわたる伝統的方針であったが、しかしイギリスの参戦の動機は、単純にこの点のみにあったのではない。イギリスは、ドイツがこの戦争を機会にヨーロッパ大陸に優越的地位を確立することをあくまで阻止しようと意図したのであった。これもまた、既述のイギリス外交政策の伝統に立脚したものにほかならない。さらにまた、ドイツとの戦争は世界経済におけるイギリスの地位を次第に烈しく脅かすにいたっていたドイツ資本主義の攻勢を決定的に打破するための機会として、イギリスにとって大きな意味をもつものであった。

なお、以上のような中にあって、イタリアはオーストリア＝ハンガリーのセルビアに対する戦争をオーストリア＝ハンガリーによる「攻撃戦争」と規定し、三国同盟は防禦同盟であるがゆえにイタリアとして参戦の義務なき旨を宣言、一旦中立を標榜した。しかも、その後一九一六年にいたり、イタリアは三国協商側へ投じたのであった。三国同盟に対するイタリアの関係はすでに一九一四年以前から次第に冷却してきていたが、しかし、そのイタリアが中立を標榜した後に、一転して三国協商側へ参戦するにいたったのは、三国協商(以下連合国という)側がイタリアとの間に秘密協定を結び、勝利の暁にイタリアに若干の利益(主として領土的利益)を与えることを約束したのによる。こうして、イタリアは「神聖なエゴイズム[47]」にもとづいて同盟国たる独墺両国へ宣戦するにいたった。

オーストリア＝ハンガリーとセルビアとの間にひらかれた戦争は、ヨーロッパ帝国主義諸国をこのようにして続々とその渦中へ投ぜしめたが、それのみでなく、ヨーロッパの他の多くの国々、さらになおヨーロッパ外の諸国もこれに介入、戦争は世界的規模を帯びたところの未曾有の大戦争へと発展することになったのである。

戦争のこのような拡大化の過程においてとくに注目に価するのは、日本およびアメリカの参戦であった。イギリスは、ヨーロッパに遂に戦争が勃発し、自国もやがてドイツに対し開戦するにいたる中において、ヨーロッパにおけるこの戦争の機会をとらえて、日本帝国主義が極東におけるドイツの権益および領土に対して行動を起し、その結果太平洋沿岸のイギリス自治領および植民地に対して、さらにまたアメリカに対して有力な軍事的拠点を獲得するにいたることをとくに危惧した。しかも、イギリスは対独開戦直後に日本に対して、シナ周辺海域においてイギリスの通商妨害を試みているドイツ仮装巡洋艦をその海軍力をもって捜査して撃破することを要請したが、これに対して日本はこの申入れに接した機会をとらえて、それを受諾するにとどめず、ひろく極東におけるドイツの勢力を一掃して、その帝国主義的権益を拡大しようとし、そのような意図の下にイギリスと折衝を試みたが、以上のような危惧を抱くイギリスとの間に諒解が容易に成立せず、しかも、やがてイギリスと見解不一致のままで日本は独墺側へ宣戦するにいたった(一九一四年八月)。

また、開戦後、ドイツはイギリスを飢餓状態へ陥れて屈服へ導こうとして熾烈な潜水艦戦を展開することとなったが、その後一九一七年一月にいたり、イギリス本国諸島・フランスならびにイタリアに接する特定水域上の一切の船舶に対し、無警告撃沈を行うべきことを宣言して、その潜水艦戦を格段に強化するにいたった。ドイツのこの宣言は、しかし、アメリカが絶えず主張してきた「海洋自由の原則」(48)を端的に否認したものであったゆえに、アメリカの世論は沸騰して、遂にこれを契機としてアメリカは独墺側に対し宣戦するにいたった(一九一七年四月)。大統領ウィルソンは当時、無制限潜水艦戦により国際法を蹂躙し人道を侮蔑したドイツを打倒すべきことを叫び、国民に対し参戦を国際的正義と人道との名において理由づけることを試みた。しかし、当時アメリカは大西洋におけるドイツの無制限潜水艦戦の結果イギリスがアメリカからの食糧・物資の供給を遮断されて屈服し、これを転機としてドイツがこの戦争において決定的勝利を獲得することを、当時甚だしく懸念したのであり、ドイツがそのような勝利を通じてヨーロッパに優越的地位を樹立するのを阻止することは正にアメリカの利益のために必要と考えられたのであった。そもそも、ヨーロッパの諸国の間に勢力の均衡が保たれることは、それら諸国が西半球へ政治的に介入することを困難にし、そのことが過去においてアメリカの安全《セキュリティ》に大きく役だってきたのであった。また、ヨーロッパ諸国間の勢力均衡はアメリカがアメリカ大陸において、また、太平洋方面へ対して帝国主義的支配を拡大することを容易ならしめてきたのであった(49)。しかも、ドイツがこの戦争に決定的勝利を獲得してヨーロッパに優越的地位を築いた場合、ドイツに対してアメリカが西半球を防衛し、またその帝国主義的権益を擁護することは容易ではないと考えられた。アメリカが永年にわたる孤立主義の伝統から離れて連合国側へ参戦した意義は、実はこの点にあった。

さて、第一次世界戦争はこのようにして拡大・発展して行くことになった。一九一四年にいたるまでの間において、ヨーロッパは前述のようにたびたび大きな国際的危機に遭遇しながらも、しかし、露土戦争(一八七七―七八年)以後はバルカン半島を除けばともかくも平和が保たれてきたのであった。そこで、一九一四年この戦争が勃発するにいたったとき、久しい平和に慣れたヨーロッパのひとびとの間においては、この戦争をもって国際政治の正常な運行からの一時的な逸脱であり、従って、それは短期間に終結するであろうとの漠然たる観測が抱かれたのであった。(50) けれども、戦争はこのような楽観的な見通しを裏切って前後四年余にわたる長期戦争となった。しかも、さらに、戦況は変転して終局の勝敗は容易に予想を許さず、その間において、ロシア革命が起り、ロシアが独墺側と単独講和を結んで戦局から離脱するということき事態も生じた(一九一八年三月)が、一九一八年秋に入って、九月にはまずブルガリアが屈服して連合国側との間に休戦条約を結び、一〇月にはトルコがこれにつづき、一一月にはオーストリア＝ハンガリーおよびドイツもまた相ついで屈して休戦条約に調印、戦争は連合国側の勝利、独墺側の敗北をもってその幕を閉ざすことになった。戦争がこの時期にこのような帰結に到達したことについては、アメリカが連合国側へ参戦、ヨーロッパへ厖大な遠征軍を続々送り込むにいたったことによること、きわめて大である。

なお、この第一次世界戦争の端緒は、バルカン半島における民族解放運動の発展を契機としたオーストリア＝ハンガリー対セルビアの戦争であったが、しかし、それは急激に拡大の過程をたどることによって基本的には典型的な帝国主義戦争としての性格をもつものになったのであった。

第五節　市民的政治体制と世界政治

ブルジョア階級を支配層とする政治体制、すなわち、市民的政治体制は、資本主義の発展をその歴史的基礎とする。そこで、資本主義の発展は国際政治の上にどのような変化をもたらしたかをまず考えてみたい。イギリスが諸国にはるかに先だって産業革命を迎えたことは、世界政治の上にパクス・ブリタニカの時代とよび得る一時期を生み出したことはすでに述べたごとくであるが、その後世界の諸国における資本主義の成長は、一九世紀末以降「帝国主義の時代」を開幕させることになった。そして、それにともなって、世界政治の中心点はここに多元化するにいたったのであった。しかも、この時代においてアメリカおよび日本が帝国主義国家として登場するにいたったことを考えるならば、多元化した世界政治の中心点は、ヨーロッパ内にのみではなくて、ヨーロッパ外にも発生するにいたったわけである。一九世紀末にいたるまで久しきにわたって、世界の大国はすべて、ヨーロッパ大陸に位置し、従って、地球上の広汎な部分はヨーロッパから支配され、世界の政治的運命はヨーロッパ大国の会議室、またはヨーロッパを少くも主戦場とした戦争において決定され、こうして世界政治はヨーロッパ諸国間の関係を軸として変動してきたともいってよい。しかし、この長い時代は、今や遂に終焉を告げるにいたった。このことは、きわめて注目に価するといわなければならない。なお、世界政治の中心点が多元化して、ヨーロッパ外の地域へも分散するにいたったことは、世界政治におけるさまざまの帝国主義的対立の間にきわめて複雑な関連性を生じさせることになった。

このような複雑な帝国主義的対立の関係は、世界政治を一段と微妙な不安定なものにしたことは事実であるが、しかし、前にふれたように表面的には露土戦争(一八七七—七八年)を最後としてバルカン半島を除くヨーロッパには一九一四年にいたるまで平和が保たれたのであった。なお、この時期においてヨーロッパ外で行われた戦争の主要なものとしては、西米戦争(一八九八年)・ブーア戦争(Boer War)(一八九九—一九〇二年)および日露戦争(一九〇四—〇五年)を挙げることができる。さて、ヨーロッパにおいて相当に久しきにわたってこのようにとにかくも平和が維持されたのについては、一つにはヨーロッパ協調に負うといってよい。東方問題に原因する国際政治の危機を収拾したベルリン会議(一八七八年)は、一九世紀後半におけるヨーロッパ協調の最も代表的な例であり、そのことはすでに述べたとおりである。しかし、二〇世紀に入ってからは、一九〇六年におけるアルヘシラス会議がモロッコ問題に原因する国際的危機を収拾したごとき、また一九一三年のロンドン大使会議(Ambassadors' Conference)がバルカン戦争をヨーロッパ帝国主義大国間の大戦争へ拡大・発展するのを防止したごとき、ヨーロッパ協調の最も著しい例ということができる。さらに一つには、ヨーロッパ帝国主義諸国がその対立関係を後進の半植民地化した諸国または地域の犠牲において調整することをも試み、それが、国際的緊張の緩和に役だった場合もある。なお、このことは、他面からいえば、ヨーロッパ外へ膨脹するにいたった帝国主義諸国がその勢力の均衡をヨーロッパ的規模においてではなく世界政治的規模において図り、それによって国際政治の安定が補強されたものとみることもできる。

ヨーロッパ国際政治は表面このように平和を保ちながらも、しかし、実質的にはすでに述べたように次第に険悪な方向に向いつつあった。そのような中で、帝国主義諸国自身による国際平和維持の企てもみられないではない。一八九九年および一九〇七年の二回にわたって、ハーグ(Hague)において開催された国際平和会議(International Peace Conference)が、すなわち、これである。ロシア皇帝ニコライ二世は、国際政治の不安定化にともなう軍備拡張が自国財政に重大な負担をもたらしつつある事態をも考慮して、みずから主唱して一八九九年にこの国際平和会議がひらかれることになった。世界の二八ヶ国の参加の下に開催されたこの会議は、しかし、軍備制限に関する国際的協定を成立させることができず、結局現下の軍備拡張競争は国際的緊張をいよいよ大ならしめるものであり、諸国が軍事費を制限することは「人類の物質的および道徳的幸福のために切に望ましい」旨を決議し、諸国政府に対して軍備および軍事費を制限する目的の下に国際協定を結ぶ可能性を考究することを要請するにとどまった(51)。この要請は、しかし、何ら実効を挙げ得なかった。一九〇七年には世界の四七ヶ国参加の下に第二回目の会議がひらかれたが、それもまた前回の要請をくり返したほか、何らとくに注目すべき成果を収め得ずに終った。

帝国主義諸国による国際平和維持の試みは、帝国主義の立場を前提としたものである以上、その企てには、本来的に狭い限界があり、従ってこれにさして期待をかけることはできなかった。しかし、世界諸国における資本主義の発展は、「帝国主義の時代」をもたらしたと同時に、それら諸国内部に新しい階級的分化を発展させ、それにともなって労働者運動を次第に成長させることになった。これら諸国の労働者運動は市民的政治体制に次第に鋭く対立しながら発展し、その重要な運動目標の一つとして反帝国主義闘争が展開されるのである。しかも、諸国の労働者運動の間に労働者階級解放のための国際的協力が試みられるようになるにつれて、反帝国主義闘争は当然に国際労働者運動としても行われるようになった。そこで、世界諸国の労働者階級によって試みられるにいたった国際平和維持の努力としてまず注目すべきものは、一八六四年ロンドンにおいて作られた国際労働者協会(International Workingmen's Association)によるそれであった。後年第一インターナショナル(First International)の名でよばれることになったこの団体は、諸国の少数の労働者運動関係者によって作られたものであり、その目的は諸国の労働者団体をして労働者階級解放のために国際的に協力させることにあったが、これに参加したひとびとのイデオロギーは当初においては種々雑多であった。しかし、一八四八年に共産主義宣言(Das Kommunistische Manifest)を起草して世界の労働者階級に対して資本主義社会打倒のために国際的に団結すべきことを要請したマルクスおよびエンゲルスは、協会成立後これに参加、この団体を彼らの立場に即したものへと発展させようと試みたのである。この第一インターナショナルは一八七〇年普仏戦争の勃発をみるや、戦争は諸国支配階級の利益の衝突に原因するものであり、プロレタリア階級は戦争から何ものをも得ることはないとして、戦争反対・労働者階級の国際的団結を高調したのであった。しかし、第一インターナショナルは甚だ短命であった。それは、その内部におけるマルクス主義派と無政府主義派との対立に災いされ、またパリ・コミューン(一八七一年)後のヨーロッパ諸国における労働者運動に対する弾圧強化に苦しみ、一八七六年には遂に解散するにいたった。

しかし、国際労働者協会が意図した労働者階級解放のための国際的協力の試みは、十余年ののち形を新たにして再び始められた。すなわち、一八七〇年代以降諸国には労働者階級を基礎とした政党が次々に生れてくるが、それらの多くは社会主義をその政綱として掲げたのであった。このような中で一八八九年パリにおいてフランス革命百周年を記念する盛大な祝典が催されたが、ブルジョア階級の解放を祝うこの歴史的祭典に沸くパリにおいて諸国のマルクス主義の政党および労働組合の国際大会がひらかれた。社会主義者国際大会(International Congress of Socialists)が、これである。この大会を最初として、その後これらの政党および労働組合によって同名の大会がひらかれ、労働者階級解放のための国際的協力が試みられることになった。この大会の形における諸国労働者階級の国際的提携は、第二インターナショナル(Second International)の名でよばれることとなったが、この第二インターナショナルへは一八九一年には非マルクス主義の労働者政党および労働組合も参加するにいたった。かつての第一インターナショナルが諸国の少数の労働者運動関係者から成る国際団体にすぎなかったのに対し、第二インターナショナルは、このように、政党または労働組合の形に組織化された諸国の労働者階級を基礎としたところの国際的大衆組織であった。両者の間に見出されるこのような相違は、実は労働者運動の発展段階の差を反映したものにほかならない。さて、一九世紀末から二〇世紀に入るにつれて諸国においては労働者政党および労働組合は著しく成長し、それとともに第二インターナショナルはその大衆的基礎を量的にも地域的にも拡大し、たとえば、一九〇七年シュトゥットガルト(Stuttgart)にひらかれたその大会には、世界の二五の国または地方からの代表が参加、その中には南アフリカ・オーストラリア・アルゼンチン・日本からの代表をも含み、参加代表者総数は八八四名に上った。第二インターナショナルのこのような発展と並行して、しかし、二〇世紀に入るにともないヨーロッパ国際政治は前述のように諸大国の帝国主義的対立を中心として次第に甚だしく不安定となり、全ヨーロッパを挙げての大戦争の爆発がしきりに噂される有様となるのである。このような暗澹たる国際情勢は、諸国の労働者政党、従ってまた、第二インターナショナルをして当然に戦争問題を一層真剣にとり上げさせることになった。しかし、諸国における労働者運動内部にはその発展にともなって次第に鋭い分派的対立が現われ、大別して左右両派が生れるにいたった。そして、戦争問題をめぐってもまたこの両派は争うことになった。両派は戦争反対・平和擁護という原則に関しては一致していたが、左派は一切の戦争を資本主義の所産として反戦主義を堅持すべきことを主張し、かつ戦争の勃発するにいたった場合には戦争から派生する社会不安をとらえて戦争を革命へと転化すべきであるとなした。これに対して、右派は資本主義国家といえどもその一面においては民族の自由と文化とを対外的に保障する役割を荷っているとみて、戦争を攻撃戦争と防禦戦争とに分け、前者に対しては否認的態度をとるべきであるが、後者に対してはこれを支持すべきことを主張した。諸国労働者政党内部に発展するこの分派的対立は当然に第二インターナショナルへも反映し、その大会においては両派の間に烈しい論争が交えられ、大会は他の問題に対すると同様に戦争問題に関してもこれら分派の見解を包容し得るような漠然たる決議を行うことをもって終った(52)。このような中に、一九一四年六月におけるサラエヴォ事件を契機として大戦争の危険が遂にヨーロッパにおいて切迫するにいたったとき、第二インターナショナル加盟の諸国労働者政党は、第二インターナショナル大会におけるかねての決議にそって、戦争反対・平和擁護の見地の下に自国政府に対して事態の平和的収拾を要求するとともに、大衆集会・デモンストレーションを通して自国の世論へ烈しく呼びかけるにいたった。しかし、そのような中で、オーストリア＝ハンガリーとセルビアとの間にはやがて戦争がひらかれ、ついで帝国主義諸大国は続々とその渦中へ投じて戦争の規模は急速に増大して行くが、参戦諸国の労働者政党のほとんどすべては、自国が遂に戦争をひらくにいたったときその戦争をもって自国にとっての防禦戦争であると信じ、その観点からこれを支持、その遂行に積極的に協力するにいたった。これら諸国の政府は当時、自国の平和的意図にもかかわらず相手国の好戦的・侵略的意志の結果開戦を余儀なくせられるにいたったと称して、国内世論を戦争のために強力に動員することを試み、その宣伝は国際的危機に直面して昂奮した一般人心に対し大きな効果を収めたのであった。諸国の労働者政党のほとんどすべても、党内の一部少数者を除き、この世論操作に動かされたのであった。彼らは、こうして、戦争問題に関して右派的解決を与えたのであった。インターナショナルの歌を高唱して労働者階級の国際的団結・戦争反対・平和擁護を叫んだ諸国の労働者大衆は、かくして互に敵と味方とに分れ、銃剣をとって砲火の中に殺戮し合うにいたった。第二インターナショナルは、今や没落したのである。世界諸国の労働者階級もまた、かくして帝国主義戦争の爆発を阻止し得なかったのである。

次に、市民的政治体制の発展は、機構的には民主的諸制度の発達をともなったが、このことは国際政治とどのような関連をもったか。この点に関して予め注意を要することは、ヨーロッパ諸国において市民的政治体制が絶対王政に代位するにいたった後も長く、外交に関しては、絶対王政期におけると同様に依然国家理性の要求が至上命令として考えられたのである。その限りにおいては、外交は絶対王政期のそれと何ら変ることない面をもちつづけることになった。「外交は全地球を舞台としたすばらしい策略であり、そこでは諸国は軍団である。そこではどれが友人で、どれが敵なのか決して判らない。それは政治的迷宮であり、その中では能力あるものだけが、容易に、かつ細部に眩惑されずに行動することができる」。このような言葉は、絶対王政期に述べられても誰も怪しむものはなかったであろう。けれども、これは、一八八三年におけるガルダン(G. de Garden)の著『外交汎論』(Traité Complet de Diplomatie)の一節なのである。それゆえに、絶対王政期にみられたような外交上の謀略はなお依然としてその跡を絶たなかった。ただ注意すべきことは、絶対王政期においては一般的にいって、国家意識は未だ充分に強くはなく、国家のきわめて重要な地位にあるものも往々その地位の公的性格への認識、従って、責任観念に欠けがちであった。その結果外交使節によって、または外交使節に対して、さまざまの腐敗手段がしばしば効果的に用いられたのであった。しかし、市民的政治体制の形成・発展にともなって、すでに述べたように民族意識または国家意識が強まるにともなって、絶対王政期に見出されたような腐敗手段が用いられることは次第に少くなるのである。

国家理性の要求が前述のように市民的政治体制における外交政策にあっても至上命令と考えられていた限り、国際社会の法としての国際法の規制力は、依然著しく弱くあった。ビスマルクがひとに語って、「余が行動した場合、余は余の行動を弁護してくれる国際法の教授を必ず探し出すことができる」と述べたといわれているが、ビスマルクのこの言葉は、絶対王政の昔フリードリヒ大王がいったという「朕《ちん》が取る、掠奪する、盗む。そうすると、やがて朕の法律家たちが朕の望みに応じてこれらすべてについてすばらしい理由を見つけてくれる」という有名な言葉を連想させる。ビスマルクの以上のような揶揄は全面的に真実ではないにせよ、以上のような国際政治の実態を背景として、国際法学が往々「口実を提供する学問」(la science des prétexts)と綽名《あだな》されたのも、怪しむべきことではない。

さて、市民的政治体制の発展にともなう国内政治の民主化は、国際政治の上にさまざまの重要な変化をもたらすことになった。第一に、一九一四年にいたるヨーロッパ諸国の大多数は君主政を採用していたから、それらの国々の内政の民主化は、従って立憲君主政の形態において進められた。しかし、民主化過程の進行は当然に君主権の縮小をもたらし、それにともなって諸国の外交から「閨房外交」の色彩は逐次うすれ、王あるいは宮廷相互間の関係によって国際政治が左右される幅は次第に狭まることになった。

ただし、そのことは一般的傾向としていい得るにとどまる。すなわち、立憲君主政を採る諸国において、君主が外交に関与し、影響を与える余地はなお残されていた。かつての絶対王政期において君主の権限に属していた外交大権が、弱められながらもなおこのように残存したのは、国内政治が民主化の過程をとりながらも、後述のように、外交に関してはこれに民主的統制を加えることが充分に実現をみず、またそれをなすことに少からぬ困難があったことと関連する。ドイツ皇帝ヴィルヘルム二世が、ビスマルク辞職後しばしば外交へ容喙《ようかい》を試みたことは、ひろく知られているが、一九〇五年七月、彼はビヨルケ(Bjorköe)においてロシア皇帝ニコライ二世とひそかに会見、従兄弟の関係にあるこの二人の皇帝はヴィルヘルム二世の提議により露独同盟条約を結んだ。両国政府はその後この条約を承認することを拒否したが、この事実は、ヴィルヘルム二世がドイツ外交政策の上に自己の意志を反映させようとした最も顕著な一例である。なお同時に、この条約が一片の反故紙《ほごがみ》と化したということは、君主間の個人的親愛はもはや彼らの君臨する国家間の関係を基本的には左右しがたい時代になっていたことを象徴するものといってよい。[53] またたとえば、イギリスの立憲君主政は民主的なものへと発展したにもかかわらず、ヴィクトリア女王(在位、一八三七―一九〇一年)がイギリス外交の上に大小さまざまの影響を与えたことは、その書翰集を通しても今日容易にうかがうことができる。また、そのあとを襲ったエドワード七世(在位、一九〇一―一〇年)の外交上の活動も著名であり、一九〇四年における英仏協商の成立のごとき王の側面的工作にも負うところなしとしない(54)。

ところで、ヨーロッパ諸国の王朝は、一九世紀以降のヨーロッパにおける政治的自由獲得の運動、とくに共和主義的傾向を帯びたそれに対して往々強い恐怖の念を抱いた。社会主義運動に対してもまた、しばしば深い嫌悪をもったのである。従って、共和政を採る国家に対してもとかく反情を抱いた。そして、諸王朝がもったこのような心情は、王朝間におのずから一種の連帯感情を生ぜしめた。しかも、ブルジョア階級が、国内政治の民主化にともない労働者階級の勢力が政治的に増大することを恐怖し、王権を中心として残存してきた絶対主義的勢力と何らかの形で妥協したような場合には、王朝が抱いた以上のような恐怖・嫌悪は、ブルジョア階級によっても当然共鳴・支持されたのであった。これらの諸点が、たとえば、ビスマルクの外交政策の構想の中に見出されることは興味深い。前述べたように、ビスマルクはフランスの復讐戦争を警戒しながらも、フランスが同盟国をもたない限りはドイツとして恐るるに足りないと考えた。しかも、彼はフランスにおいて共和政体がとられている間は、フランスが他国と同盟を結ぶ可能性は君主政が復興された場合に比較して遥かに少いとなし、従ってドイツはフランスの王党に援助を与えてはならないとなした。ビスマルクは、このようにその対仏政策においてヨーロッパ諸国の王朝がフランス共和国に対して抱いている反情を秤量・考慮した。しかも、彼としては、諸王朝間の前述のような連帯感情をその外交政策の支えの一つにしようと欲したのであった。すなわち、彼は回顧録の中で三帝協商について記して、すでに一八七〇年九月に自分はドイツ、オーストリア゠ハンガリー、ロシアの三帝の提携を計画し、かつそれにはイタリア王をも参加させたいと考えていたと述べ、この三帝協商の目的は「余の危惧していたところの、ヨーロッパにおける二つの流れが近い将来においで何らかの形で衝突するのに備えることであった。この二つの流れ——ナポレオンは共和主義的およびコサック的と呼んだが——を余は今日の観念に従って一方は君主主義的基礎に立った秩序の体制《システム》、他方は社会的共和国(Die soziale Republik)と称したい。反君主主義の運動は徐々にまたは急激に常にこの社会的共和国のレヴェルへと転落する。そして、その結果生じた事態が堪えがたいものになると、幻滅した民衆はカエサル的形態の君主主義的制度へ遮二無二立戻ることを歓迎するようになる」と述べ、この「悪循環」を脱しまたは今日の世代あるいはその子らがこの「悪循環」へできるだけ捲込まれないようにすることは、バルカン半島の小さな諸民族の上へ勢力を及ぼそうとして争うことよりも「なお生命力にみちている諸君主国」にとってより重要な課題である、「もしも諸君主国の政府が国家的・社会的秩序のために協力する必要を毫も解せず、その臣民の度はずれた愛国主義的感情に追随するとすれば、余は恐れる、われわれが克服しなければならない国際的規模の革命的・社会的闘争はますます危険な、そして、君主主義的秩序が勝利を得ることのいよいよむずかしいものになるであろう」、それゆえに、自分としては一八七一年以来三帝協商を作り、かつイタリアをこれへ参加させるよう努力し、これを上述の闘争に対する最も手近かな「保険」たらしめようとしたのであったと記している。[55] なお、一八八二年の三国同盟の条約前文に、ドイツ、オーストリア＝ハンガリー、イタリア三国の君主は一般平和への保障を強化し、「君主主義の原則を確固たるものにし、それにより各自の国家内の社会的・政治的秩序を保全しようとの願望」にもとづいてこの条約を締結したと記されているが、この字句もビスマルクの以上のような見解を反映したものとみることができるであろう。またたとえば、ビスマルク以後においても、ドイツ帝国宰相ビューロー(v. Bülow)は日露戦争下においてロシア駐箚大使へ訓令を発して、ロシア・ドイツ両国間に政治的協定を締結するためロシア政府との間に交渉をひらくべきことを命じ、この三国は強大な君主権を中心とした保守的な政治体制をとっている点で同じであり、それゆえに提携を結ぶことは可能であると述べたといわれている。

このようなわけで、王朝間の連帯感情は、国際政治を動かす要素で全くなくなったわけではない。しかし、前述べたように、それは次第に重要な動因ではなくなった。たとえば、一八九三年にフランスとロシアとの間には同盟の締結をみた。これに先だって、両国はすでに接近しつつあったが、同盟の成立を希望していたフランスは一八九一年その艦隊にクロンシュタット(Kronstadt)を儀礼的に訪問させ、ロシア側から盛大な歓迎をうけた。この歓迎式典において、フランス海軍軍楽隊がロシア国歌を演奏すると、ロシア皇帝アレクサンドル三世はロシア海軍軍楽隊に命じてフランス国歌「マルセイエーズ」を演奏させた。革命を讃美したフランス国歌を公開の席上演奏することは当時までロシアにおいては厳禁されていたのに対して、この際ツァーはそれを奏することを命令した。しかも、演奏中脱帽起立して敬意を表した。この事件は当時のヨーロッパに大きな波紋を起した。さらに、一八九三年同盟がいよいよ成立するにあたって、ロシアはフランス艦隊のクロンシュタット訪問に対する答礼の意をもって艦隊をトゥーロン(Toulon)へ派遣、フランス側はこれを熱狂的な歓呼をもって迎えた。その際の連日にわたる歓迎会の模様、歓迎のさまざまの言葉は、トルストイをして次のように揶揄させた、「我等は互に愛し合う、そして平和を愛する、クロンシュタット、トゥーロン！　殊に両国の国歌、一つはツァーを頌讃し、彼の為めにあらゆる幸福を神に祈るもの、他は総てのツァーを呪い、彼等全部に破滅を約束するもの、この二つを同時に演奏するところの荘重な音楽の音の下に、こういうのであるから、それになお何をつけ加えることが出来ようか？」(56)。フランス・ロシア両国は、その政治形態の大きな相違にもかかわらずこのように提携するにいたったのである。またたとえば、同様のことを一九〇七年の英露協商についてもいうことができる。この協商が成立をみた翌年の一九〇八年、ロシア皇帝ニコライ二世はイギリス王エドワード七世にサンクト・ペテルブルグを訪問するよう招請した。イギリス側はロシア国内における政治的不穏状態に鑑みて両君主の交歓はレヴァル(Reval; Tallinn)港内の水上で行うことを提議し、そのように取決められた。エドワード七世のこのロシア訪問が発表されると、ロシア政府の峻烈な弾圧政治に対してかねてから甚だしい不満を抱いてきた労働党および政府与党たる自由党一部はしきりにロシア側の招請を拒絶することを政府に対して要求し、イギリス国内は一時は騒然たる事態を呈した。しかし、保守党党首バルフォア(A. Balfour)は当時述べて、他国の内政を批判したり、国内政治における価値判断の基準をもって外交政策を律することは合目的的ではないとなしたのであった。彼のこの主張は英露協商を結び、これを強化することを欲していたイギリス政府の意図を代弁したものといってよい。

国内政治の民主化が国際政治の上へ及ぼした変化の重要なものとして第二に挙ぐべきものは、外交政策の決定あるいは遂行に関して世論が次第に重要な役割を荷うようになったことが、これである。その点についてとくに注目すべきことは、一つは、政府または政治的支配層による世論操作の問題であり、他の一つは、外交に対する民主的統制の問題である。まず前者についてであるが、民主化の進行は外交政策と世論との関係を次第に密接なものにすることになった。すなわち、政府はその外交政策に関して世論に訴えて、その支持を獲得することを漸次熱心に試みるようになった。一九世紀前半期においてイギリス外相の地位にあったカニング(G. Canning)、一九世紀前半から中頃にかけての時期にイギリス外交にしばしば大きな影響を及ぼしたパーマストン(H. J. T. Palmerston)のごとき、その点についての先駆者といわれている。[57] ところで、特定の外交政策に関して世論の支持を獲得しようとするにあたっては、その理由づけを国民の生存というごときいわば生物的本能に訴えることが往々試みられた。また、国民的誇り・民族的栄光のような排外的衝動に訴えることもしばしばなされた。また、自国の追究する外交上の目的を国際的道義の名において厳かに扮飾して、一般人の素朴な正義感に訴えることも試みられた。これらを要するに、人間の理性または打算的考慮によびかけるよりも、むしろ本能的・衝動的・感情的なものに訴えてその支持を獲得することが好んでなされたのである。J・バンダはかつて述べて、外交政策に関して国民に訴える場合に、名目を国家的利益よりも国家的矜持に求めることがなされる。後者は前者に比してより激情的・より反理性的であり、従って、より強い。誇りの方が利益よりもより強い感情であることは、ひとが利益を傷けられたためよりも誇りを傷けられたためにより多く殺人行為をなすことによっても明かであるといったが[58]、このことは、外交政策のために世論を動員することを試みた政治家たちによってつとに認識されていたわけである。パーマストンもかつて述べて、「諸国民、とくに共和制をとる諸国民、または、大衆がその国の運命に影響を与え、あるいはそれを左右している諸国民の場合においては、彼らは利益によってよりも激情によって格段に甚だしく昂奮する。その理由は明白である。すなわち、利益というものは相対的な善と悪とを秤量したものであり、それにはとかく躊躇と疑惑とがつきまとうのに対して、激情は直接その対象にむけられた一途の感情だからである。その上、激情は大衆を支配するが、利益の方は比較的にいえば少数者を動かすだけである」といったといわれているが、一八五七年にフランス外相ヴァレフスキー(A. Walewski)がビスマルクに対して、外交官の仕事というのは、自国の利益を普遍的正義の原則に仮託することであると述べたのも、上述の趣旨において理解さるべきものである。

以上のような形においての世論への働きかけが、とくに強力に行われるのは、戦争勃発にあたって政府が世論の強力な支持を背後に獲得しようとする場合である。国民の政治意識の水準が上昇し、かつ戦争技術の発達・徴兵制度の普及により戦争が一般国民にさまざまの巨大な犠牲を要求するようになるにともない(59)、戦争の強力な遂行のためには、国民に対してそのような犠牲を正当化するような戦争目的を掲げることが当然に必要とされる。政府が開戦にあたって国民に対して声明、告示等を行う場合において、そのような配慮が試みられる。そして、その一つとして、政府が開戦までに敵国との間に交換した外交文書を公表して、国民に対して開戦にいたる経過を説明して納得を求めることがしばしば試みられるようになった。その場合、政府はその関係外交文書について取捨・選択を行って一部分のみを公表し、または改竄・修正を加えて発表し、それらによって、自国が平和維持のために努力を惜まなかったにもかかわらず、相手国の好戦的・侵略的意図の結果開戦の止むなきにいたったもののように装うことを試みるのが、むしろ普通である。第一次世界戦争勃発当時、参戦諸国の政府が相ついで発表した外交文書のごとき、その最もよい例といってよい。

なお、政府が一般人心の中における国民的誇り・民族的栄光の感情に訴えて、その外交政策について世論の支持を獲得しようとする場合、このような世論操作と政治的被支配層との関係をみるならば、自国の国際的威信《プレスティジ》の高揚、自国の対外的膨脹は一般にひとに誇りと満足とを抱かせた。ことに被支配層の場合においては、彼らが高い政治意識、ことに革命的意欲をもつにいたった場合は別として、国内においてみじめにも虐げられ、無力感にとらえられている彼らは、とかく自国の対外的権威の高揚の中に、国内的には満し得ない彼らの権力意志の満足を感じ、国内的には奪われている彼らの矜持の回復を意識するのである。(60)政府の上述のような世論操作は、それゆえに、政治的被支配層に関しても大きな効果を収め得た場合が多かった。

政府が外交政策に関して世論の支持を獲得しようとする場合、その手段として新聞が大きな役割を荷うことになった。ヨーロッパについては、一九世紀以前にすでに新聞は存在していた。しかし、当時においては高価であり、かつ発行部数もきわめて少く、従って、読者は有産者層に限られていた。しかし、一九世紀に入って以後、産業革命の進行にともなって印刷機械の急速な改良が行われ、廉価かつ大量に印刷できるようになり、それとともに、読者層の、従って、新聞の影響力の飛躍的な増大が生ずることになった。このようにしてマス・コミュニケーションの強力な具となった新聞は、政府によって外交政策に関する世論操作の上からも当然に重要視されることになった。そして、政府は検閲を含むさまざまの立法的・行政的措置によって新聞の言論を取締るほか、さらに新聞を実質的に買収してその論説を通して世論を動かすことを試みた例も少くない。なお、この意味においての新聞買収はしばしば外国新聞に対しても行われ、相手国の有力な新聞を籠絡してその国の世論を自国にとって有力な方向へ牽制・誘導することが、しばしば試みられたのである。第一次世界戦争前において、フランスの若干の新聞がロシア政府によって事実上買収されていたごときは、そのもっとも著名な一例にすぎない。

政府は、以上のように世論操作を行うことによって、実は政治的支配層の利益を内容としたところの外交政策を「国民的利益《ナショナル・インテレスト》」の名の下に世論をして支持させることに、しばしば比較的容易に成功したのであった。

さて、国内政治の民主化は、政府をして外交政策について世論に訴えてその支持を獲得することを次第に積極的に試みさせることになったが、同時に、外交に関しても内政についてと同様にこれを議会の統制の下に置くべきであるとの主張が行われるようになった。外交の民主的統制の問題がこれである。議会は外交問題に関する質問および外務省予算の審議を通して政府の外交政策をある程度監督し牽制する機会をもち得るわけであるが、しかし、いわゆる外交の民主的統制という場合には、以上の程度よりもさらに進んだ強力な統制を政府の外交政策に対して加えることが問題とされているのである。この種の主張としては、一切の条約を議会の批准に附すべきであるとなす論もあったが、しかし、ヨーロッパにおいては、民主的統制をかかる程度まで進めた実例は今日まで存在しない。たとえば、イギリスにおいては、二〇世紀に入ってからは重要な条約については王の批准に先だって議会の審議に附する慣行が成立をみたが、しかし、それ以上には進まなかった。そこで、たとえば、第一次世界戦争前に外相グレイ(E. Grey)は、フランスがドイツから攻撃をうけた場合にはイギリスはフランスを軍事的に援助する旨をフランス政府に対して約束に近い形で表明し、そのような事態の発生を想定した秘密軍事協定をフランスとの間に結んだが、しかし、これらに関する一切のことは議会には報告されず、極秘に保たれた。また、フランスについてみても、その一八七五年憲法の一部をなす「公権力相互の関係に関する法律」(Loi constitutionnelle sur les Rapports des Pouvoirs publics)には「大統領は条約締結のための交渉をなし、またこれを批准する。大統領は国家の利益と安寧との許すかぎりにおいて速かにこれを両院に報告する。講和条約・通商条約・国の財政に負担をもたらす条約、ならびに、在外フランス人の身分および財産に関する条約は、両院の議決を経た後でなければ確定されることはない。領土の割譲、交換および取得は、法律によらずしてはなすことができない」(第八条)と規定されるにとどまった。従って、たとえば、一八七八年のベルリン会議において議定されたベルリン条約のごとき、またたとえば、一八九三年の露仏同盟条約のごときは、議会に報告されず、フランス国民はそれらの条約の正確な内容を知る機会をもたなかったのであった。ただ、一九〇二年にいたって、代議院(下院)(Chambre des Députés)に外交・植民地委員会(Commission des Affaires extérieures et coloniales)が設置され、この委員会は必要と認めた場合にはその欲するものを招致して証言を聴取することができ、また必要と認めた場合には政府に対して関係公文書の提出を要求し得ることになった。そして、一九一五年には元老院(上院)(Sénat)にも同様の委員会が置かれることになった。しかし、これら委員会はもちろん一八七五年憲法の枠内において活動し得るにとどまった。一九一四年現在のヨーロッパにおいて代表的な民主国であったイギリスおよびフランスにおいても、外交に対する民主的統制は以上の限度にとどまったのである。

これに対して異色を示していたのは、アメリカの場合であった。アメリカ憲法は、「大統領は上院(Senate)の助言《アドヴァイス》により、その同意を得て、条約を締結する権限を有する。ただし、出席上院議員の三分の二以上の同意を必要とする」(第二条第二節第二項)と規定し、従って、アメリカにおいては、一切の条約は上院によって批准されなければならない。アメリカ憲法が、そのような権限を下院(House of Representatives)にではなく、上院に属せしめたのは、下院の議員数が多数である関係から秘密の保持が困難であると考えられたのによる。[61] なお、上院が以上の権限を行使するについて重要な役割を荷うものは、上院の分科会の一つである外交委員会(Committee on Foreign Relations)であり、この委員会は、上院における多数党を代表する九名、少数党を代表する六名、合計一五名の委員から構成される。しかも、以上のように、一切の条約の締結については上院の三分の二の同意を必要とする関係から、大統領および国務長官(Secretary of State)は自然その外交方針・外交交渉の進行状況等を随時この委員会に報告して諒解を得ることに努め、そこで、その点からも、外交委員会は外交に対して強力な統制を行い得る地位に立つことになった。アメリカの場合には、以上のような形および限度において、条約のみならずひろく外交政策に関して民主的統制が加えられて、今日に及んでいる。

しかし、以上によっても明かなように、いずれの国の場合においても、議会による民主的統制は外交の分野に関しては内政に対するそれに比較して甚だ不完全といってよい。これは、一つには、外交に関する一般国民の理解がとかく単純であり、外交は一般に「国民的利益《ナショナル・インテレスト》」を追究しているものとみて、これに素朴な信頼を寄せる傾きが大であり、そのことは、外交に対する民主的統制の要求を強いものにしなかった一因であった。しかし、また一つには、外交政策および外交交渉自体が本来的にもたざるを得ない機密性のために、外交を議会の統制の下に置くことについては、そこに大きな限界があるためである。

以上において、市民的政治体制の発展が国際政治の上にもたらした変化について概観したが、このような変化は第一次世界戦争自体の中にも鮮かに反映しているということができる。まず、この戦争は世界的規模における戦争であった点において、歴史的に未曾有のものであった。たとえば、七年戦争(Seven Years' War)(一七五六—六三年)にはプロイセン・オーストリア・フランス・ロシア・イギリスという当時のヨーロッパの五大国が参加した。けれども、当時において戦火はヨーロッパ外では北アメリカおよび東インドに及んだにとどまる。またたとえば、ナポレオン戦争の場合においても、ヨーロッパ外の広汎な地域は戦争の圏外にとどまったのであった。これに反して、第一次世界戦争の場合においては地球上の全地域が直接または間接にこれに関与し、その点においては、世界戦争の名に価するものであったということができる。そして、世界政治におけるさまざまの帝国主義的対立の間に発展した相互連関性こそ実に、このような規模の戦争を成立させたのであった。しかしまた、同時に注意しなければならないことは、この戦争における勝敗はヨーロッパの戦場において決定せられたのであり、また、ヨーロッパ外の代表的帝国主義国家であったアメリカおよび日本は参戦はしたものの、その総力を挙げて参加したのではなく、かつ戦争による損害をこうむることも甚だ少く、前者は戦争の末期にいたって参戦してヨーロッパへ遠征軍を送ったのであり、後者は戦局の帰趨を左右するごとき決定的な戦闘へは終始参加することがなかったのである。そこで、それらの限りにおいては、この戦争はヨーロッパを中心とした戦争であったということができる。しかし同時に、連合国側に属するヨーロッパ帝国主義諸国は戦争の遂行にあたって日本海軍の援助を求めたのであった(62)。また、連合国はアジアおよびアフリカにおけるその植民地原住民をヨーロッパ戦線へ大規模に動員したのであった。さらに一層重大なことは、すでにふれたように、連合国側へ参戦したアメリカは二〇〇万人に上る厖大な遠征軍をヨーロッパへ送って戦争の帰趨に決定的影響を与えたのであった。そこで、これらの点を考えるとき、この戦争はヨーロッパにおいて戦われたところの世界戦争であったということができるであろう。

次に、規模において世界的であったこの戦争は、すでに述べたように、基本的には帝国主義戦争であったのであるが、しかし、それは高度に発展をとげた近代工業を擁する諸国の間に交えられた最初の戦争であった。そこで、それら諸国においては厖大な工業生産力は戦争の遂行へむかって計画的・組織的に強力に動員され、この「産業動員」は国民の経済生活の上に甚大な影響をもたらした。その点において、近代工業が未だ充分な発達をみず、国民経済が農業生産に高度に依存していた場合の戦争とは著しく異る様相を呈したのであった。(63)

第一次世界戦争はまた、外交政策の決定または遂行の上において世論が重要な役割を荷うにいたった時代に勃発した戦争であった。そこで、参戦諸国においては開戦にあたって、また戦争下において世論操作のために大きな努力が払われたのであった。しかも、その場合に自国の世論ばかりでなく、中立国の世論をも動かすことが試みられ、さらに敵国の世論を左右することも企てられたのである。しかも、「宣戦による最初の被害者は〈真実〉である」という諺が示すように、世論の操作にあたっては、以上のような目的の下に、事実を隠蔽し、歪曲し、誇大し、捏造することが躊躇することなく行われた。たとえば、自国の開戦理由を正当づける意図の下に外交文書に自由に改竄を加えて発表することがされた。またたとえば、敵対感情を沸き立たせる目的の下に敵国側の俘虜虐待、敵軍の残虐行為について虚構の宣伝が縦横に行われた。しかも、対外的危機の中に置かれて心理的恐慌《パニック》状態に陥って興奮した一般の人心は排外的衝動に一途に駆り立てられて、その「愛国心」を沸き立たせる口実をむしろ烈しく渇望する有様であったから、不正確または虚偽の事実を内容とした宣伝は、このような人心によって容易に無批判的に受け入れられた。そして、もしも宣伝内容の信憑性について懐疑を表明するものがあれば、それは逆に「非愛国的」言動としてむしろ世上の烈しい攻撃・憎悪を浴びる有様を呈したのであった。

　ところで、連合諸国は、この戦争を「カイザーの専制政治」に対するデモクラシーの戦い、世界支配をめざすドイツ軍国主義を打倒して国際正義を維持し小国の権利を擁護するための戦争であると称したが、アメリカの参戦後はアメリカ大統領ウィルソンが唱えた「デモクラシーが栄え得る世界にするための戦争」(a war to make the world safe for democracy)、「戦争をなくすための戦争」(a war to end war)という標語が高く掲げられるにいたった。これに対して、独墺側諸国は、戦争をもって民族的存立を防衛するための戦いであると宣伝したが、次いでやがて、反動的なロシア・頽廃したフランス・偽善的なるイギリスの打倒をその戦争目的として標榜するにいたった。しかも、交戦諸国の政府は戦争の惨害が増大する中で国内世論の強力な支持を確保しつづけて行こうとすればするだけ、その戦争目的をいよいよ崇高・高遠な理念をもって扮飾することになり、この点からもまた、敵国を邪悪・不正な存在として抹殺するごとき態度をとることになり、その極しばしば敵国文化を全面的に否定するにいたった。なお、この対敵宣伝においては、一般には連合国側は独墺側に比して巧妙であった(64)。とくに、後に述べるアメリカ大統領ウィルソンの一四ヶ条宣言以下の諸声明は戦後打ち樹てらるべき美しい国際秩序の構想を示すことによって、連合諸国の人心を鼓舞すると同時に、独墺側諸国の戦争続行の意志を動揺させてその屈服を促進させる上に巨大な心理的効果を挙げたのであった。こうして、アメリカはそのヨーロッパ遠征軍によってばかりでなく、心理戦争の面においてもまた連合国側の勝利のために大きな貢献をなしたということができる。なお、第一次世界戦争は、以上の点において「心理戦争の大規模な実験の最初のもの」であった(65)。そして、戦争下における不正確または虚構の事実の大胆、熾烈な宣伝は、「世界歴史のどの時期をとってみても、一九一四年から一九一八年にいたる世界におけるほどに、計画的欺瞞が行われたことはなかったに違いない」と後年いわしめるごときものであった(66)。

第五章　市民的政治体制動揺期の世界政治

第一節　ヴェルサイユ体制の生誕

前述べたように、第一次世界戦争は規模において世界的であったが、しかし、主戦場はヨーロッパであり、ヨーロッパにおける戦局によって戦争の帰趨は決定されたということができる。そして、陸上において連合軍最高司令官の地位を占めたのは、フランスの将軍フォッシュ(F. Foch)であり、海上における連合軍の作戦行動に関してはイギリス海軍が中心となってその任にあたったのであった。これらの点に象徴されているように、この戦争において賭されたものは、主としてはヨーロッパ帝国主義諸国間の力関係であり、従って、その限りにおいてはヨーロッパ外の諸国はヨーロッパ国際政治のために動員せられたとみることができる。けれども、開戦以来連合国側も独墺側もともにアメリカを刺戟してその反感を招くことをでき得るかぎり避けようと試みたのであり、そして、一九一七年アメリカが連合国側へ参戦するにいたったとき、連合諸国はこれを安堵の気持をもって歓び迎えたのであった。これらの事実はヨーロッパが世界政治においてもはや昔日の優位を失うにいたったことを示唆するものといってよい[1]。そして、この戦争が連合国側の勝利をもって終ったのについて、決定的ともいうべき役割を荷ったのはアメリカであったばかりでなく、ドイツが休戦条約に調印するにいたったのは、アメリカ大統領ウィルソンが議会に対して発した一九一八年一月一八日の教書(一四ヶ条宣言《フォーティン・ポインツ》)[2]およびその後における彼の諸演説、ことに一九一八年九月二七日の演説[3]を基礎とした和平の結ばれることを期待してであった。それのみならず、ウィルソンのこれらの諸声明は戦後世界政治の則るべき崇高な基本原則を高らかに宣言したものとして、戦争の惨禍に苦悩しつつもまたそのゆえに美しい未来の日を憧憬してやまない世界の当時の人心を魅惑したのであった。「近代史上いかなる文書でも、これほどまでに世界のひとびとの心の琴線にふれたもの(一四ヶ条宣言を指していう――著者)はなかった。ウィルソンの提唱した方式は、人類の希望の結晶であり、かつ人類に方向を指し示したものであった[4]」という評言は、それゆえに、誇張ではないであろう。しかも、連合国の勝利をもたらす上にアメリカがなした巨大な貢献は、世界政治におけるアメリカの威信を輝かしいものにまで高め、そのことは、幾多のひとびとをしてウィルソンの主張の実現可能性を深く信ぜしめたのである。H・ニコルソンはその点を次のように述べている、「ウィルソン氏は何ら新しい政治哲学を考え出したわけではなかった。また、幾百年の間夢にも考えられずまた洞察されなかったような理論を発見したのでもなかった。ウィルソン主義が当時あれほどまでに世人の熱情的な関心事になったのは、一つに全く、長い夢であったものが突如として世界の最強国の圧倒的な資源によって裏づけられるにいたったためである。未だかつてその比をみない物理的な力を代表したひとが、現われたのであった。また、政治家の唱えたものとしては未だかつてその比をみない野心的《アンビシャス》な道徳論を公然と奉ずる政治家が、現われたのであった。ウッドロー・ウィルソンの考えは、それほど独創的なものであったのではなくて、問題は次の点にある。すなわち、貴下が、歴史上において初めて、全世界に対してそのような考えを強いるに必要な願望や力だけではなく、明白に機会をもったひとを見出したということ、これであった(5)」。

さて、以上のような雰囲気の中において、一九一九年一月からパリにおいて平和会議がひらかれ、戦後の新しい国際秩序の建設が企てられた。この会議における平和条約の起草にあたっては、最初はイギリス・フランス・イタリア・アメリカおよび日本の五ヶ国からの各二名の代表(上記のヨーロッパ三国は首相および外相、アメリカは大統領および国務長官)によって構成された「十人会議」(Council of Ten)が中心となり、この会議が、種々の特殊問題について設けられた特別委員会の報告を考慮し、また諸種の具体問題についてはそれに重大な利害関係をもつ国家または勢力の代表者の意見を適宜に徴し、また必要に応じて専門家の見解を聴取しながら、決定を下すことを試みた。その後、進捗をはかる必要上、イギリス・フランス・イタリア三国の首相およびアメリカ大統領をもって「四人会議」

(Council of Four)を組織、その下に以上四国の外相と日本代表とから成る「五人会議」(Council of Five)を置くことに改められ、平和条約の作成は、こうして結局、四人会議を構成するイギリス首相ロイド・ジョージ(D. Lloyd George)、フランス首相クレマンソー(G. Clemenceau)、イタリア首相オルランド(V. E. Orlando)およびアメリカ大統領ウィルソンを中心として行われたのである(6)。

連合国の勝利に対するアメリカの巨大な貢献と、ヨーロッパが戦後の復興のためにアメリカの援助を乞わざるを得ない立場にあることとは、世界の絶大な声望を集めていたウィルソンに代表されたアメリカの発言権を、平和会議において当然重からしめるものと一般に考えられていた。しかしまた、当時のヨーロッパの人心は、G・ハットゥンが指摘したように、「希望と憎悪」(hope and hatred)という矛盾した二つのものに満されていた(7)。惨憺たる戦禍はひとびとをして将来における国際平和の永続を烈しく希求させて止まなかったが、しかも、前後四年にわたる熾烈な戦争を通じて灼熱・奔騰した独墺側に対する憎悪の感情は連合国内には余燼となって烈しくくるめいており、それは旧敵国に対する復讐・膺懲《ようちょう》を要求する囂々《ごうごう》たる声となって沸き立っていた。そのような中で、ウィルソンを戦後の人心における「希望」の象徴であったとすれば、この「憎悪」を象徴したものはフランス首相クレマンソーであった。かつて普仏戦争下の国民議会において焦土抗戦を唱えて譲らず、爾来対独復讐を生涯の宿願としてその長い政治生活を生きてきたこの老政治家が、平和会議を通して実現しようとしたところは、専ら一つに、ドイツをでき得るかぎり無力化してその復活を困難にし、それによってフランスの対独安全《セキュリティ》を将来でき得るかぎり長く確保することにあった。なお、ロイド・ジョージは彼自身としては、旧敵国に対して苛酷な講和条件を課することには反対であった。それは、一つには、ドイツを余りに無力化することはフランスを大陸において優越的地位に置くことになり、大陸諸国間に勢力の均衡を保たせようとするイギリスの伝統的方針に反する結果となるからであった。また一つには、ドイツを経済的に余りにも弱体化することは、イギリス産業にとってよい顧客の喪失を意味するからであった。しかし、他方彼は当時のイギリス世論において支配的なドイツに対する強烈な敵対感情に著しく牽制されざるを得なかった。彼は平和会議におけるその発言を強力ならしめるために、会議へ赴くに先だち議会を解散したが、彼は選挙においてでき得るかぎり大きな勝利を獲得しようとして焦躁して、講和条件に関し世論に迎合するごとき主張を行ったのである。そこで、選挙が与党の圧倒的勝利となった後、彼は選挙戦において講和条件に関してなしたその公約によって著しく拘束されることになった。その結果、ロイド・ジョージは、対蹠的ともいうべき立場に立つウィルソンとクレマンソーとの間にあって調停者的役割をしばしば荷いながらも、それをなすにつき大きな限界があったのである。「四人会議」を構成した他の一人であるイタリア首相オルランドは、イタリアに関する問題についてのみ発言したにとどまり、かつこの会議において甚だ無力であった。さて、この「四人会議」において平和条約が起草されて行く過程において、ウィルソンはクレマンソーおよびロイド・ジョージの主張に対して譲歩を重ね、また利害関係国の要求と妥協をくり返すことになった。そして、彼が戦争下において全世界にむかってよびかけた戦後国際秩序に関する崇高な諸原則を平和条約の中に具体化するについて、結局大きく蹉跌するにいたった。それは、彼が余りにも観念的であり、その抱く抽象的な諸原則を世界、とくにヨーロッパ国際政治の複雑な現実へ適用して具体化するための積極的計画を欠いていたことにもよるが、また一つには、一九一八年一一月のアメリカ議会下院選挙および翌一九年二月の上院選挙において彼の属する民主党が敗れ、その結果背後にアメリカ世論の強力な支持を欠くにいたり、そのことが平和会議における彼の発言権を当然著しく弱めることになったためである。そこで、以上のようにして、平和条約は遂にいわばウィルソン的なものとクレマンソー的なものとの混合したものになっていった。ウィルソンの声望は、このような過程においてみじめにも失墜して行き、「大統領は有史以来何人も把持したことのない力で武装してパリへ来たのであった。彼は過去のいかなる専制者も鼓吹したことのないような高遠な理想に燃えて来たのであった。しかも、今やパリは彼を哲学者的王者《フィロソファー・キング》の体現とみる代りに、いささか喜劇的な、かつひどくいまいましい大学教授だと考える」(8) 有様になったのであった。

さて、パリ会議において起草されたドイツとの間のヴェルサイユ(Versailles)条約、オーストリアとの間のサン・ジェルマン(St. Germain)条約、ハンガリーとの間のトリアノン(Trianon)条約、ブルガリアとの間のヌイ(Neuilly)条約、トルコとの間のセーヴル(Sèvres)条約によって打ち樹てられた戦後国際政治の新しい秩序はしばしば一括してヴェルサイユ体制とよばれる。(9)(10) ところで、このヴェルサイユ体制はどのような内容をもつものであったか。第一に、連合国側は戦後ヨーロッパの国境を画定するにあたって、民族主義の原則をしきりに援用した。これは、一九一四年にいたるヨーロッパ国際政治において民族主義がその基本的動向の一つをなしてきたことによるとともに、ウィルソンが一四ヶ条宣言において被支配民族の解放を高唱したことに負うこともまた大である。以上の結果、パリ平和会議は、オーストリア＝ハンガリーの敗戦を機会にその治下の諸民族が独立または分離を宣言したのに対して承認を与え、その結果、ユーゴ＝スラヴ族居住地方を版図としたセルビア・クロアチア・スロヴェニア国(後、ユーゴスラヴィアと改称)が生れ、人種・言語の類似したチェコ人とスロヴァク人から成るチェコスロヴァキア(Czecho-Slovakia)の建国をみた。さらに、オーストリア＝ハンガリーの分裂およびドイツの敗戦は一九一七年のロシア革命と相まってかつて一八世紀末に以上の三国に分割されたポーランドを復活させることになった。また、ルーマニア・ギリシア・イタリアは在来の独墺側諸国の領土に属していた自民族の居住地方を併合して、その民族的統一を完成へ近づけた。さらに、デンマークは一八六四年の対プロイセン・オーストリア戦争の結果プロイセンに割譲した北部シュレースヴィヒ(Nord-Schleswig)を回復し、フランスは普仏戦争に敗れて喪失したアルザス・ロレーヌの両地方を回復した。そこで、第一次世界戦争は以上の限りにおいては民族解放戦争として意味をもつものとなった。けれども、平和会議は、国境画定に関して民族主義の原則を適用するについて甚だ恣意的であり、この原則は、その適用が独墺側諸国の弱体化に役だつ場合には援用されながらも、連合国の利益のためにはこの原則を無視した国境の画定が行われたのであった。たとえば、ともにドイツ民族から成るドイツ、オーストリア両国の合同を事実上禁止し(ヴェルサイユ条約第四二条および第一八〇条、サン・ジェルマン条約第八八条)、また南チロル(Südtirol)のドイツ人居住地方をイタリアへ編入した。また、オーストリア゠ハンガリー帝国内のマジャール人居住地方のきわめて大きな部分をユーゴスラヴィア、チェコスロヴァキアおよびルーマニアに与え、ドイツ人の居住地方であるズデーテン地方(Sudetenland)をチェコスロヴァキア領とし、ブルガリア人の居住する西部および南部ブルガリアをユーゴスラヴィアおよびギリシアの領土としたごとき、その最も著しい例である。

次に、連合国は独墺側諸国の軍備に極度の制限を課して、その軍事力を全く脆弱化させた。しかも、この措置を国際的軍備縮小への第一歩として理由づけたのである(11)。

連合国はさらに、戦争責任を一に独墺側諸国の側にあると断定、それを根拠として巨大な賠償義務を課した(12)。

連合国はまた、ドイツをしてその植民地の全部を放棄させ、それらを国際連盟からの委任統治という名の下にイギリス、フランス、ベルギー、日本、南ア連邦、オーストラリア、ニュージーランドの諸国の間に事実上分配したのである。そして、戦前ドイツはその植民地行政において原住民を虐待したゆえに植民地を領有・統治する資格を欠くとなし、また戦前ドイツはその植民地を拠点として他国へ干渉しまたは他国を脅威したゆえにドイツから植民地を剝奪することは連合国の安全と世界平和のため必要であると称したのであった⑬。

パリ平和会議はまた、ウィルソンの主唱に従い国際連盟を創設して、これを将来の国際平和機構として役だたしめようとした。国際連盟はウィルソンの一四ヶ条宣言においてすでに構想されていたところであり、その創設は、戦争の惨害に衝撃を受けた後今後の国際平和の永続を熱望している戦後世界の人心に応えようとするものであった。この国際連盟に参加する国家は、「戦争に訴えざるの義務（ただし原則として――著者）を受諾し、各国内に於ける公明正大なる関係を規律し各国政府間の行為を律する現実の規準として国際法の原則を確立し、組織ある人民の相互の交渉に於て正義を維持し、かつ厳に一切の条約上の義務を尊重し、以て国際協力を促進し且つ各国内の平和安寧を完成」（国際連盟規約第一篇前文）することを約束し、そして、国際連盟規約所定の諸種の義務を負うこととされた。それら義務の主要なものとしては、加盟国は相互にその領土と独立とを尊重し、かつ外部からの侵略に対してはこれを擁護すること（連盟規約第一〇条）、加盟国間に国交断絶の惧れある紛争が発生した場合にはその紛争を仲裁裁判または国際連盟に所属する常設国際司法裁判所(Permanent Court of International Justice)または国際連盟理事会(同規約第四条参照)の審査に附し(同規約第一三条および第一五条)、仲裁裁判官または常設国際司法裁判所の判決後または連盟理事会の審査報告後三ヶ月間は戦争に訴えないこと(同規約第一二条)、加盟国間に仲裁裁判または常設国際司法裁判所に解決を求め得るような紛争が発生し、それを外交的手段によって解決し得なかった場合にはその紛争を仲裁裁判所または国際司法裁判所の審査に附すること(同規約第一三条)などが、これであった。

ウィルソンは元来、デモクラシーと民族自決主義こそ世界の平和を保障するものであると確信していた。彼は一九一七年一月二二日の上院への教書において、「政府の正当な権力はすべて被治者の同意に発するという原則、人民をあたかも財物のように一主権者の手から他の主権者の手へ移転する権利はおよそ存在しないという原則、それらを承認しないような平和は持続し得ないか、持続さるべきものではない」と述べたが、それは彼の不動の信念であった。このような見解は、ヨーロッパにおいてもかつてから存在はしていた。たとえば、古くフランス革命下において一七九一年にロレ(Rollet)司祭は国民議会において述べて、「すべての国民がわれわれと同様に自由を獲得するならば、戦争はもはやなくなるであろう」と叫んだことはよく知られている。そして、人民は本来平和愛好的であり、戦争は王や専制者の邪悪な意志によってひき起されるという考えは、一九世紀のヨーロッパにおいてもまた抱かれたところであった。さらに、被支配民族が解放されて自由を獲得することによって国際的親和がもたらされるということも、一九世紀のヨーロッパにおいて諸国の民族主義者によって唱えられたところであった。ところで、ロシア革命によってロマノフ王朝の支配が終焉し、独墺側の敗戦によりホーエンツォレルン(Hohenzollern)・ハプスブルク(Habsburg)両王朝が没落し、かつ戦後のヨーロッパの、また世界の政治においで、デモクラシーが支配的風潮をなすにいたったとき、これらの事実はウィルソンをして国際平和への期待を強めさせることになった。(14) さらに、パリ平和会議における戦後ヨーロッパの国境画定にあたり前述のように民族主義の原則がしばしば援用されたが、ウィルソンは民族自決主義の適用により国際平和の強化されることを予想したのであり、彼は勢力均衡によって平和維持をはかる時代はすでに過ぎ去ったとなしたのであった。(15) そして、彼は今やひらかれたデモクラシーと民族主義との時代において国際連盟は平和維持のために貴重な貢献をなし得るものと考えたのであった。ウィルソンは、以上の意味において第一次世界戦争に新しい国際秩序のための戦争としての意義を与えようとしたのであった。

ヴェルサイユ条約はその前文において、「強固公正且恒久の平和」を樹立しようとするものであると宣言した。けれども、ヴェルサイユ体制は以上述べたところから明かなように、「帝国主義的平和をウィルソン主義の白襲裟で粧ったもの(16)」であったということができる。ヴェルサイユ体制のこのような基本的性格は、ウィルソンが絶大の期待をかけ、その創設のためにはいかなる譲歩・犠牲をもいとわなかった国際連盟自体さえをも制約していたといってよい。すなわち、ウィルソンが連盟を国際議会として発展させようと切望していたのに対して、フランスは連盟をもってヴェルサイユ体制を将来にわたって維持するための一つの道具として役だてようと意図していた。また、イギリスは連盟をもって国際政治における「各国の高等政策の競い合う将棋盤」と考えていたのであった(17)。パリ平和会議においてこのヴェルサイユ体制を樹立したひとびとは、もとよりそれぞれの立場からその内容に関してさまざまの不満を抱いていた。しかし、ウィルソンおよび真実の意味においての「強固公正且恒久の平和」の実現を望んだひとびとは、ヴェルサイユ体制の修正を国際連盟規約第一九条の将来における発動に期待して、自らを慰めたのであった(18)。しかし、「連盟総会は適用不能と為りたる条約の再審議又は継続の結果世界の平和を危殆ならしむべき国際状態の審議を随時連盟国に慫慂《しょうよう》することを得」というこの条項は、その後の歴史が今日われわれに示しているように、結局一片の空文としてとどまることになった。

第二節　新しい国際的対立

さて、以上のようなヴェルサイユ体制は戦後の世界政治に安定を与えることに成功し得たであろうか。パリ会議においてとり決められた諸平和条約は、あらゆる平和条約がそうであるように、休戦当時における国際的な力のバランスを高度に反映したものであり、従って、これらの条約は一面において「ドイツと世界的同盟《ワールド・コアリション》との間の力関係を映し出したもの」であった。(19) しかし、戦争を連合国側の勝利へ導く上において大きな役割を演じたアメリカは、戦争の終了後、孤立主義《アイソレーショニズム》の立場に戻り、創設された国際連盟へ参加することも拒否するにいたった。ウィルソンはさきにアメリカの参戦に関してそれを国際正義と人道との名において理由づけることに専ら急であり、ヨーロッパにおけるドイツの勝利がアメリカの安全《セキュリティ》と利益とに重大な危険をもたらすものであることをアメリカ世論に理解せしめるについて、充分積極的な努力を払うことをしなかった。そこで、戦争が終るとともに、アメリカ国内においては、孤立主義の伝統へ復帰してアメリカの旧来の政治的勢力圏を確保することに専念すべきであるとの主張が高まり、国際連盟に参加してさまざまの義務を負うことはウィルソンの「博愛主義」的要求を満足させるものにすぎず、アメリカの国民的利益とは何ら関係するところがないとの論がひろく行われるようになった。そして、このような孤立主義的見解は、一九一八年一一月および翌年二月の議会改選により上下両院において過半数を制するにいたった共和党によってとくに強く主張せられるにいたった。このような中で、ウィルソンは世論に訴えて議会を牽制しヴェルサイユ条約を批准させようとし、国内遊説の途についた。彼はその際述べて、世界諸国の関係は今や密接・複雑となり、世界の一隅に起った戦争は容易に他の地域へ拡大する可能性をもつにいたったとし、アメリカが二つの大洋によって他の大陸から隔絶していることは、もはやアメリカの安全を保障するものではない、アメリカは国際連盟へ参加することによりひろく世界平和の維持に協力すべきであると力説した。しかし、この遊説の途上彼は病に倒れた。そして、ついで一九二〇年三月、上院は国際連盟規約を含むヴェルサイユ条約の批准を遂に拒否し、ついでその後アメリカは独墺側諸国との間に改めて別個に平和条約を結んで、戦争を正式に終結させた。

このようにして、アメリカが孤立主義の伝統的立場へ復帰して、国際連盟に参加しないことになったとき、それはヴェルサイユ体制にとって大きな打撃を意味した。さらに、ヴェルサイユ条約調印と同時にアメリカがフランスおよびイギリスとの間に結んだ対仏軍事援助条約もまた、孤立主義の支配的な上院によって同じく批准を拒否され、不成立に終った。そもそも、パリ平和会議においてフランスはドイツに対する将来の安全《セキュリティ》確保のためにライン左岸地方をドイツから分離し、ザール(Saar)地方はこれを自国へ併合し、その他の部分はフランスまたは連合国の管理下に立つ緩衝国とすることを強硬に唱えた。ライン河をフランスの戦略的国境たらしめようとするこの主張は、しかし、民族主義の原則に余りにも背反するものとしてアメリカおよびイギリスの烈しい反対をうけ、紛糾を重ねた末、結局、(一)連合国はヴェルサイユ条約の履行を確保するためラインラント(Rheinland)を三区に分けて、これらを五年ないし一五年間軍事占領下に置くこと、(二)ドイツはライン左岸地方の全域および右岸幅五〇キロメートルのドイツ領に軍備を施し得ないこと、(三)ザール地方を国際連盟の管理下に置き、一五年後にその帰属を人民投票によって決定することとし、これらをヴェルサイユ条約中に規定するほか、さらに別にアメリカおよびイギリスはフランスとの間に条約を結び、将来フランスが挑発によらずしてドイツから攻撃をうけた場合には両国はフランスに対して軍事的援助を与えることを約束したのである。(20) フランスは、アメリカおよびイギリスからこれらの譲歩を獲得することによって、その当初の要求を不本意ながら撤回したのであった。しかし、その後アメリカ上院はこの対仏軍事援助条約の批准を拒否し、それとともにイギリスも同条約の条文にもとづいて対仏援助の義務を免かれることになった。フランスはこのような事態に直面したとき、ドイツに対する安全《セキュリティ》を確保するためにこの対仏軍事援助条約に代るべき保障を求めて、いわゆる小協商(Petite Entente)諸国およびポーランドへ接近し、一九二一年にはポーランドとの間に、一九二四年にはチェコスロヴァキアとの間に同盟を結び、この二つの同盟を媒介として、小協商諸国およびポーランドとの間に緊密な関係をつくり出すにいたった。元来ユーゴスラヴィア、チェコスロヴァキア、ルーマニアの三国は、いずれもトリアノン条約によって有利な国境を獲得し得た反面、将来におけるハンガリーの復讐戦争を強く警戒するようになり、またユーゴスラヴィア、ルーマニアの二国はヌイ条約によって有利な国境を獲得した関係からブルガリアの復讐戦争を危惧することになった。そこで、これらの三国はその国境を相互に協力して維持することを目的としてやがて同盟を結ぶにいたり（一九二一年）、三国のこの提携関係は小協商の名で俗称されることになった。なお、ポーランドはソ連邦に対する安全を確保する目的の下に一九二一年ルーマニアと同盟を結んだが、しかも、ポーランドはヴェルサイユ、トリアノンの両条約によって有利な国境を獲ち得た関係からドイツおよびハンガリーの復讐戦争を恐怖していた。そこで、ポーランドはルーマニアとの同盟を媒介として小協商諸国とある程度接近した関係に立つことになった。ところで、フランスが以上のようにしてこの小協商諸国およびポーランドへ近づくことになったのには、二つの理由がある。第一には、フランスとしてはドイツに対してその安全《セキュリティ》を保持し得るためには、ドイツを政治的・軍事的・経済的に弱体化したヴェルサイユ条約をでき得る限りその原形において維持することを必要であると考えた。しかも、そのためにはパリ平和会議において結ばれた平和諸条約が一体として維持されねばならないとなした。すなわち、もしもこれらの条約の一つに関して旧独墺側諸国に有利な改定が加えられるならば、それはヴェルサイユ条約改定への「恐るべき先例」(R・ポアンカレ)が作り出されることになると考えたのであった。このような観点から、フランスは小協商諸国およびポーランドをヴェルサイユ体制を維持するための支柱として高く評価したのであった。第二に、フランスはドイツが将来東方へ膨脹を企てた場合、それは以上の諸国、とくにポーランドおよびチェコスロヴァキアの犠牲においてなされる可能性が大であり、しかも、ドイツが東方への膨脹に成功した暁には、フランスを攻撃する強大な力を具えることになると考えた。従って、フランス自体の安全《セキユリテイ》のためにも、これら諸国の領土と独立とを擁護しなければならないとなしたのであった。対仏軍事援助条約が不成立に終った後、フランスは自国の安全《セキユリテイ》確保のために、このように古き同盟政策の道へ進むことになった。ただし、フランスとしては同時に、ドイツにそなえる上からイギリスとの友好的関係の維持・増進を重要かつ不可欠と考えたのであった。

次に、戦後のヨーロッパ国際政治は基本的にはどのような様相を呈することになったか。惨憺たる敗戦を喫した旧独墺側諸国は連合国側の強圧によって一応平和条約に調印したものの、彼らとしてはヴェルサイユ体制を恒久的なものとして容認する意志をもってはいなかった。[21] これに対して他方、旧連合国側諸国は平和諸条約をでき得るかぎりその原形において維持しようとする態度を堅持した。そこでその結果、ヴェルサイユ体制をめぐってこの二つの国家ブロックの間には烈しい軋轢が演ぜられることになり、戦争は終っても「他の手段による戦争」(G・クレマンソー)がつづけられて、ヨーロッパ国際政治は慢性的緊張状態を呈する有様となった。そして、このような国際的対立は、ドイツ賠償問題の中に正に集中的に表現せられたといってよい。そもそも、ヴェルサイユ条約においてはドイツの賠償義務は抽象的に規定されたにとどまり、賠償総額の決定はこれを後日に譲ったが、[22] 一九二一年四月にいたり旧連合諸国から組織された賠償委員会は賠償金総額を一三二〇億マルクと決定し、ドイツに迫ってこれを強圧的に受諾させた。その後ドイツは賠償義務の過大で履行の到底不可能なことを旧連合国側へ訴えてその緩和をしきりに懇請したが、しかしそれは常に峻拒される有様であった。そのような中で一九二三年に入るや、フランスは遂にドイツの賠償義務の履行遅滞に対する報復措置としてベルギーとともにその軍隊をもってルール(Ruhr)地方の占領を敢行するにいたった。しかも、この事態に逢着したとき、ドイツ政府はルール地方のドイツ官民に対して占領軍への絶対非協力を命じてこれと断乎抗争するにいたり、ドイツ賠償問題はここにいたって一旦紛糾の極点に達したのである。しかし、ルール占領もそれにともなって演ぜられたドイツ側のこのいわゆる「受動的抵抗」(passiver Widerstand)もともに賠償問題の処理には役だち得ず、結局一九二四年におけるドーズ案(Dawes Plan)の採用によって事態はようやく一応収拾されることになった。

ルール占領は、苛酷な賠償義務を強いることによってドイツを経済的にも弱体化しようとするフランスの意図に発したものであったが、イギリスはヨーロッパ大陸の諸国間に勢力の均衡を保たせようとするその伝統的な方針のゆえに、フランスがドイツに対して優越的な地位を確立することを欲せず、パリ平和会議以来フランスの対独強硬方針を牽制することを試みてきた。[(23)] しかも、とくに賠償問題に関しては、ドイツが旧来イギリス資本主義の重要な市場をなしてきた関係から、苛酷な賠償義務によってドイツ経済が甚だしく脆弱化するのを好まなかった。これらの理由によって、イギリスはルール占領に対して当初から反対であった。そこで、ルール占領によって賠償問題が全く行詰りに陥ったとき、イギリスはアメリカに対してドイツの賠償能力調査のため協力することを要請し、ここにアメリカ人ドーズ(C. Dawes)を委員長としたドーズ委員会と称する国際専門家委員会が組織された。そして、この委員会は賠償問題を政治的観点からでなく経済的角度から処理する建前において調査に着手、賠償金総額は一応差しおいて今後数年間の賠償金額とその支払方法とを定めたドーズ案なるものを作成した。この案はマルクの安定とドイツ財政の均衡とを樹立することによって、ドイツの賠償能力を上昇させることを主眼としたものであり、マルクの安定と実物賠償とを可能にするために八億マルクの融資をドイツに提供することを含んでいた。このドーズ案は、ついで旧連合国ならびにドイツによって採択され、この案に含まれた融資の大きな部分は、アメリカが引受けることになった。賠償問題の行詰りは、こうして、一応打開せられたのである。なお、アメリカは前述のように戦後孤立主義に復帰してヨーロッパ国際政治から一旦離れたのであったが、しかし、今やこのように賠償問題を通してヨーロッパと微妙な関係をもつことになった。それは、しかし、何に原因するか。戦後のヨーロッパはその経済的復興のためにアメリカから厖大な物資援助を仰ぐことになり、そこでアメリカの対ヨーロッパ貿易は巨額な連続的輸出超過を示すことになった。かつ、旧連合国の戦債償還と戦債利払とによる貿易外収入もまた莫大な額に上るにいたった。(24) それらの結果戦後アメリカの金《きん》保有高は激増して一九二三年末には世界の金《きん》保有高合計の実に約二分の一はアメリカに集中する有様になった。しかも、一九二一年以来のアメリカの農業恐慌は国内購買力の減退によって工業生産の沈滞と金融の緩慢とをひき起すにいたった。そこで、そのようなアメリカとしては、いよいよ死蔵されることになった金《きん》をもってヨーロッパに対して長期クレジットを与えて、ヨーロッパの経済的復興をはかりヨーロッパの購買力を高めることが、アメリカ農業および一般産業のために望ましいとともに、ヨーロッパ諸国の対米戦債償還を促進することになると考えたのである。けれども、そのような対ヨーロッパ融資はヨーロッパの政治的安定を前提とせざるを得ず、そこで、このようなアメリカ資本主義の要求は、アメリカをしてドーズ案の形で賠償問題の収拾につき重要な役割を荷わせることになったのである。

ドーズ案による賠償問題の収拾と前後して、ルール占領をめぐりひき起された独仏間の緊張は、両国それぞれの側における政策転換によって著しく緩和されることになった。まずフランスにおいては一九二四年五月の総選挙は左派の勝利をもたらし、ルール占領に象徴された対独強硬政策を堅持するポアンカレ(R. Poincaré)内閣に代って、左派を基礎としたエリオ(E. Herriot)内閣が成立をみた。この新内閣はヴェルサイユ条約の実施面についてドイツに対して和協的方針をとり、その見地からドーズ案の採択にも同意したのであった。他方、ドイツは受動的抵抗を放棄した(一九二三年九月)後、外相シュトレーゼマン(G. Stresemann)の下において旧連合国に対していわゆる「履行政策」(Erfüllungspolitik)

をとるにいたった。すなわち、ドイツは在来のようにヴェルサイユ条約の義務をできうるかぎり免れようとすることをやめ、条約義務を可能な限り履行することによって旧連合国側の信頼と好意とを獲得し、それによってヴェルサイユ条約の合理的修正を将来に期待する方針をとるにいたった。戦後ヨーロッパの国際政治をしばしば険悪にし緊張させてきたドイツ賠償問題の前途は、このようにして、ともかくも一応打開され、ヨーロッパ国際政治はようやく安定度を高めることになった。

戦後ヨーロッパの国際政治は、ヴェルサイユ体制をめぐる旧連合諸国と旧独墺側諸国との間の烈しい反目によって不安定を呈したにとどまらなかった。世界戦争下において、一九一七年ロシアにはいわゆる二月革命の勃発をみ、それはブルジョア民主主義革命の性格をそなえたものであったが、ついで、同年の中にさらにボリシェヴィキによるいわゆる十月革命が行われた。この革命によって政治権力を掌握したボリシェヴィキは、やがて連合与国および独墺側諸国に対し即時休戦の上和平交渉に入ることを提議したが、連合国側がこれを拒絶するや、この提議を受諾した独墺側諸国との間に交渉をひらき、まず休戦条約を結んだ(一二月)後、ついで平和条約の商議に入った。この和平交渉においては、独墺側は苛烈をきわめた和平条件を提示し、これがために会議は一旦は決裂、独墺軍は全戦線において進撃を再開して遂にペトログラード(Petrograd)(現サンクト・ペテルブルグ)を去る七〇マイルの地点まで迫るにいたった。このような事態を前にして、レーニンは、現下のロシアにはドイツに対して革命戦争を遂行するに足る軍事力が欠けているがゆえに、当面の問題は独墺側の提出している和平条件を受諾するか、三週間後にソヴェト政府に対する死刑宣告書に調印するかである、独墺側の和平条件は、ソヴェト・ロシアの存立を不可能にするものではないと力説した。レーニンのこの主張をめぐってボリシェヴィキ党内においては烈しい論争が交えられた後、レーニンの見解は遂に採択され、一九一八年三月ブレスト・リトフスク(Brest-Litovsk)平和条約が成立をみ、(25)ロシアは戦局から離脱するにいたったのであった。

さて、ロシアに世界革命を目標に掲げた共産主義政権の成立をみたことは、当時の世界に巨大な衝撃を与えた。そして、連合諸国はロシアにおける革命の進行が自国労働者階級の上に与える影響を恐怖して、ボリシェヴィキ政府を崩壊へ導こうと試みることになった。このような意図の下に、連合諸国はロシアに対し経済封鎖を断行して国内の経済的困難を激化させることをはかるとともに、ロシア国内の反革命派に対して資金的援助を提供するほか、ロシアへ派兵して彼らに軍事的支持をも与えるにいたった。このような事態に当面したボリシェヴィキ政府は赤軍(Red Guard)を組織して、国内反革命派を武力抗争を通じて殲滅・克服することをはかると同時に、諸国の労働者階級に働きかけ、彼らを立ち上らせてロシアに倣った革命をそれら諸国において行わせようとしたのである。ボリシェヴィキ政府としては国際的包囲から脱するためにそれを必要と考えたばかりではない。ロシアにおける社会主義革命の達成はヨーロッパ先進資本主義国家にプロレタリア革命が起り、それら諸国のプロレタリア政権から支持・援助をうけることによって初めて可能であるとの見解を抱いていたのであった。しかも、ボリシェヴィキ政府は戦争末期および戦争直後のヨーロッパ諸国に高揚するにいたった政治的・経済的・社会的不安から推して、先進資本主義諸国においてそのような革命の契機は正に成熟しつつあると判断したのであった。そして、具体的にはドイツにおいてかかるプロレタリア革命勃発の可能性はとくに高まりつつあるとみて、それに大きな期待をかけたのであった。そのような中で、一九一八年一一月ドイツにおいて遂に革命の爆発をみた。この革命は結局ブルジョア民主主義革命の段階において停止したが、しかし、ドイツ国内はその後も高度の政治的不安定状態を呈しつづけ将来の推移は必ずしも予断を許さないようにみえたのであった。またオーストリアにおいても、事態はドイツときわめて類似した経過を示していた。一九一九年三月にモスクワにおいて共産主義インターナショナル(Communist International)(略してコミンテルン[Comintern]という)が組織せられたのは、正にこのような只中においてであった。このコミンテルンは、世界諸国の共産主義政党の国際組織であり、その目的は世界革命実現のためにそれら諸党が国際的に協力を行うことにあった。(26)しかも、このコミンテルンにおいては、ロシア共産党(一九一八年以来ボリシェヴィキはかく改称)は先駆者として指導的な役割を荷うことになり、そこでボリシェヴィキ政府はこのコミンテルンを通してもまた世界革命の気運を推進しようと試みるのである。

さて、コミンテルンが成立をみた同じ月、ハンガリーにおいてはベラ・クン(Béla Kun)による革命が成功して、ハンガリー・ソヴェト共和国が樹立されたが、翌四月にはバイエルンにもロシアに倣ったソヴェト共和国が生れ出た。前者はやがてルーマニアの武力干渉によって崩壊し、後者も僅か二週間にして没落したが、それらにもかかわらず、しかし、この前後にかけてイギリスを除く全ヨーロッパには革命的色彩を帯びた高度の社会不安が立ち籠めていたのである。

なお、ヨーロッパにおける共産主義の脅威は、ドイツの敗戦以来すでに連合諸国の政府によって強く意識されていた。そのゆえにまた、ドイツは連合諸国のこの恐怖感を利用して和平条件を緩和させせようと試みたのであった。一九一八年一二月にラーテナウ(W. Rathenau)が連合諸国宛の公開状において、連合国側が「もしも復讐の精神に支配されるならば、その場合にはヨーロッパのかつて最も強力であった支柱の一つ(ドイツを指す—著者)は崩れ去り、アジアの国境はライン河までのびてくるであろう」と述べたごとき、その一例にすぎない。ドイツのこのような策謀は効果を挙げ得たとはいいがたいが、しかし、連合国側が対独経済封鎖を一九一九年三月をもって打ち切ったのは、ドイツが経済的窮迫の激化によって共産化するにいたることを惧れたからにほかならない。さらに、戦後アメリカが中央および東ヨーロッパの荒廃・疲弊した地域に対して強力な経済的援助を提供したのも、その主眼はそれら地域に共産主義の蔓延するのを阻止することにあったのである。

しかし、国際干渉によってボリシェヴィキ政府を崩壊させようとした連合国側の企図は、やがて結局において失敗をもって報いられた。ボリシェヴィキ政府は一九二〇年初めまでの間に国内諸地方における反革命派を赤軍の武力を通して克服することにほぼ成功するにいたった。連合諸国が反革命勢力援助のためにロシアへ派遣していた軍隊を一九一九年から二〇年にかけて逐次撤収し、またその対露経済封鎖を一九二〇年一月に解除するにいたったのは、国際干渉の蹉跌を自ら承認したものにほかならない。しかも、そのような中で他方において、重大な事態が発展するにいたった。一九二〇年二月におけるロシア・ポーランド戦争の勃発が、すなわち、これである。前述べたように、パリ平和会議においてポーランドの独立が承認されたが、土地貴族および軍部の勢力下にあった当時のポーランド政府はポーランド王国が栄えた一六世紀当時の国境をロシアの犠牲において獲得しようとして、やがてロシアに対して戦争をひらいたのである。ところで、一たびこの戦争がひらかれるや、旧連合諸国はこの戦争におけるポーランドの勝利によって共産主義に対する防疫線《コルドン・サニテール》の強化されることを望んで、軍需資材の提供、財政的援助を通してポーランドを強力に支持するにいたった。ところが、開戦後の戦況はロシア側に有利に展開し、やがて赤軍は遂にポーランドの首府ワルシャワへ肉迫する有様と化し、それとともに戦争はここにロシアにとって防衛戦争から世界革命を目標としたところの軍事的攻勢へと転化し、事態は諸国に深刻な衝撃を与えるとともに、ヨーロッパ諸国における共産主義政党は正に色めき立つにいたった。このような情勢を前にして、イギリスは軍需品の供給に全力を注ぐとともに、フランスは将軍ウェイガン(M. Weygand)を送ってワルシャワ防衛戦の指揮をとらしめ、さらに英米両国はポーランドに対して速かに対露和平の策を講ずべきことを強く勧告し、ロシア・ポーランド戦争の戦況はこのようにして一旦世界の耳目を聳動させるにいたった。しかし、結局において、ワルシャワへ迫った赤軍は遂にこれを攻略し得ず、ついで敗北して逆にポーランド東北地方から退却を余儀なくされることになり、このような戦況を背景にこの年一〇月両国は遂に和平を結ぶにいたった。[27] 赤軍の攻勢がワルシャワを眼前にして挫折したのは、ウェイガンの作戦、輸送・補給の困難によるロシア側兵力および装備の不足、ポーランド内部における赤軍の攻勢に呼応する動きの弱々しさ等によるものと考えられる。この戦争の当時ドイツ駐箚イギリス大使であったダバノン卿(Lord D'Abernon)は後年回想して、「現代文明史上一九二〇年のワルシャワの戦いよりもより重要な事件はない。……このときに、ヨーロッパを脅威していた危険は回避せられ、そして、全エピソードは忘れられてしまった。けれども、もしもこの戦いがボリシェヴィキの勝利となったならば、それはヨーロッパ史上の転回点になったであろう。なぜならば、その場合全中央ヨーロッパは共産主義の宣伝とソヴェトの侵入——それらを阻むことは困難であったであろう——との好餌になったであろうということは、毫も疑を容れないからである。ソヴェトの計画がきわめて遠大であったことは、対ポーランド戦争中にロシアでなされていた諸演説によって明かである。比較的工業化されていたドイツ諸都市においては、ワルシャワ陥落後二、三日中にソヴェト制を布くことが大規模に計画されていた。……ポーランドはアジア人の侵入に対してヨーロッパの堡塁としての役割を過去幾度か果してきたのであったが、しかし、この当時ほどにポーランドの貢献が大であったことはかつてなく、また危険が切迫していたことはない」と記しているが[28]、一九二〇年一〇月に皮革業労働者被傭者会議においてレーニンもまた次のごとく述べた、「赤軍のワルシャワ肉迫は国際的危機を形成したのであった。これ、全ブルジョア新聞に……聳動をひき起した所以である。事態は次のごとくであった。すなわち、もしも赤軍の勝利の進撃がなお数日つづいたとすれば、ワルシャワは占領せられたであろう――それは大きな意味はなかったであろうが――、それればかりではなくて、ヴェルサイユ平和条約は破砕されたであろう」。ワルシャワ攻防戦当時は、こうして、重大な歴史的瞬間であったといわなければならない。

ロシア・ポーランド戦争がその幕を閉ざした前後にかけて、ヨーロッパの広汎な地域にはひきつづき高度の社会不安が漂う有様であった。すなわち、一九二〇年三月にはドイツのルール(Ruhr)地方におけるスパルタクス団(Spartakusbund)の蜂起、九月にはイタリアにおける六〇万人の金属工業労働者による工場占領、翌二一年三月には中部ドイツのマンスフェルト(Mansfeld)における鉱山労働者の武装蜂起が勃発した。しかし、それらは革命へ発展することなくして終った。そのような中で、世界革命、とくに先進資本主義諸国におけるプロレタリア革命は近い将来において容易に期待し得ないことが、次第にようやく明かとなった。しかも、他方ロシア国内においては「戦時共産主義」に対する農民階級内の不満は甚だしく増大しつつあった。このような内外の情勢の下において、ボリシェヴィキ政府は一九二一年の中に戦時共産主義からいわゆるネップ(NEP)(新経済政策)へと政策転換を行うにいたった。ネップの採用はそれゆえに、一面においては、ボリシェヴィキ政府として近い将来における世界革命が期待しがたく、世界の資本主義体制が戦後の動揺状態から次第に安定をとり戻すにいたったことを承認したものにほかならない。そこで、ボリシェヴィキ政府は爾来世界革命を依然その窮極の目標としながらも、その実現のためにこれまでのように積極的ではなくなり、「新経済政策」下における国内の経済建設のために外国資本を導入することを考えるにいたった。しかも、この頃には旧連合国側も前に述べたように対露国際干渉を放棄するにいたっており、資本主義諸国もロシアに投資の対象と商品市場とを求める方向へむかい出していた。これらの事情が複合して、ボリシェヴィキ政府は一九二一年以来は逐次諸国から公式にまたは事実上承認されて、外交・通商の関係が次第にひらかれるようになった。ロシアと資本主義諸国との間の緊張は、この限りにおいては、一応緩和し出したということができる。

けれども、このことはボリシェヴィキ革命とともに世界に生じた二つの異る体制間の深刻な対立に基本的な変化をもたらしたものではもとよりない。ロシアに対する資本主義諸国の烈しい憎悪と恐怖とは依然として持続するのである。ところで、旧連合諸国は、ヴェルサイユ体制をおのおの異る意味においてではあるが決定的なものとして承認しようとしないロシア・ドイツ両国が接近・提携することを早くから警戒していた。ロイド・ジョージは一九一九年三月平和会議へ提出した覚書の中において述べて、「全ヨーロッパは革命的空気で充満している。全現存秩序の政治的・社会的・経済的な面はヨーロッパの端から端までどこにおいても大衆によって疑惑の眼をもってみられている。現下の情勢における最大の危険と思われるものは、ドイツがボリシェヴィズムと馴合い、武力によって世界をボリシェヴィズム化することを夢みている狂信的革命家たちにその資源・知力・巨大な組織力を提供することである。この危険は決して絵空事ではない」といい、ドイツにおいて「一たびスパルタクス団が権力を掌握するならば、ドイツ・ロシアの提携は当然に成立する、一たびそうなるならば、東ヨーロッパ全体はボリシェヴィキ革命の圏内に捲き込まれるであろう」となしたのも、その一例にほかならない。

ところで、ロシアがその後以上のような政策転換を行い、資本主義諸国との関係を調節しようとするにいたったとき、このような情勢を背景として一九二二年四―五月にジェノヴァ(Genova)において、旧独墺側諸国をも含むヨーロッパの二九ヶ国参加の下に国際経済会議がひらかれ、ロシアもまた招請を受諾してこれに参加した。この会議の課題は戦後ヨーロッパの経済的再建を協議することにあったが、しかし、その重点は資本主義諸国が国際的合弁事業の形でロシアへ投資しまたロシア市場の開発を行うことについて審議することにあった。この会議の直前に第一一回ロシア共産党大会がひらかれたが、レーニンはその席上において演説して、「われわれがジェノヴァへ赴くのは、もとより共産主義者としてではなく商人としてであり、われわれは商売をしなければならないが、彼らも商売をしなければならないのである。われわれは利益になるように商売をしたいが、彼らも自分らの利益になることを望んでいる」と述べたが、その言葉は「新経済政策」の立場において述べられたものにほかならない。さて、資本主義諸国としては、ロシアが「新経済政策」を採用したのを契機としてロシアへ経済的浸透を試みようとしたのであったが、しかも、この会議の開催に最も熱心であったのは、イギリス首相ロイド・ジョージであった。彼の場合、その動機の一つは政治的であり、彼自身が当時ひそかにひとに語ったように、これによって「二人の賤民《パリア》(ロシア・ドイツ両国を指す—著者)の間に貶謫者《へんたくしゃ》同士の提携(community of debasement)のつくり出されるのを阻止」することにあったのである。ところで、ジェノヴァ会議はその課題としたところについて何ら収穫を挙げ得ずして終った。しかし、皮肉にもこの会議を機会に、ロイド・ジョージによって、また旧連合諸国によってかねてから恐れられてきたロシア・ドイツ両国の提携が世界へ誇示されることになった。すなわち、この会議中にロシア・ドイツ両国の代表たるチチェーリン(G. V. Chicherin)とラーテナウ(W. Rathenau)とはジェノヴァ近郊のラッパロ(Rapallo)に会商、いわゆるラッパロ条約を結んで、世界に大きな衝撃を与えたのである。両国はこの条約によって、正常の外交・通商の関係を樹立したほかに、戦前における両国間の債務および諸権利を相互的に放棄し、ドイツはボリシェヴィキ政府により国有化されたドイツ資産に対して補償を要求せず、またロシアはドイツに対して賠償要求を放棄することを約束したのである。この点に関して注意すべきことは、ボリシェヴィキ政府は成立後帝政時代の外債破棄を宣言し、また国有化した外国資産に対する補償を拒否したが、このことは、資本主義諸国との間に国交が再開する上での大きな障害となってきたのであった。なお、この条約には附属秘密協定があり、その中において、ドイツは軍事指導教官をロシアへ送って赤軍の整備・強化を援助することを約束されたのである。ロシア・ドイツ両国がこのラッパロ条約の形において著しく接近するにいたったのについては、ボリシェヴィキ政府としては、旧連合諸国による国際干渉が打ち切られた当時においてもなお、将来資本主義諸国によって反共十字軍の起される可能性を予想し、それを極度に警戒していたのであった。そこで、ドイツに接近することによって、資本主義諸国の反共統一戦線の成立を困難ならしめようとしたのであった。次にドイツとしては、諸国から憎悪され、警戒されているロシアへ接近することによって旧連合国側を牽制して、ヴェルサイユ条約に関して譲歩を獲得することを可能にしようと考えたのであった。なお、ドイツ・ブルジョア階級、とくに重工業関係者は、戦前においてロシアを大きな市場としていたのであり、かつ戦後その海外市場を喪失するにいたった関係から、ロシアへの接近を強く望んでいた。またドイツ軍部は将来赤軍の援助の下に旧連合国側に対して「解放戦争」をひらくことを夢みており、そのような彼らとしては軍事指導教官をロシアへ送り、赤軍の整備・強化を援助することによって、ヴェルサイユ条約下においてドイツで製造および使用を禁止されている武器(重砲・タンク・装甲列車等)について研究・習熟する機会をもち、またヴェルサイユ条約の結果ドイツにおいて許されていない諸種の軍事上の訓練・経験を積む機会をもとうとしたのであった(29)。

ラッパロ条約の成立は、ドイツに対する旧連合諸国の不信感を当然に烈しく刺戟するにいたった。そして、そのような中で、その翌年にはルール占領事件が起り、やがてドーズ案の採択となったことは、すでに述べたごとくである。

旧連合諸国は以上のように一方では旧独墺側諸国と、他方ではロシアと対立しながら、しかも、旧連合諸国相互の間には戦後鋭い帝国主義的対立の関係が発展することになった。その点においてきわめて重要な意義をもつものは、一九二一—二二年にアメリカ大統領ハーディング(W. G. Harding)の主唱の下にひらかれたワシントン会議であった。この会議の目的は海軍軍備の縮小・太平洋問題ならびに極東問題を審議することにあった。まず海軍軍備縮小問題に関しては、当時の世界における代表的海軍国であったイギリス・アメリカ・日本・フランスおよびイタリアの間に討議が重ねられた末、結局この五ヶ国はその現に保有する主力艦を削減し、かつ向う一〇年間主力艦の新造を行わないこととし、さらにイギリス・アメリカ・日本・フランス・イタリアの各国が今後保有し得る主力艦の総トン数比率を５：５：３：1.75：1.75とすることが取極められた。この条約の意義はきわめて重要である。第一に、アメリカは主力艦についてイギリスをして均等《パリティ》を承認せしめることに成功した。そもそも、アメリカが世界戦争下で中立国の地位にあった時期において、その主張する「海洋自由の原則」が当時の世界最大の海軍国であるイギリスによって尊重されず、このことはアメリカ世論をして強大な海軍力を保有する必要を強く意識させることになった。その後アメリカは参戦して連合国側の勝利を決定的ならしめるについて大きな役割を荷い、また世界戦争を経ることによって世界経済におけるアメリカの地位が飛躍的な上昇をとげるにいたった(30)。これらのことは、その国力に対する国民的自負を高揚させることになった。そのような中で、アメリカは早くも一九一八年に厖大な海軍拡張計画を樹て、イギリスと均等の海軍力保有を目標とするにいたった。アメリカのこのような企図に対して、しかし、イギリスは世界最大の海軍国としてのその長年の伝統的地位を維持しようとし、その結果一九一九年から二〇年にかけて烈しい建艦競争が両国の間に演ぜられることになり、英米関係はこれがために一旦著しい緊張を呈したのである。しかし、一九二〇年末から二一年にかけての戦後世界恐慌は、イギリスにとって建艦競争を続行することを財政的に困難にし、遂にイギリスはワシントン会議において主力艦について対米均等を承認するにいたったのである。なお、ワシントン会議における主力艦に関する五ヶ国間の比率協定は、戦後世界政治におけるこれら帝国主義諸国間の力関係をある程度象徴したものということができる。また、アメリカはこのようにしてイギリスに均等《パリティ》を承認させたものの、しかし、極東以外の世界の地域に対しては旧来のごとく依然孤立主義の立場を守りつづけたのである。

第二に、日本は対英米六割の比率を獲得したが、その結果日本は海軍力に関する限りではアジア大陸・太平洋間の水域および西部太平洋の制海権を掌握することになった。けれども他方、日本の将来の行動はワシントン会議における後述の諸条約および約束によって甚だしい拘束をこうむることになった。そして、そのことが実は、日本について上記比率が承認された前提条件をなしていたのであった。

次に、ワシントン会議は太平洋問題および極東問題に関してどのような成果を収めたか。第一に、アメリカ・イギリス・フランス・イタリア・日本・中国、ならびに、中国に利害関係をもつベルギー、太平洋および極東に領土をもつオランダおよびポルトガルの九ヶ国の間に九国条約(Nine-Power Treaty)の締結をみた。この条約は中国の独立と領土保全とを約し、かつ中国に関して門戸開放主義を尊重することを約束したものである。アメリカはこの条約を成立させることによって、一九世紀末以来唱導してきたその対中国外交の基本原則を他の諸国をしてここに遂に条約の形において承認させたのである。それはアメリカ外交の実に巨大な勝利を意味するものであった。

さらに第二に、アメリカ・イギリス・日本・フランスの間に四国条約(Four-Power Treaty)が締結せられた。四ヶ国はこの条約において、これら諸国が太平洋方面に有している各自の属領に関する権利を相互に尊重することを約束し、「締約国の何れかの間に太平洋問題に起因し且つ前記の権利に関する争議を生じ、外交手段に依りて満足なる解決を得ること能はず且其の間に幸に現存する円満なる協調に影響を及ぼすの虞《おそれ》ある場合に於ては、右締約国は共同会議の為他の締約国を招請し当該事件全部を考量調整の目的を以て其の議に付す」ることを約し、さらに「前記の権利が別国の侵略的行為に依り脅威せらるるに於ては、締約国は右特殊事態の急に応ずる為共同に又は各別に執るべき最有効なる措置に関し了解を遂げむが為充分に且隔意なく互に交渉す」ることを約束した。アメリカがこの四国条約を通して達成しようとした当面の主目的は、第一には日本をしてフィリピン諸島に対して侵略の野心をもたないことを承認させることにあり[31]、第二には、この四国条約により日英同盟はもはや存在の必要を失ったものとして、これを廃棄させることにあった。東アジアおよびインドにおける日英両国の領土権および特殊利益の共同防衛をその目的の中に掲げた日英同盟は、アメリカ帝国主義が中国へ経済的に浸透しようとした場合、日本帝国主義の防塞として久しく役だってきたのであった。従って、アメリカがこの四国条約成立の機会に日英同盟を遂に廃棄させたことは、重大な外交的収穫であったといわなければならない。

しかも、ワシントン会議を機会にアメリカが獲得した成果は、以上にとどまらない。この会議の機会に、アメリカはイギリスとともに斡旋して日中両国をして山東問題に関する商議を行わせた。その結果日本は山東半島に関する新しい若干の経済的利権を代償として、同半島におけるドイツ旧権益を中国へ返還することになった。そもそも、日本はヨーロッパ帝国主義諸国が戦争の遂行に忙殺され、その海軍を西部太平洋から引揚げて、極東における力関係が日本にとって著しく有利となったのに乗じて、中国に対して「二一ヶ条要求」を提出して、中国に対する強力な帝国主義的支配を樹立しようとするにいたった（一九一五年［大正四年］）。この「二一ヶ条要求」をめぐる日中両国間の交渉は中国側の抵抗によって難航をきわめ、日本はその当初の要求を著しく緩和することを余儀なくされた。しかも、交渉の最終段階においては最後通牒を用いて折衝を強圧的に妥結させ、ここに遂に二つの条約が調印せられたのである。その一つは南満州および内蒙古に関する利権設定を内容としたものであるが、他の一つにおいては、日本が将来山東半島におけるドイツ権益に関してドイツとの間に協定を結んだ場合には、中国としてはそれを承認する旨を予め約束したものであった。そして、その後、日本は一九一七年初め以来連合与国の要望に応じて連合国船舶をその海軍をもってドイツ潜水艦に対して護衛することに従事した。しかし、日本はこの軍事的協力を応諾するにあたって、イギリス・フランスおよびロシアとの間に秘密協定を結び、将来の平和会議において日本が山東半島におけるドイツ権益の譲渡を要求した場合には三国は日本のこの要求を支持する旨を約束させたのである。そして、一九一九年のパリ平和会議においては、日本は以上の日中条約ならびにこの秘密協定を援用して山東半島におけるドイツ権益の継承を要求したのであった。これに対して、当時中国側は日本との右の条約は強圧によって締結を余儀なくされたものであるとしてその無効を主張し、かつ自国が一九一七年に独墺側諸国に対して宣戦した際にドイツとの間の既存諸条約の廃棄を宣言したことを指摘して、右権益は当然自国に回復さるべきものであるとなしたのである。この紛争にあたって、イギリスおよびフランスは秘密協定との関係上日本を支持したが、アメリカは中国に対する日本の帝国主義的拠点の強化されるのを好まず、中国の主張に好意的態度を示したが、しかし、結局アメリカは譲歩して日本の主張を容認するにいたった。当時ウィルソンとしては、日本の要求をあくまで拒否することによって日本が平和会議から脱退し、その結果平和条約にもとづいて創設される国際連盟に極東の大国たる日本が参加しなくなるのをあくまで回避したいと考えたのであった。しかし、それから三年の後、このワシントン会議を機会に、アメリカはパリ平和会議の決定を覆して山東問題をその欲するごとき形において解決することに成功したのである。

次に、ワシントン会議中に日本はシベリアに対して領土的野心をもたないこと、および、シベリアからでき得るかぎり速かに撤兵する旨を声明した。日本は一九一八年アメリカ・イギリス・フランスの諸国とともにシベリアへ出兵、同地方の反革命派に軍事的援助を与えた。しかし、やがて反革命派が赤軍に撃破されて国際干渉が成功する見込のうすれるに及んで、諸国はその軍隊を撤退するにいたった(一九二〇年)が、ひとり日本のみはシベリアの政治的不安が朝鮮および満州へ波及する危険のあること、および、シベリアにおける日本在留民を保護する必要のあることを名目としてその後駐兵をつづけてきた。日本のこのような行動は、他の諸国をしてかねてから日本の帝国主義的野望を疑わせてきたのであった。ところで、ワシントン会議の機会に日本は遂に以上のような声明を行うにいたったが、それは一つには、日本国内の世論に促された結果でもあるが、なお一つにはアメリカの圧力にも負うところ大であった。なお、日本はこの声明にもとづき一九二二年一〇月シベリア撤兵を実行した。

以上によって明かなように、ワシントン会議の歴史的意義は、きわめて重大である。この会議によって作られたいわゆるワシントン体制は、主力艦保有に関して英米の均等《パリティ》を実現したという点においてそうであるばかりではない。過去長年にわたる日米帝国主義の対立に関してアメリカがこの機会に自国にきわめて有利な解決を外交的手段を通して達成した点においてとくに注目に価する。これを他面からいいかえるならば、パリ平和会議にいたるまで前進を重ねてきた日本帝国主義は、ワシントン会議を機会にアメリカのためその前途を大きく束縛され、それのみならず、一部後退をさえ余儀なくされることになったのである。

以上において、戦後世界政治の上に生じた重要な国際的諸対立の発展について述べたが、旧連合諸国と旧独墺側諸国との対立、資本主義諸国とロシア(一九二三年ソヴェト連邦と改称)との対立は、その後も交錯しつつヨーロッパ国際政治の推移を規定することになった。

旧連合諸国と旧独墺側諸国との対抗・反目にもとづく戦後ヨーロッパ国際政治の緊張は、前に述べたように、翌一九二四年におけるドーズ案の採択によってともかくも緩和されたが、一九二五年におけるロカルノ(Locarno)条約の成立は、この緊張緩和をさらに進めたものということができる。この条約は、ドイツ・イギリス・フランス・イタリア・ベルギーの五ヶ国が独仏国境、ドイツ・ベルギー国境の現状維持、ならびに、ヴェルサイユ条約所定のラインラント軍備禁止を共同して保障したものであり、それは履行政策の見地に立つシュトレーゼマンの提議を契機としたものであった(32)。この条約はフランスの対独安全《セキユリテイ》を高めたものとしてフランスにおいては大きな満足をもって迎えられた。しかし、この条約はドイツの東部国境に関してはその現状維持を保障していず、そこで、将来ドイツが東へ膨脹して強大となった後に、転じてフランスを脅威することが、フランス国内においては依然懸念されることになった。次にイギリスは、戦後のフランスがヴェルサイユ体制を通してヨーロッパ大陸に優越的地位を樹立することをかねてから警戒してきた。そこで、この条約によって、フランスの対独行動が制約され、将来必要の場合にはイギリスがドイツ・フランス両国間の調停者の地位に立ち得るにいたったことは、大陸諸国間に勢力の均衡を保たしめようというその伝統的外交政策に正に合致するものと考えられた。従って、ロカルノ条約はイギリスにおいては「二つの世界戦争間においてイギリス外交政策が獲ち得た他のいかなる成果にもまして熱烈に歓迎された(33)」のであった。ロカルノ条約の成立は、こうしてヨーロッパ国際政治の安定化に大きく役だつことになった。現にイギリス外相チェンバレン(A. Chamberlain)は調印にあたって述べて、この条約およびその際同時に結ばれた若干の協定(34)は正に「戦争の年と平和の年とを画する真の境界線である」と述べたのであった。また、後年にG・P・グーチは当時のことを回想して、「今日においては、ロカルノの太陽はかすかな思い出にすぎないように思われる。しかし、あのときは、われわれはその光りを感謝をもって、また安堵の念をもって歓び迎えたのであった(35)」と記している。

しかも、翌一九二六年九月、ドイツはロカルノ条約締結の際に旧連合諸国との間に結ばれた諒解にもとづいて、国際連盟への加入を許され、加盟とともに常任理事国に選ばれて、国際連盟の重要な一員となった。旧連合諸国としては、ロカルノ条約に示されたドイツの和解的態度に鑑みて、ドイツのかねての希望を容れてその連盟参加を承認したのであった。従って、それはシュトレーゼマンの履行政策の結実にほかならない。一九二六年九月一〇日、外相シュトレーゼマン以下のドイツ代表団は国際連盟総会議場にはじめて姿を現わし、熱狂的歓呼をもって迎えられた。そして、シュトレーゼマンは演説して、国際平和へのドイツの協力の意志を披瀝し、これに対し、フランス外相ブリアン(A. Briand)は「われわれはすべての武器をうち砕き、両隣国間の平和を決定的に樹立しようと思う」と叫び、これらの演説は、満場沸きかえる喝采を浴びたのであった。なお注意すべきことは、国際連盟は、その創設以来アメリカの不参加も一因となってヴェルサイユ体制の維持を目的とした国際機関のごとき観を事実上呈してきたのであったが、今ドイツの加盟をみることによって国際平和機構としての面を在来に比してより具えることになった。

さて、ソヴェト連邦は、資本主義諸国の反共統一戦線の成立を阻止する意図の下にドイツとの間にラッパロ条約を締結したのであったが、その後ドーズ案の発表をみたとき、ソ連邦はこれをもってアメリカを含む旧連合諸国が反ソ的意図の下にドイツを自己の陣営へ組み入れようとする企図と解し、ドイツがラッパロ的方向を放棄することによりソ連邦が再び危険な国際的孤立へ陥ることを惧れるにいたった。しかも、ついでドイツの国際連盟加入が論議され出し、ロカルノ条約問題が起るにいたって、ソ連邦はそのような懸念をいよいよ深めるにいたった。しかも、旧連合諸国がドイツの提案したロカルノ構想を受け容れたのについては、ドイツがソ連邦へ接近するのを抑制することがその動機の一つであった。従って、ソ連邦の抱いた以上の危惧は決して根拠のないものではなかった。

しかし、このような中にあって、ドイツとしては外相シュトレーゼマンの下において、一方に履行政策をとりながらも、他方ソ連邦との友好的関係を維持しようと努めた。そして、ロカルノ条約締結の直前に、重い賠償義務にあえぎながらもソ連邦との間に長期融資協定を結んだ(一九二五年一〇月)が、同条約調印後にソ連邦との間にベルリン条約を締結したのである(一九二六年四月)。このベルリン条約において、両国はラッパロ条約を再確認したほか、さらに、両国中の一方が第三国の攻撃をうけた場合には他方は中立を守ることを約束し、また他の諸国が提携して両国中の一方に対して経済上または金融上のボイコットを課した場合には、他方はそのような提携へは参加しないことを約したのである。なお、シュトレーゼマンは、この条約調印に際して、ドイツ駐箚ソ連邦大使宛の公文において、ドイツは連盟加入後に連盟内に反ソ的動きの現われた場合にはこれに反対することを約し、また将来ソ連邦の行動が連盟規約第一六条にいう「侵略国」としてみらるべきか否かが連盟において審議される場合、および、「侵略国」として連盟規約によって課すべき制裁の程度が審議される場合には、ドイツは自主的判断をもってその態度を決定することを約束したのである。シュトレーゼマンとしては、旧連合国側を牽制して譲歩的ならしめる上から、ソ連邦との間に親善関係を維持することを必要と考えたのであった。

ところで、他方ソ連邦をみるに、一九二五年一二月のソ連邦共産党大会においてスターリンの「一国社会主義の理論」が採択されて以来、その対外政策は注目すべき変化をとげることになった。そもそも、ルール占領事件を契機としてドイツにおいて激化したインフレーションは一旦その国内に革命的情勢を醸成し、それはザクセンにおける社会民主党・共産党の連立内閣の出現、ハンブルクにおける共産党の蜂起を生み出したが、それらはいずれも弾圧により粉砕された。しかも、その後一九二三年末以来インフレーションが次第に終熄にむかうにともなってドイツ国内情勢は安定化の方向にむかった。「第二のドイツ革命」の見込がこのようにしてうすれるにいたったとき、ヨーロッパ先進資本主義国における革命は今や期待しがたいものになった。スターリンの「一国社会主義の理論」の採択は、実にこのような情勢をその背景としたものであった。そして、この新理論の採用とともに、ソ連邦はここに他国におけるプロレタリア革命をまつことなく、自国を社会主義社会へと変革することを強力にはかることになった。ただし、そのことはソ連邦として世界革命を窮極目標とすることを放棄したことを意味しない。ボリシェヴィキの見解によれば、資本主義諸国による対ソ国際干渉の危険は常に存在しており、ことにソ連邦内の社会主義化が進行してその労働者階級の解放の進むにともない、それは資本主義諸国の労働者階級の間における解放への意欲を刺戟・鼓舞することになり、その結果これら諸国の支配階級の反ソ感情は高められて、国際干渉の危険は増大すると考えられた。従って、ソ連邦の安全《セキュリティ》は世界革命の実現によってソ連邦が資本主義世界における孤島的存在たる地位から脱したときに、初めて確保されるとなしたのであった。しかし、それにしてもソ連邦が近い将来における世界革命に強い期待を寄せることをやめて、国内の社会主義的建設にその主力を注ぐにいたるとともに、これまで「世界革命の参謀本部」と評せられてきたコミンテルンも、社会主義社会へと変革されて行くソ連邦の擁護をもってその主要任務とする国際団体の観を呈するようになった。ソ連邦がこのようにして国内の社会主義化を推進するにいたったとき、資本主義諸国から技術的・経済的援助を得ることを欲するにいたり、またそのためにはひろく諸国間に平和が保たれることを望ましいと考えるにいたった。そこで、ソ連邦としては、その観点から資本主義諸国との国交調整に意を注ぐことになったのみならず、総じて国際平和の維持に強い関心を寄せるにいたった。こうして、ドイツがソ連邦との友好関係の維持をはかりながら、しかも、ドーズ案およびロカルノ条約を契機として旧連合諸国へ在来以上に接近したのとあたかも対応するかのように、ソ連邦もまたドイツとの連携にひたすら依存する状態を脱して、西ヨーロッパ諸国との接触をも積極的に進めることになった。

ロカルノ条約の成立、ドイツの国際連盟加入によって、ヨーロッパ国際政治はその安定度を在来に比して著しく高めるにいたった。一九二八年八月にパリにおいて世界の一五ヶ国によってパリ協約(Pact of Paris)(いわゆる不戦条約)の調印が行われ、ついで、世界の大多数の国家がこれに参加することになったのは、このような雰囲気の中においてであった。この協約は、参加国が国策の手段または国際紛争解決の手段として戦争に訴えないことを約束したものであった。ただしこの協約においては、参加国が防禦戦争を行うことは認められており、かつ特定の戦争が防禦戦争であるか否かを決定する機関を別段設けていず、また協約違反に対する制裁規定を欠いていた。さらにまた、帝国主義諸大国はこれに参加するにあたってさまざまの留保を附したのであった。従って、この協約自体が戦争防止に役だち得ることは期待し得ず、「もしも一枚の紙きれにすぎない国際的取極めがあったとすれば、それはパリ協定である」[36]と後年批評されたのも、甚だ自然である。しかし、このパリ協約は、当時安定化の方向をたどりつつあるようにみえた世界政治の前途へ寄せられた期待の表明として象徴的意義をもつものといってよい。

さて、翌一九二九年にはヤング案(Young Plan)が成立をみ、これによってドイツ賠償問題は新しい進展をとげた。ドーズ案は本来賠償に関する暫定措置であったが、しかし、この案による賠償年次金もドイツの負担能力を越えたものであることが、年とともに次第に明瞭となった。ドイツはその年次金支払を形の上においては履行してきたが、しかし、それは貿易差額および貿易外受取勘定によってではなくて、外債によってであり、しかも、その外債の大部分はアメリカに仰いだのであった。そこで、旧連合諸国はこのような実情に鑑みて、一九二九年モルガン財閥の実業家ヤング(O. Young)を委員長としたヤング委員会と称する国際専門家委員会を組織して、「賠償問題の完全かつ最終的解決」をはかろうとするにいたった。ただし、この際にはドーズ委員会の場合と異ってドイツからも専門家をこれに参加させた。なお、ドーズ案による賠償支払がアメリカの対独融資によってなされてきた関係からも、アメリカはドイツ賠償問題に関して引きつづきこのようにきわめて大きな役割を荷うことになったのである。さて、ヤング委員会はドイツの支払能力を考慮して賠償金総額・年次支払額および支払方法を定めたいわゆるヤング案を作成し、それは関係諸国によって若干の修正を経た後採択をみた。その結果、ドイツは今後五八年間に三五八億一四〇〇万マルクを支払うことに定められたのである。

なお、ヤング案が採択された機会に、旧連合国側はドイツのかねてからの懇請を容れて、ラインラント期限前撤兵に同意を与えるにいたった。すでに述べたように、連合国側はヴェルサイユ条約により、ラインラントを三区に分けて五年ないし一五年間軍事占領下に置くこととしたが、これに対して、ドイツは条約義務を忠実に履行しつつあることを理由として連合国軍隊の早期撤退を次第に強く要請してきていた。旧連合国側は遂に今この希望を容れて、当時なお駐屯していた諸地域から条約所定の期限に先だって撤兵することとしたのである。このような措置をとることについては、フランスは当時甚だしく躊躇したのであった。しかし、イギリスは賠償問題が解決をみた機会にドイツの期限前撤兵の希望を容れることは、今後のヨーロッパ国際政治の安定のために望ましいことを主張し、フランスはやむなくこれに同意したのであった。ラインラント期限前撤兵の実現は、シュトレーゼマンの履行政策が収め得た大きな収穫であった。しかしながら、ドイツに対するフランスの警戒心は当時においてもなお未だきわめて深く、容易に解消すべくもなかった。フランス議会は一九二九年一二月、独仏国境に近代科学の成果を動員、駆使した巨大・堅牢な大要塞線を構築する計画を可決したが、後年マジノ(Maginot)線の名をもってよばれることになったこの要塞線によって、フランスはラインラント撤兵後の対独安全《セキュリティ》を確保しようとしたのであった。

第三節　第二次世界戦争の爆発

一九二〇年代中頃以来の世界政治の相対的安定は、一九二九年一〇月のニューヨーク株式市場の大崩落に端緒を発する世界恐慌の開幕・その慢性化につれて、全く失われることになった。一九三〇年一—四月、イギリスの主唱の下にイギリス・アメリカ・日本・フランス・イタリアの五ヶ国はロンドンにおいて海軍軍備縮小会議をひらき、補助艦艇保有量に関し協定を結ぶことを試みた。それは、世界恐慌下においてこれら帝国主義諸国は不生産的支出たる軍事費の削減を望ましいと考えたのによる。この会議では、イタリアが対仏均等《パリティ》を主張した結果仏伊両国間には取極めは成立し得なかったが、イギリス・アメリカ・日本の三国は大型巡洋艦について10：10：6、小型巡洋艦その他の補助艦艇については10：10：7のトン数比率を協定し、潜水艦については均等のトン数を保有することに取極められた。

しかし、世界恐慌下において、ヨーロッパ国際政治はドイツを中心に急速に不安定化することになった。すなわち、ヴェルサイユ体制の桎梏の下に苦悩してきたドイツ資本主義は、世界恐慌を迎えることによってたちまちに危機的様相を呈し、生産の甚だしい低下・賃銀の激落・おびただしい失業の現出は、ひとり国内人心を不穏にしたばかりでなく、ヴェルサイユ条約の重圧をいまさらのごとく痛烈に意識させることになった。一九三〇年九月の議会選挙におけるナチ(民族社会主義ドイツ労働者党)(Nationalsozialistische Deutsche Arbeiterpartei)の飛躍的進出は、実にこのような事態を背景としたものであった。しかも、ナチの急激なこの勢力増大は、ヨーロッパに巨大な衝撃を与えたのである。(37)

しかも、その翌年ドイツおよびオーストリアは両国間に関税同盟協定を締結した旨を突如発表して、ヨーロッパを聳動させた。当時この二国は特恵関税制度を設定してその経済を緊密に結合させ、それによって、世界恐慌下において甚だしくなったその経済的困難に対処しようとしたのであった。ところで、ヴェルサイユ条約およびサン・ジェルマン条約は独墺両国の合同を事実上禁止していたにもかかわらず、両国内には戦後、合併《アンシュルス》(Anschluß)の運動が連年つづけられ、旧連合国側はこれに対して強い警戒を払ってきたのであった。そのような中で、以上の関税同盟協定の成立をみたとき、旧連合国側はこれをもって将来の独墺合併への第一歩であるとみて、両国政府に迫りこの協定を強圧的に破棄させたのである。しかし、この独墺関税同盟協定が当時フランスに与えた衝撃は、とくに深刻であった。履行政策の推進者であったシュトレーゼマンはすでに一九二九年に歿していたが、フランスとしてはこの協定の成立に接したとき、一九二四年以来とってきたその対独和解政策は失敗をもって報いられたと考えた。そして、ヴェルサイユ条約の実施面に関して和協的態度をもって臨むならばドイツはヴェルサイユ体制に折合うであろうとの期待は、今や裏切られたと感じたのである。フランスの不安は、かくして甚だしく高まるにいたった。

ところで、旧連合諸国、とくにフランスの憂慮を深めさせていたものに、なおイタリアの動向があった。そもそも、イタリアはパリ平和会議においてその主張した領土的要求の多くを拒否された結果[38]、ヴェルサイユ体制に対して当初から甚だしい不満を抱くにいたっていた。しかも、戦後諸国の経済的ナショナリズムはイタリア産業の市場と原料供給地とを狭隘ならしめ、さらに一九二〇年代におけるアメリカの移民制限立法、この前後における英帝国および南米諸国の同趣旨の立法はイタリアの過剰人口の捌口を著しく狭めた。これらの事情の下に、ヴェルサイユ体制を基礎とした国際政治の現状に対するイタリアの不満をいよいよ高めることになった。そして、一九二二年におけるファシスト革命以後、イタリアのこの不満はムッソリーニ(B. Mussolini)を首班とするファシスト政府によってきわめて戦闘的なジェスチャーをもってしきりに表明されるにいたった。しかも、それのみならず、ファシスト政権下のイタリアはヴェルサイユ体制に対して烈しい不満を抱く旧独墺側諸国へ次第に接近し、それら諸国による平和条約修正の要求を公然支持するにいたった。イタリアは、かくすることによって平和条約修正の機会をつくり出し、その機会にヴェルサイユ体制を自国の要求に沿うものに改めようと欲したのであった。

イタリアのこのような動きは、ヴェルサイユ体制をその原形において維持することについて旧連合諸国中で最も強硬な態度を持するフランスに大きな不安を抱かせてきたが、しかも、ドイツにおいてナチが前述のように急激にその勢力を増大してきたとき、将来に対するフランスの不安はいよいよ高められることになった。それとともにフランスは、ドイツに対してその安全《セキュリティ》を確保する上から、イギリスとの間に友好関係を維持することをますます必要と考えるようになり、フランスの外交はこのイギリス依存の方針によってこれまで以上に制約されることになった。一九三二年のローザンヌ会議の場合も、その一例といってよい。この会議は、「賠償問題の完全かつ最終的解決」を意図したヤング案の実施が世界恐慌の勃発によって不可能となったのに鑑みて、新しい事態に即して賠償問題の再検討を行う目的の下にひらかれたものであった。ただし、このドイツ賠償問題についてこれまで重要な役割を演じてきたアメリカは、この会議には加わらなかった。元来旧連合諸国はドイツからうけとる賠償金の大きな部分を対米戦債の償還とその利払いとに充ててきたのであった。そこで、これら諸国としてはドイツの賠償義務をさらに軽減するためには、アメリカに対して戦債支払について軽減を求めざるを得なかった。しかし、当時アメリカは世界恐慌によるその財政悪化のゆえに、戦債義務の軽減を拒否する態度を堅持したため、両者の間には諒解の成立をみるにいたらず、このような事情によりアメリカは同会議に代表を送らないことになったのである。さて、このローザンヌ会議は、審議の結果ドイツの今後支払うべき賠償金総額を三〇億マルクと定め、右支払のために公債を発行することとし、協定批准後一五年間に公債市場の状況により起債が不可能となった場合には賠償義務を免除することとしたのである。ただし、イギリス・フランス・イタリア・ベルギーの四ヶ国は対米戦債との連関を考慮し、戦債に関してアメリカとの間に将来協定が成立をみるまではこのローザンヌ協定を批准しないこと、および、アメリカが戦債減額をあくまで拒否した場合には賠償問題を白紙に戻して再審議することを申し合わせたのであった。しかし、その後アメリカとの間には戦債協定は成立せず、従って、ローザンヌ協定は批准されず、しかも、賠償問題の再審議もまた行われなかった。そこで、戦後ヨーロッパ国際政治を長年にわたって紛糾、動揺させてきたドイツ賠償問題は、このようにして、結局未解決のまま闇に葬られることになった。ところで、ローザンヌ会議において、イギリスはドイツに重い賠償義務を負わせつづけることはドイツ経済を破局的事態へ導き、それはドイツにおけるナチの勢力をさらに一段と増大させることになるとして、賠償義務の大幅削減を力説したのであったが、これに対して、フランスは賠償負担の軽減によりドイツの経済的復興が促進されることを惧れて、イギリスの見解に烈しい不満を抱いた。けれども、フランスはイギリスとの友好関係を冷却せしめまいとして結局は不本意ながらもイギリスに同調したのであった。

また、同じ一九三二年二月以降ジュネーヴにおいて、世界の六四ヶ国の参加の下に国際連盟主催の軍備縮小会議がひらかれた。この会議にあたって、ブリューニング(H. Brüning)を首班とするドイツ政府は国内におけるナチの烈しい攻勢に対処して行く上からも対外強硬方針をとる必要に迫られ、会議劈頭から軍備平等権を要求し、ヴェルサイユ条約がドイツの軍備縮小をもって国際的軍備制限への第一歩とする旨を明記しているにもかかわらず、そのような軍備制限はその後実現されていないことを指摘し、従ってドイツとしては同条約所定の軍備縮小に甘んずることはできないとなしたのであった。そして、イタリアは前述のような観点からドイツのこの要求を強力に支持したのである。しかも、この会議中にブリューニング内閣が倒れて右翼的色彩のきわめて濃厚なパーペン(F. v. Papen)内閣が成立して以後は、ドイツの態度はさらに一段と硬化し、烈しい紛糾の後に結局軍備平等権の要求は原則的には承認せられるにいたった。当時イギリスとしては、ドイツのこの要求を拒否することによってヨーロッパ国際政治がますます安定を失うのを、防止しようとしたのであった。これに対して、フランスは対英関係の円満を維持しようとして、ドイツの将来に対する不安を高めつつもまたもイギリスの主張に追随したのであった。

一九二九年以来の世界恐慌下において、ヨーロッパ国際政治は以上のように急速に不安定な様相を呈することになったが、これと前後して極東においてもワシントン体制は崩れ出すにいたった。ワシントン体制はすでに述べたように極東におけるアメリカ帝国主義外交の巨大な勝利を象徴するものであったが、ワシントン体制によって行動の自由をきびしく拘束されることになった日本帝国主義は、その後中国における民族運動の進展とともに甚だしく困難な局面に逢着することとなった。すなわち、国民党によって進められていた中国統一運動は、一九二六年春蒋介石によるいわゆる北伐開始とともに急速な進展を示すことになり、一九二八年八月蒋介石軍が北京を占領して後は、国民党の勢力は北京・天津地方へものびる有様になった。このような事態の展開に対して、日本軍部は満州の支配者張作霖を暗殺して中国統一運動が満州へも波及するのを阻止しようと企てたが、張作霖の後を襲った張学良がやがて国民党政府に対して忠順を誓い(一九二八年一二月)、それとともに青天白日旗はここに満州の空にも飜る有様となった。そして、それにともなって国民党の指導する列国帝国主義打倒の運動は満州へもひろがり、日本が長年にわたって満州に築いてきた帝国主義的権益は、澎湃《ほうはい》たる民族運動およびこれと連携した張学良政府によって烈しく脅威されることになった。一九三一年(昭和六年)九月における満州事変は、実にこのような事態に対する日本帝国主義の反撃にほかならない。日本帝国主義は、この満州事変を通して傀儡国家「満州国」を作り、満州に対する完全な支配権を樹立したのである。なお、日本帝国主義のこのような企図は、中国に深い利害関係をもつ他の帝国主義諸国が世界恐慌下においてその行動の自由を著しく拘束されていることをも秤量して行われたものであった。

満州事変とその発展とは、世界に当然に大きな衝撃を与えた。アメリカはこの事態に対して、イギリスを勧説して対日共同干渉を行うことを計画したのであった。イギリスは、日本が大陸に対するその帝国主義的支配を拡大・強化することをもとより好まなかったが、しかし、日本に打撃を加えることは、直接的には中国における、ひいてはひろくアジア諸地域における民族解放運動を鼓舞し高揚させる結果となることを甚だしく惧れた。[39] イギリスはまた、日本をもって極東における共産主義に対する強力な防壁と考えていたので、そのような日本を弱めることを躊躇したのであった。こうして、イギリスがアメリカの計画に同意することを拒絶したとき、ここにアメリカは一九三二年国務長官スティムソン(H. L. Stimson)の名において、アメリカは国際連盟規約およびパリ協約の義務に違反した方法によって作られた一切の事態、条約または協定に対して合法性を認めることはできない旨を宣言した。スティムソン主義(Stimson Doctrine)とよばれるものが、これである。アメリカはさらに、同年の中にアメリカ艦隊主力をその本土基地からハワイのパール・ハーバー(Pearl Harbor)へ移動させて、日本に対して示威的・牽制的態度を示したのであった。

しかし、これらの措置も、満州における日本帝国主義を抑制する効果を毫ももち得なかった。また、この間において、国際連盟も満州の事態を収拾しようと試みたが、それは失敗に終った。のみならず、日本は国際連盟がとった措置を不満として連盟脱退を通告するにいたり(一九三三年三月)、国際連盟はこうして国際平和機構としての無力さを世界の前に暴露した形になった。

満州事変勃発以来の日本帝国主義の行動は、さらに他方、ソ連邦に当然深刻な警戒の念を抱かしめることになった。そして、ソ連邦はこの脅威に対して自国の安全《セキュリティ》を確保する意図の下にアメリカに対して、日本帝国主義の侵略計画を協力して阻止することをくり返し提議したのであった。しかし、今や全く激化するにいたった日米帝国主義の対立も、アメリカ政府および世論の共産主義に対する烈しい憎悪を緩和せしめるに足らず、アメリカはソ連邦のこの申入れを拒否しつづけたのであった。このようにして、満州に対する日本の帝国主義政策は、極東において巨大な国際的緊張を生み出しながらも、しかも、イギリス帝国主義の複雑な利害ならびに、アメリカとソ連邦との深刻な対立関係は、日本帝国主義にある程度行動の自由を許す結果になったのであった。

さて、このようにして一九三三年一月に入るや、ドイツにおいては遂にナチが政治権力を掌握するにいたった。この事件は当時のヨーロッパを正に震撼せしめたが、そのような中で、ヒットラーは声明して、ドイツは平和を愛好するものであることをしきりに力説し、現下のさまざまの国際問題を合理的かつ平和的に解決することはすべての国の利益であり、戦争は現存の社会的・政治的秩序を必然的に崩壊させるとなし、在来ドイツが国際的不平等待遇をうけてきたことについて不満を表明しつつも、ドイツとしては他の諸国が同様のことをなすのを条件として軍備を撤廃し諸国との間に不可侵条約を締結する用意がある旨を述べた。(40) ヒットラーはこのような主張をなすことによって、一つには彼の政権掌握が諸国に与えた衝撃を緩和してドイツの国際的地位の悪化を防止しようとしたのであった。しかし、なお一つには、彼の外交上のプログラムを将来実現するためにはその前提として再軍備を極秘裡に進める必要があると考え、これがためには諸国をしてドイツに対して安心感をもたせようとなしたのであった。ところで、ジュネーヴにおける軍備縮小会議は前述べたようにドイツの軍備平等権を原則的に承認した後、軍備縮小の実行計画について容易に意見の一致をみず、会議の前途は混沌たる姿を呈するにいたった。このときにあたり、ヒットラーはドイツとしてはこれ以上国際的不平等待遇に甘んじ得ないと称して、突如軍備縮小会議および国際連盟からの脱退を宣言し(一九三三年一〇月)、ついで、右の措置を人民投票に問い九六パーセントの支持を獲得した旨が発表せられた。ヒットラーは、このようにして、ドイツ再軍備への途を用意したのであった。しかし、国際連盟脱退を宣言した後に彼がとった最初の外交措置は、ポーランドとの間の不可侵条約の締結(一九三四年一月)であった。ヴェルサイユ条約がさきに民族主義の原則に反するドイツ・ポーランド国境の画定をなし、かついわゆるポーランド回廊(Polish Corridor)を設定したことは、ドイツを甚だしく憤らせ、これがためにドイツ・ポーランド両国の関係は慢性的緊張の状態を呈して当時にいたったのであった。しかし、ヒットラーはきわめて近い将来においてポーランドに対して行動を起すことの不可能なのを予見して、ポーランドとの間に不可侵条約を結び、一つには、それによって彼の平和的意志を世界に印象づけるとともに、なお一つにはフランスの与国とみられてきたポーランドとこの条約を結ぶことにより、フランスの同盟網に打撃を与えようとしたのであった。[41]

ところで、秘密裡に進められたドイツの再軍備はやがてその進捗につれて次第に隠蔽しがたいものになった。そこで、ドイツは遂に一九三五年三月諸国に対し、自国がすでに空軍を保有する旨を通告、ついで、徴兵制の復活および厖大な平時兵力量を定めた法令を発布し、しかも、同時に宣言して、ドイツの軍備を制限したヴェルサイユ条約の精神に反して諸国が現に軍備を拡張しつつあるとき、ドイツもまた自国の安全確保の途を講ぜざるを得ないとなした。ドイツのこのような措置に直面したとき、イギリス・フランス・イタリアの三国はストレーザ(Stresa)に会議をひらいて、ドイツによるヴェルサイユ条約のこの破棄を難詰し、かつロカルノ条約を再確認するとともに、オーストリアの独立保全に関して三国がかつてなした申合せを再確認する旨の決議を行った(四月)。ドイツに対して当時なされた三国のこの提携は、ストレーザ戦線(Stresa Front)の名でよばれている。

なお、このストレーザ戦線に関して注意すべきことは、前述べたように一九二〇年代初めからイタリアは旧独墺側諸国に一旦接近するにいたったのであったが、しかし、一九三三年のドイツにおけるナチの政権掌握は、イタリアをしてドイツから離れさせることになった。その理由としては、ナチ・ドイツの成立は、オーストリアにおけるナチの運動を鼓舞して急速に高揚させ、それにともなって、オーストリアにおけるナチ革命、それにつづく独墺合併実現の可能性がここに著しく高まるにいたった。しかも、イタリアはこの独墺合併をかねてから惧れてきたのであった。それは、もしもこの両国が合併するにいたった場合には、イタリアはその北において巨大なドイツと国境を接することになり、かつこのようなドイツに隣接する南チロル(Südtirol)はドイツ人居住地方である結果この地方とドイツとの間に合同運動が発展することが予想され得たのである。また、独墺合併の暁にはドイツはその地理的関係から、イタリア帝国主義が将来の発展を夢みてきたバルカン半島へ勢力をのばすことがあると考えられた。それらの事情の下に、イタリアはここにドイツを離れてフランスへ接近し、ドイツに対してヴェルサイユ体制を擁護する立場をとるにいたった。しかも、その後一九三四年七月におけるオーストリア首相ドルフース(E. Dollfuss)暗殺事件は、独墺合併に対するイタリアの警戒は杞憂でないことを証拠だてた。この事件はオーストリア・ナチがドイツ政府と通謀して計画し、彼らはこの暗殺を契機としてクーデタを断行して独墺合併を実現にもたらそうとしたのであった。そこで、この事件が起ると、イタリアは直ちに軍隊を伊墺国境へ集結、オーストリアにおける事態の発展によっては武力干渉を断行する決意を示したのである。イタリアのこの強硬な態度こそ、オーストリア・ナチをしてクーデタ計画を中止させ、事態を急速に終熄させるにいたった有力な原因であった。しかし、この事件は将来における独墺合併の可能性を明白に示唆したものと考えられた。イタリアがストレーザ戦線の一員を構成したのは、実にこれらの背景においてであった。

さて以上のような情勢の中で、ソ連邦の外交政策は大きく変化することになった。一九三一年の満州事変以来日本帝国主義が大陸へ強力に進出するにいたったのに対して、ソ連邦は一九三二年にポーランド・エストニア・ラトヴィア・フィンランドおよびフランスとの間に不可侵条約を締結して、極東におけるこの重大な脅威に対処するためにヨーロッパにおける自国の安全《セキュリティ》を確保することを試みた。しかも、その後一九三三年一月にナチ・ドイツの成立をみるに及んで、ソ連邦はここに西においてもまた危険な局面に臨むことになった。そこで、ソ連邦は、自国と同様にドイツの脅威を烈しく感じつつあるフランスおよびチェコスロヴァキアとの間に相互援助条約を結び、ドイツに対する軍事的地位を強化することを試みた(一九三五年)ほか、さらにひろくヨーロッパの現状維持をはかることによってドイツ帝国主義の攻勢を抑止して、自国の安全《セキュリティ》を補強しようとするにいたった。一九三三年五月にラデック(K. Radek)が『イズヴェスチヤ』(Izvestia)紙上において「掠奪的なヴェルサイユ条約を修正しようとする途は、新しい世界戦争へと通じている。(同条約)修正の論議は、帝国主義が、人間の頭脳で考え得る最も恐るべき残忍な戦争を準備するための煙幕なのである」と述べたのも、このような方針の表明にほかならない。そして、そのような観点においてソ連邦はさらに一九三四年には国際連盟に加入し、連盟を通してもまたヨーロッパの現状維持をはかろうとするにいたった。ソ連邦がこれまで国際連盟をもって資本主義諸国がその「戦争準備を隠蔽するために設けた組織」であると評し、また「世界最初のプロレタリア国家を攻撃するために作られた資本主義諸国の合議体」であると難じ、一九二八年においてもスターリンはソ連邦共産党第一四回大会において「もしわれわれがそれ(国際連盟)へ加入するならば、われわれはハンマーとなるか、鉄砧《かなとこ》となるかである。われわれは弱小諸国に対するハンマーとなることも、強国の鉄砧となることも欲しない」と述べたのであった。それゆえに、ソ連邦の国際連盟加入は、ソ連邦外交政策の大きな転換を象徴するものであった。

しかも、ソ連邦は、満州事変以来の日本およびナチ・ドイツに対する西欧資本主義諸国の態度から推して、これら諸国は日本ならびにドイツ帝国主義が対ソ戦争を通じてソ連邦の犠牲において膨脹することを嫌悪してはいないと判断した。そこで、ソ連邦としては、他方、極東においては沿海州におけるソ連軍の増強・ウラジオストック空軍基地の強化・シベリア鉄道の複線化および戦略的鉄道網の敷設を急ぎ、またヨーロッパにおいてはソ連軍の急速な拡充・強化を行い、さらにその五ヶ年計画を通じて軍需生産力の飛躍的発展を企て、日本ならびにドイツ帝国主義に対するソ連邦の軍事的地位を強化することに力を注ぐにいたったのである。

ソ連邦外交政策の重心点がこのようにファシスト諸国との対抗に置かれるにいたったのと並行して、コミンテルンもまたその戦術の転換を行うにいたった。すなわち、一九三五年七―八月のコミンテルン第七回大会は、ファシズムとの抗争をもって緊急かつ最大の課題であるとなし、諸国の共産主義政党に対して、社会民主主義政党と対立してこれを克服することを目標とした在来の方針をすてて、各自の国におけるファシズムと強力に闘争するためには必要に応じて社会民主主義政党と提携するのみならず、さらに「ブルジョア民主主義政党」とも協力すべきことを指令するにいたった。人民戦線(People's Front)の戦術とよばれるものが、これである。しかし、諸国における共産主義政党と社会民主主義政党との対立は当時までにきわめて深刻な状態に達しており、共産主義政党によるこの共同戦線の提唱も、フランスおよびスペインを除く諸国においては社会民主主義政党によって拒否せられて、不成立に終った。

さて、ストレーザ戦線の形における反独ブロックは、短命に終った。ストレーザ会議から二ヶ月の後、ドイツの海軍再軍備を到底不可避と考えたイギリスは、それをイギリスに有利な限度に止めさせようとしてドイツと交渉して、ドイツ海軍の保有量をイギリスのそれの三五パーセントと定めた海軍協定を締結するにいたった。ヒットラーによるヴェルサイユ条約陸軍条項の破棄に対してさきに抗議したイギリスは、今やドイツと交渉して両国の合意で同条約の海軍条項を反古紙としたのである。しかも、その際にイギリスはフランスおよびイタリアとは何ら協議しなかった。このことも二国を当然に甚だしく不満ならしめた。

しかも、その後この年一〇月におけるイタリア・アビシニア戦争の勃発とともに、ストレーザ戦線は決定的に崩壊することになった。イタリアは、ドイツの動向をめぐってヨーロッパ国際政治が烈しく動揺しつつあるのを利用し、かつイギリスの軍備拡張が未だなお本格化するにいたっていないのに乗じて、イギリスの権益と連関をもつアビシニアの侵略を企てるにいたった。ところで、この戦争がひらかれるや、イギリスは地中海艦隊を増強してイタリアに対し示威的態度に出ると同時に、イタリアが国際連盟規約に違反して加盟国の一つに対し侵略行動に出たことを理由として、国際連盟を動かして経済制裁を行わしめるにいたった。すなわち、イギリスとしては、一つにはアビシニアに関するその帝国主義的権益を擁護し、アフリカにおけるイタリアの帝国主義的支配の拡大を阻止しようとしたのであったが、なお一つには国際連盟によってイタリアの侵略行動を抑止し、この際国際平和機構としての連盟の力を示して、それにより今後のヨーロッパ国際政治の安定性を補強しようとしたのであった。ところで、フランスはナチ・ドイツの成立以来イタリアとの国交を調整して、イタリアがドイツへ接近するのを阻むことに腐心してきた関係上、イタリアに経済制裁を課することを内心において甚だしく好まなかった。しかし、フランスは結局これに参加するにいたったが、それは、この場合もまた将来ドイツに対抗する上からイギリスとの親善関係を保持しようと考えたためであった。さて、イギリスはこのように国際連盟による対伊経済制裁を推進しながらも、イタリアの侵略行動を戦争を賭してでも阻止する決意はなかった。従って、制裁も戦争誘発の危険なき限度において行われることになった。[42]しかも、イタリアに隣接する若干の国家は将来の対伊関係を考慮してこの経済制裁へ参加せず、その結果イタリアは所要物資をそれらの国を通して入手することができた。そこで、国際連盟による経済制裁はイタリアを刺戟したことときわめて大であったにもかかわらず、その実際的効果は甚だ弱いものでとどまった。しかも、このイタリア・アビシニア戦争を機会に、さきにストレーザ戦線を形成した三国の中イギリス・フランスとイタリアとはこのように鋭い対立の関係に立つことになった。しかも、それのみでなく、ドイツはこの国際的に孤立したイタリアに対して強い好意的態度を表明し、一九三三年以来一旦疎隔したドイツ・イタリア両国はこれを機会に再び接近することになった。

さて、イタリア・アビシニア戦争のつづけられている中で一九三六年に入ったが、この年二月フランスにおいて、批准のため議会に附議された前述の仏ソ相互援助条約が下院において可決されて上院へ廻付されるや、その機会をとらえてヒットラーは突然声明を発し、右の条約はドイツを対象とした点においてロカルノ条約と相容れないものであり、従ってドイツは同条約の成立によって生ずる新しい国際情勢を考慮して、自衛のためラインラントの再武装をなさざるを得ないと称し、時を移さずその軍隊をラインラントへ進駐させたのである(三月)。かつ、それと同時にイギリス・フランス・イタリアに対して広汎な国際的安全保障計画を提案し、その直後にヒットラーは演説して、ロカルノ条約を蹂躙したものはフランスであり、ヨーロッパ文明を破壊しようと欲しているボリシェヴィズムと称するアジアの勢力と結んでヨーロッパを裏切ったものもまたフランスであると難じ、ドイツはその国家的利益を守るために今回の措置をとらざるを得なかったのであるとなした。ドイツがヴェルサイユ条約のラインラント武装禁止条項およびロカルノ条約をこのように一方的に破棄したことは、全ヨーロッパを震撼せしめた。けれども、当時イギリスおよびフランスは、対独戦争を賭してもドイツのこの行動と抗争しようという決意をもたず、抗議を提出しただけで傍観するにとどまった(43)。ついで、ヒットラーはドイツ議会を解散、右の措置の是非を「世論」に問い、その結果政府提出の議員候補者名簿は投票総数の九八・八パーセントの支持を獲得したと発表せられた。さて、ドイツのこのラインラント進駐がもつ国際政治的意義は実に巨大なものがあった。ラインラントが非武装の状態にあるかぎりは、フランスはその軍隊を容易にドイツへ進撃させることができ、そのような軍事的地位にあることによって、フランスはドイツが東方へ行動を起すことを強力に抑制することができたのであった。そして、実にこのことがフランスと小協商諸国およびポーランドとの提携に強力な軍事的裏づけを与えていたのであった。ところが今、ドイツのラインラント進駐に対してフランスがこれを空しく傍観したとき、これら諸国に対するフランスの威信は甚だしく失墜したばかりではない。ラインラント再武装により、フランスがそれら諸国に必要に応じて軍事的援助を与えることは、今や著しく困難となり、そこで上記のフランスの与国は、もはや頼みがたくなったフランスの援助を仮定してドイツに一義的に対立するよりも、むしろ今後はドイツとの国交を調整することにより自国の安全《セキュリティ》を保とうとするようになるのである。ラインラント進駐後、ドイツ外相ノイラート(v. Neurath)はソ連邦駐箚アメリカ大使に対して、ドイツ・フランスおよびドイツ・ベルギー国境に沿って「われわれの要塞が構築され、フランスがドイツ領土内に侵入できないことを中央ヨーロッパ諸国が認めるやいなや、これら諸国は外交政策についてこれまでとは異った考え方をするようになって行くであろう。そして、一つの新しい星座がここに展開することになるであろう」といったが、それは以上の点を予見したものにほかならない。なお注意すべきことは、フランスと小協商諸国およびポーランドとの間の戦後の緊密な友好関係は、これら諸国に対するフランスの資本輸出によって経済的にも強力に裏づけられていたのであった。しかし、一九二九年以来の世界恐慌の結果、フランスは在来のような資本輸出の余裕を失うことになった。しかも、以上の諸小国はその農産物輸出を増大させることによって、世界恐慌下のその経済的困難を弥縫《びほう》しようとするのであるが、農産物に関して高度の自給性をもつフランスはこれら諸国の過剰農産物の市場にはなり得なかった。これに反して、ドイツはその引受能力をもち、これら諸国との間に買付農産物の種類・数量について協定を結んで、長期の購入保証を与えたのであった。これら諸小国のドイツへの接近は、このような事情によっても側面から促進されたのであった。

ドイツのラインラント進駐によって、フランスの不安は今や一段と烈しいものとなった。そして、それとともに、ドイツに対する自国の安全《セキュリティ》を難攻不落を誇るマジノ線にひたすら期待する空気がその国内にはいよいよ濃厚となった。

さて、イタリア・アビシニア戦争はイタリア軍の優勢の中につづけられてきたが、ドイツ軍のラインラント進駐から二ヶ月後、アビシニアの首府アディス・アベバ(Addis Ababa)は陥落、ムッソリーニはローマのヴェネチア宮のバルコニーからアビシニア併合を宣言し、「われわれの歴史の一時代」は終り、「将来のあらゆる可能性にむけてひらかれた大道にも似た他の時代」が始まったと叫んだ(一九三六年五月)。ついでその後、国際連盟は対伊経済制裁の撤廃を決議するにいたった(七月)。さきに極東における満州事変を収拾し得なかった国際連盟は、ヨーロッパ国際政治の中心問題をなしたイタリアの侵略行動を抑止しようとしてまたも完全に失敗したのである。そして、国際平和機構としての国際連盟の無力があらためて暴露されたとき、国際的不安感は一層深まることになった。なお、対アビシニア戦争に対する国際連盟の措置を憤ったイタリアは、一九三七年一二月遂に連盟脱退を通告した。

国際不安の空気は、今やヨーロッパを掩うにいたったばかりではない。極東国際政治もまた一九三一年の満州事変以来日本帝国主義の動きをめぐって慢性的緊張の状態を呈しつづけてきた。そして、そのような中で日本は一九三六年をもって満期に達するワシントン海軍軍備縮小条約(一九二二年)およびロンドン海軍軍備縮小条約(一九三〇年)を更新・継続することに反対の旨を表明し、その結果これらの条約に代る新条約の締結を目的として一九三五―三六年にロンドンにおいて海軍軍備縮小会議が開催せられた。しかも、この会議においては、満州事変以来極東においてイギリス・アメリカ両国とすでにきわめて鋭い帝国主義的対立の関係に立ってきた日本は、全艦種について対英米均等《パリティ》を主張してあくまで譲らず、それが容れられないことが明かになったとき、会議を脱退するにいたった。ワシントン・ロンドン両会議においてともかくも成功を収めた海軍軍備の国際的縮小の企ては、ここにいたって今や破綻したのである。

さて、イタリア・アビシニア戦争がその幕を閉ざし、国際連盟が対伊経済制裁撤廃を決議して後僅か二週間にして、今度はスペインに内乱が勃発、それとともにヨーロッパ国際政治はまたも激動する有様となった。すなわち、一九三六年二月におけるスペイン議会総選挙の結果、人民戦線諸派が勝利を獲て内閣を組織するにいたったが、同年七月将軍フランコ(F. Franco)は人民戦線派内閣を打倒し右翼勢力を基礎とした政権を樹立しようとして、モロッコにおいて叛旗を掲げ、ついで軍隊を率いてジブラルタル海峡を経由しスペイン本国へ侵入、ここにスペインは内乱状態へと陥ったのである。しかも、一たびこのような事態が発生するや、イタリアおよびドイツはフランコの蹶起をもって「文明の敵たる共産主義に対する聖戦」であると讃え、フランコの叛乱軍に対して兵力・軍需品を提供してこれを援助するにいたった。イタリアとしては、スペインに親伊政権を打ち樹て、それによってイギリスの海軍基地たるジブラルタルを脅かすとともに、フランスがその北アフリカ植民地から兵力を本国へ移動させることを困難にし、これらによって、鋭い対立の関係に立ってきたイギリス・フランスに対して地中海方面において強力な戦略的地位を獲得しようとしたのであった。またドイツは、スペインに傀儡的政権を成立させることによって、フランスを東西両面から圧迫をこうむる地位に陥れようとしたのであった。ドイツ・イタリア両国がこのようにフランコ側に対して支持を与えるにいたったとき、これに対抗してソ連邦は、人民戦線派政府に対して同様援助を行うことになった。ソ連邦としては、フランコの勝利はヨーロッパにおけるファシズムの勢力増大を意味し、それは自国の安全《セキュリティ》に対する脅威を加重するものであると考えたのであった。このようにして、スペインの内乱へは、国際政治におけるファシスト諸国とソ連邦との対立が導入されることになったが、このような中で、イギリスは諸国がこの内乱へそれぞれの立場において介入して行くならば、これを契機としてヨーロッパにおける国際的対立はいよいよ激化し、スペインの内乱を導火線として遂に大戦争の勃発をみる惧れありと考えた。かつこの内乱を機会にドイツ・イタリアまたはソ連邦の勢力がスペインにおいて優越的となることは自国にとって好ましくないとなした。なお注意すべきことは、当時イギリスにおいて政権を担当していた保守党内においては、フランコの叛乱が蹉跌した場合にスペインにおいて革命的勢力が増大することを惧れて、フランコの勝利を強く希望する空気が濃厚であった。これらの考慮の下に、イギリスはこの内乱に対し不干渉方針をとることを諸国に要請したのである。これに対し、人民戦線諸派を基礎とした当時のフランスのブルム(L. Blum)内閣は、反ファシズムの立場からスペイン人民戦線派政府の勝利を強く望んでいたが、しかし、このときもまたイギリスとの友好関係を円満に保とうとして、イギリスの不干渉主義の提唱に同調、追随したのであった。イギリス・フランスによるこの不干渉方針の提唱は、表面は諸国の同意を得ながらも、事実上は守られず、そこで内乱は複雑な国際的背景の中に進展した。そして、一九三九年三月に叛乱軍がマドリード(Madrid)に入城するに及んで、それはフランコの勝利の中にようやくその幕を閉ざしたのである。

このスペインの内乱において、イタリアとドイツとはイギリス・フランスと鋭く対立することによりいよいよ互に接近することになった。そして、一九三六年一〇月にはこの両国は「十月議定書」(October Protocol)の形において外交に関する政策協定を行って、その提携を一段と強化し、爾来両国の協力関係は「ローマ＝ベルリン枢軸」(Rome-Berlin Axis)の名をもってよばれることになった。

さて、ドイツは一九三七年には、その再軍備の進捗により自国の軍事力に対する自信をようやく強めるにいたった。それとともに、ヒットラーの主張も一段と戦闘的色彩を帯びるにいたり、彼は他国の支配下にあるドイツ人の民族感情について論じ、また世界戦争の結果喪失したドイツ植民地の回復を要求し出すようになった。しかも、スペイン内乱の勃発以来は、彼はヨーロッパにおける共産主義の脅威をくり返し強調して、自国をもって共産主義に対してヨーロッパ文明を擁護する最大の「防塞」であると論ずるにいたった。スペインの内乱は西ヨーロッパ諸国内部においてこれに対してとるべき方針についての烈しい論議を沸き立たせ、それを通じて国内のイデオロギー的・階級的対立を激化させる結果になった。そこで、ヒットラーの以上の主張は共産主義への憎悪と恐怖とにとらえられたそれら諸国のブルジョア階級に強く訴える効果をもち得た。そして、現にヒットラーとしては、この反共主義の宣伝によって彼の侵略計画に対する「免罪護符」を獲得しようとしたのであった。

ところで、極東国際政治は、日本帝国主義の動きをめぐって緊張を呈しつづけてきたが、一九三七年(昭和一二年)七月にはさらに日中事変の勃発をみ、さきに傀儡国家「満州国」を樹立して満州をその帝国主義的支配の下に置いた日本は、この日中事変を通じて中国全体を従属国化しようと企てるにいたったのである。この日中事変の勃発した原因は単純ではない。けれども、ヨーロッパにおいてドイツ・イタリアの動きを中心として国際不安が慢性化し、それのみならず、それがスペインの内乱をめぐっていよいよ昂進するにいたったことは、当時の日本政治の推進力であった軍部に、中国に対する彼らの侵略計画を実行に移しても、アメリカおよびヨーロッパ諸国はこれに対して強力な国際干渉を試みる余裕に乏しいと判断させたのであり、そのことは、この事変を勃発させた重要な原因の一つであった。さて、日中事変がひらかれるにいたったとき、ソ連邦は日本帝国主義による中国支配が自国の安全《セキュリティ》にいよいよ重大な脅威をもたらすことを考え、国民党政府に対して軍事的・財政的援助を与えて、その対日抗戦を強力に支持するにいたった。ヨーロッパの情勢と極東の事態とは、しかし、以上の意味において連関性をもったにとどまらなかった。日独の両帝国主義は日中事変以前にすでに次第に接近の兆候を示し、一九三六年一一月には両国はソ連邦を事実上の対象として防共協定(Anti-Comintern Pact)を結び、翌年一一月イタリアもまたこれに参加した。そして、イタリアは同月に、ドイツは一九三八年二月に日本帝国主義の傀儡国家「満州国」に承認を与えたのである。ヨーロッパおよび極東の国際政治は、こうして、密接な相互関連性をもつようになり、それとともに国際不安はいわば世界的規模を帯びたものへと発展することになった。このような中で、諸国による軍備拡張は、その規模と速度とを増大する有様であった。世界戦争後その経済再建の観点から軍事費の膨脹を抑制することに努めてきたイギリスも、遂に一九三七年二月ボールドウィン(S. Baldwin)保守党内閣の下において向う五年間に一五億ポンドをもって再軍備に着手することを宣言したのである。蔵相チェンバレン(N. Chamberlain)はこの際に述べて「現下未曾有の事態」に鑑みてイギリスは「未曾有の途へ就くであろう」と声明したが、彼のこの沈痛な言葉は当時の世界政治の暗澹たる様相を象徴したものといってよい。

ところで、ヒットラーは前述のように一九三七年以来その主張において戦闘的色彩をとみに濃厚にするにいたったが、彼はこの年一一月軍首脳部およびノイラート外相に対して、ドイツは世界戦争を賭してもヨーロッパに「生存圏《レーベンスラウム》」を獲得しなければならない。それはオーストリアおよびチェコスロヴァキアの征服によって開始さるべきである。この「生存圏」の獲得はドイツの軍事力が他国のそれに比して優越を保っている期間において実現されねばならないゆえに、それは遅くも一九四三—四五年までに企てられなければならない、と秘かに語ったのであった。さて、フランスは当時まで不本意ながらイギリスの対独外交方針に追随しつづけてきたのであったが、イギリスとしては、ドイツに対して妥協的態度をもって臨むことによってやがて国際的和協と安定とに到達し得ることを絶えず期待してきたのであった。そして、ドイツがその対外方針において戦闘的色彩を濃くし、イギリスとしても再軍備の方向へ進むにいたった後においてもなお、イギリスは以上の期待を放棄せず、一九三七年五月に成立したチェンバレン保守党内閣の下において、ドイツの動向をめぐってヨーロッパが頻々と国際的危機に襲われる中においてこの対独宥和政策(Policy of Appeasement)は、むしろ強力に進められることになった。チェンバレンは一九三七年六月の演説において、イギリス国内および国外における責任の地位にあるイギリス人に対して言論の慎重を要望し、「私は書物で読んだことがある。高い山々の中にいるとき、不注意な行動、否、急に叫んだということだけでも、雪崩が起る場合があるという。それがまさしく今日われわれの置かれている場合なのである」と述べたが、それはこの対独宥和政策によって国際平和を確保しようとする彼の衷心を披瀝したものにほかならない。そして、ヒットラーが軍首脳部および外相に対して以上のごとき極秘の演述をなした後まもなく、チェンバレン内閣の閣僚ハリファックス(Lord Halifax)は英独間の国交調整の使命を帯びてヒットラーに会見したが、その際彼はヒットラーに対してドイツを「ボリシェヴィズムに対する西方世界の防塞」であると述べ、イギリスは現状維持《スタトゥス・クオ》が絶対に必要であるとは考えない旨を語り、ダンツィヒ(グダニスク)、オーストリア、チェコスロヴァキア等の問題はおそらくは早晩現状のままには止り得なくなるであろう、しかし、イギリスの関心は一つに全く現状変更が平和的になされねばならないという点にあると述べたのであった。注意すべきことは、この前後を通じて、イギリスおよびフランスにおける対独宥和論の根柢には、一つには、ドイツの行動自体に対しては憤りを抱きながらも、ドイツが戦争によって敗北した場合にヨーロッパの中心部に社会革命が爆発することに対するブルジョア階級の恐怖が潜んでいたのであった。それは、西欧帝国主義が極東における日本帝国主義に対して妥協的方針をもって臨んだ根柢には、日本の敗北に触発されてアジアにおける彼らの植民帝国に革命的な民族解放運動が爆発することに対する危惧があったのと、相通ずるものがあった(44)。

このような中で、一九三八年に入ると、三月ヒットラーは遂に独墺合併《アンシュルス》を実現するにいたった。一九三三年におけるナチ・ドイツの成立は、在来国を挙げて独墺合併を切望してきたオーストリア国内をナチ・ドイツとの合同の是非をめぐって分裂させ、爾後独墺合併は主としてオーストリア・ナチによって主張されることになった。しかも、ナチ・ドイツの国際的比重が増大してくるにともない、オーストリアにおけるナチの勢力も急激に高まり国内は次第に険悪な情勢を呈するにいたった。このような局面に対して、ナチ・ドイツとの合同に反対する当時のシュシュニク(K. v. Schuschnigg)内閣はこのオーストリア独立問題を人民投票に附して局面を打開しようと企てたが、これを知ったドイツはオーストリアに対し最後通牒をもってシュシュニク内閣の退陣、オーストリア・ナチ党員ザイス＝インクヴァルト(Seyss-Inquart)の組閣を強要し、ついで新内閣を組織したザイス＝インクヴァルトはドイツ政府と策応しつつ、オーストリアの国内秩序は共産党および左翼諸派によって脅威されつつあると称してドイツ軍のオーストリア進駐を要請し、ついでヒットラーによって独墺合併が宣言され、その後この決定について人民投票が行われて、オーストリアにおいては九九・七五パーセントの支持を得た旨が発表された。

独墺合併が当時のヨーロッパを聳動させたことはいうまでもない。しかし、かつてはその実現を阻止するためには武力干渉を辞しない決意を示したイタリアは、今は終始傍観の態度を持したのであった。イタリアは当時すでにドイツへ著しく接近するにいたっていた上に、対アビシニア戦争のあとをうけてその主たる関心をアビシニアとイタリア本国とを結ぶ連絡路としての地中海へ注ぐにいたっており、しかも、この地中海に関してもまたイギリス・フランスに対抗する関係上ドイツの支持を将来にわたって必要と考えていた。オーストリアの独立保全に対するイタリアの関心は、こうして、もはや著しく冷却するにいたっていた。(45) 独墺合併後、ムッソリーニは演説して、「山々の彼方の国民(オーストリア人を指す―著者)は、一九三四年にわれわれがなしたことに関してわれわれの注意を喚起するという憂鬱な単純さを依然もっている。けれども、われわれは答える、あの年以来多くの水がテヴェレの、ドナウの、シュプレーの、テームズの、そして、セーヌすらもの橋の下を流れたのである。この時期の間に、イタリアは巨大な、そして、血塗《ちまみ》れの努力をなしながら、われわれの未だに忘れ得ないあの制裁がイタリアの上に課せられるのを経験したのである」と述べた。彼はこのような言葉でオーストリア問題に対するイタリアの態度変化を説明したのであった。他方、イギリスおよびフランスは独墺合併についてドイツのとった手段に対して抗議しながらも、オーストリアの事態に対して戦争を賭して干渉する意志は全くなく、傍観的態度を持したのであった。しかし、このような中でソ連邦はドイツが独墺合併によって東南ヨーロッパへ膨脹したのに対して警戒の念をいよいよ深くし、ドイツの今後の侵略を防止すべき方法について四国会議をひらくことをイギリスに提議したが、イギリスはこれを拒否したのであった。チェンバレン首相は議会においてソ連邦のこの提案について述べて、それはヨーロッパが二つのブロックに分裂している現状をさらに悪化させてイギリスを必然的に戦争へ導くものであるとなし、宥和政策の立場を依然堅持する旨を明かにしたのであった。

しかし、独墺合併がヨーロッパの政治地図を変えたことの意味は、きわめて大であった。昔から「東南ヨーロッパへの門」と考えられていたウィーンをその掌中に収めることにより、ドイツ軍はハンガリー平野の端を抑え、バルカン半島の入口に立つにいたったのである。また、独伊両国が今や遂に国境を相接するにいたった結果として、フランスが小協商諸国およびポーランドに軍事的援助を提供することは全く困難となった。けれども、当面の最も重大な結果は、チェコスロヴァキアの版図の約半ばがドイツの領土によって包囲された形となり、しかも、その部分の中にはドイツ人を主要人口とするズデーテン地方が含まれていたことである。(46) そこで、ドイツの膨脹計画の次の対象はチェコスロヴァキアであろうということが、いち早く噂されるにいたった。そして、現に独墺合併の直後からヘンライン(K. Henlein)を党首としたズデーテン・ドイツ党(Die Sudetendeutsche Partei)の運動を中心としてズデーテン地方の事態は早くも著しい不穏を呈することになった。このズデーテン・ドイツ党はその創立以来ドイツ外務省から資金的援助を仰ぎ、ドイツ政府の指令にもとづいてその運動を行ってきたのであったが、同党は、独墺合併の翌月にはズデーテン地方に関して高度の自治を要求するにいたった。そして、この前後を通じて同党はこのズデーテン地方のドイツ人とチェコ人との間の衝突を極力挑発することを試み、それによってズデーテン問題を同地方の被抑圧少数民族の問題として世界に強く印象づけることを努めたのである。このような中で、チェコスロヴァキア政府は同党に対して譲歩的態度をもって折衝し、極力交渉の妥結をはかったのであるが、ドイツは同党を操って解決を常に回避する方針をとらせて事態を紛糾させ、ドイツがチェコスロヴァキアへ干渉するための口実をつくり出すことを企てたのである。そして、その末遂にヒットラーはズデーテン地方のドイツ人をその迫害の渦中から救い出すためには実力行使をも辞さない態度を示すにいたった(九月)。ここに及んで、ヨーロッパ国際政治はズデーテン問題を中心として正に重大段階に到達することになった。

さて、当時の険悪化した国際情勢の下において、一たびもしドイツとチェコスロヴァキアとの間に戦火が閃くにいたった場合、その戦争がいかなる規模のものへと拡大するかは到底予測を許さなかった。このような情勢を前にチェンバレンはヒットラーと会談し、事態を平和的に収拾することを企てた。しかし、その間においてヒットラーはベルリンにおけるその演説において述べて、現下の事態はパリ平和会議がその標榜した民族主義の原則を適用しなかったことに由来するとなし、チェコスロヴァキア政府が国内少数民族に対して無慈悲な抑圧を加えてきたことを述べて、これを痛撃し、またチェコスロヴァキア、ソ連邦間の相互援助条約に論及して、ボリシェヴィズムはチェコスロヴァキアを中央ヨーロッパへの進出の拠点として利用していると強調し、しかも、述べて、ズデーテン問題が解決をみた暁にはドイツはもはやヨーロッパに関して何ら領土的要求をもたない旨を断言したのであった。この演説後なお依然事態の平和的収拾を望んで止まなかったチェンバレンはムッソリーニと交渉、戦争勃発の危機に直面しながらも戦争の用意をなお欠いていたムッソリーニは、チェンバレンの示唆に応じて事態収拾のためにミュンヘン(München)においてイギリス・フランス・イタリア・ドイツ四ヶ国の会議をひらくよう、仲介を試みた。そして、ついでムッソリーニは、このミュンヘン会議においてドイツ側の作成した案を原案として提示し、結局それを基礎とした解決案が議定されて、チェコスロヴァキア政府に右を提出して強圧的に受諾させたのである(九月)。こうして、ズデーテン地方とその隣接地域とはドイツへ割譲されることになった。このズデーテン問題の危機にあたってイギリスとしては、ドイツ人の居住するこれら地域をドイツが併合しようと欲することは自然であるとなし、事態は宥和政策をもって処理さるべきであるとなしたのであった。これに対して、フランスはチェコスロヴァキアがズデーテン地方を失うことによって甚だしく弱小化することは自国にとって巨大な打撃を意味することを知悉していた。けれども、イギリスが以上のごとき見解を持している中で、フランスとしてチェコスロヴァキアを助けて対独戦争をひらくことは、イギリスとの友好維持の方針からみても到底なし得なかったのである。

ミュンヘン会議の意義は、しかし、イギリスおよびフランスがチェコスロヴァキアの犠牲においてドイツとの間の破局回避をはかったという点のみにあるのではない。ソ連邦の安全《セキュリティ》に本来甚大な関係をもつこのチェコスロヴァキアの問題が、ソ連邦を除外して上記四ヶ国によって決定されたことは、きわめて注目に価する。この事実は、イギリス・フランス両国のブルジョア階級が以上のような重大な国際的危機に直面しながらもなおソ連邦に対する敵意をゆるめようとしなかったことを立証するものにほかならない。なお、ソ連邦は当時フランスに対して、フランスがチェコスロヴァキアとの間の同盟条約の義務を履行する場合には自国もまたチェコスロヴァキアに対し相互援助条約によるその義務を履行する用意ある旨を通告したのであった。しかし、フランスが右の意志を有しないことが明かになったとき、ソ連邦はもはや動こうとはしなかった。ソ連邦としてはチェコスロヴァキアの弱小化が自国の軍事的地位に及ぼす甚大な影響を知りながらも、しかし、自国が単独でチェコスロヴァキアを助けてドイツとの間に戦争を交えることは、自国をより大きな危険に陥れるものであり、かつそれはドイツをしてソ連邦と戦わせることを暗に欲しているイギリス・フランス両国のブルジョア階級の術策に乗る結果となると考えたのであった。イギリスおよびフランスに対するソ連邦の疑惑は、こうして、ミュンヘン会議を機会に一段と深められることになった(47)。

ドイツはズデーテン地方を獲得することによって、その標榜してきた「大ドイツの建設」を一応成就し得た形になった。そこで、ドイツは、これを転機としてヨーロッパの国際秩序に対して和協的になり、チェンバレンがミュンヘン会議直後に述べたように「わが世代の平和」(peace for our time)が果してここにひらかれることになるであろうか。諸国において、この点に関する見通しは一旦は区々に分れた。しかし、一九三九年三月に入ると、ナチの煽動と謀略とによってスロヴァキアにはスロヴァキア独立運動が始まり、ついで独立の宣言がなされるにいたった。またこれに先だって、ドイツはボヘミア(Bohemia)およびモラヴィア(Moravia)の両地方においてチェコ人によるドイツ少数民族の迫害が行われていることをしきりに宣伝しつつあったが、やがてヒットラーは大統領ハッハ(E. Hacha)を強圧して、「古き昔以来ドイツ人の〈生存圏《レーベンスラウム》〉に属していた」(ヒットラー)この両地方をドイツの保護の下に置くことを承認させ、ついで、ドイツはこれらを保護領とする旨を宣言した(三月)。つづいてまた、ドイツはその傀儡たるスロヴァキア首相ティソー(J. Tiso)からの要請を理由としてスロヴァキアを保護国とするにいたった(三月)。当時ソ連邦はこのような事態の中で、イギリスに対して即時反ファシスト諸国の国際会議をブカレストにひらいて、とるべき軍事的措置を協議することを提議したが、しかし、イギリスは動こうとしなかった。さて、ドイツはこのようにしてチェコスロヴァキアを解体した。そして、それによって、ドイツの意図はヨーロッパ大陸における優越的地位の樹立にあることを今やここに歴然と示すにいたったのである。しかも、チェコスロヴァキアはその優秀な陸軍力、巨大なスコダ(Skoda)軍需工場、マジノ線に範をとった堅牢・強大な要塞を擁していた。また、ボヘミアは中央ヨーロッパの中心に位置する戦略的要衝であり、一九世紀の昔ビスマルクが「ボヘミアを支配するものはヨーロッパを支配する」と評したその言葉は、依然なお真実性を失っていなかった。さらに、チェコスロヴァキアの空軍基地はドイツをその爆撃圏内に置いていたのであった。ドイツが今このようなチェコスロヴァキアを解体して自国の支配下に置くにいたったとき、ドイツの東方への膨脹の大きな障害はここに取除かれたのである。

さて、このようにして、ドイツが大陸における優越的地位の樹立を公然意図し、しかも、その実現への強力な拠点を獲得するにいたったとき、イギリスはここに初めて在来の宥和政策を清算し、今後におけるドイツの膨脹を戦争を賭してでも阻止する方針へと急転換を行うにいたった。フランスは、すでに述べたように世界戦争終了以来ドイツに対して絶えず烈しい不安と警戒とを抱きつづけ、イギリスの対独方針に対して甚だしくあきたらなかった。しかし、ドイツに対抗する上からイギリスとの友好関係を確保しようとして、不本意ながらもイギリスに追随してきたのであった。ところが、今やイギリスの対独政策がこのような急角度な変化をとげるにいたつたとき、ここにフランスはようやくその本来の対独強硬方針へ立戻り得ることになった。

このような中で、ドイツは同じ三月の中にリトアニアに強圧を加えて、ヴェルサイユ条約によって割譲したメーメル(Memel)地方を回収した。ところで、ドイツが以上のようにして膨脹を重ね、しかも、イタリア帝国主義がその将来の発展の場として考えてきたドナウ(Donau)、バルカン地方へも勢力をのばし得る地位に立つにいたったとき、イタリアはこれに対抗する意図の下に、かつローマ・ベルリン枢軸から自国もまた利益を引き出そうとして、アルバニアへ侵入して、これをイタリアに併合したのである(四月)。[48]

チェコスロヴァキアの解体後、ドイツの次の目標はポーランドであることは一般に予想せられたところであった。そこで、対独方針を以上のように転換したイギリスおよびフランスは、ポーランドが攻撃をこうむった場合に同国に援助を与える旨を約束し、ついで、この約束を相互援助条約へ発展させた(四月)。両国はさらにルーマニアおよびギリシアに対しても同じく援助を与えることを約束し(同月)、五月にはトルコとの間にも相互援助条約を締結し、このようにして独伊両帝国主義に対抗する態勢を整えるにいたった。

他方ドイツは、四月には果してポーランド問題を本格的にとり上げ、ポーランド政府に対してダンツィヒ(グダニスク)の返還を迫り、かつポーランド回廊《コリダー》地帯に治外法権をともなった道路と鉄道とを敷設することを承認するよう要求し、しかも、ヒットラーはその直後にポーランドとの間の不可侵条約ならびに英独海軍協定の破棄を宣言した。そして、イギリス・ポーランド間の相互援助条約の成立は右の不可侵条約の前提を変更したものであるとし、またこの相互援助条約はイギリスがドイツ包囲(Einkreisung)の政策をとるにいたったことを立証したものであり、従って、イギリスとの間の海軍協定はもはやその存在の余地を失ったものであるとなした。なお、前記のイギリス・フランス両国とトルコとの間の相互援助条約の結ばれた直後に、ドイツはイタリアとの間に軍事同盟を締結するにいたったが(五月)、ヒットラーはこの同盟を結ぶことによってイギリスおよびフランスを牽制して、両国のポーランド援助の意志を動揺させようとしたのであった。ヒットラーとしては当時すでに、適当な機会をとらえてポーランドとの間に戦争をひらくことを決意していたが、しかし、彼はこの戦争をあくまでポーランドのみとの戦争に局地化《ローカライズ》し、イギリス・フランスとの戦争に発展することを回避しようと考えていたのであった。

ポーランド問題をひかえて、イギリス・フランスとドイツ・イタリアとの対立がこのように緊迫するにいたったとき、ここに大きな意味をもつことになったのは、このような事態に対するソ連邦の態度であった。すなわち、イギリス・フランス両国はポーランドとの間に相互援助条約を結びながらも、しかし、ポーランドに対して必要に応じて迅速かつ有効な援助を提供できるものはソ連邦以外にはなく、そこでポーランドに関してソ連邦との間に提携を結ぶことを必要と考えるにいたった。しかも、他方において、ドイツはポーランド問題についてソ連邦をして中立を守らせようと焦慮した。それは、もしソ連邦の中立の意向が明瞭となればイギリスおよびフランスはポーランドを軍事的に援助することを断念して、不介入の態度をとるか、またはポーランドに圧力を加えてドイツの要求を受諾させるであろうと考えたのであった。そこで、ここに一方イギリス・フランスから、他方ドイツからソ連邦に対してそれぞれの立場において外交工作が行われることになった。ところで、ソ連邦はさきにファシスト諸国の攻勢に対してヨーロッパの現状維持をはかる意図の下にイギリスおよびフランスに接近する方針をとったのであったが、しかし、イタリア・アビシニア戦争、ラインラント進駐、独墺合併《アンシュルス》に際して英仏両国がとった態度をみて、ドイツ・イタリアに対する両国の抗争の意志について次第に疑惑を深くするにいたり、さらにその後、ソ連邦を除外してミュンヘン会議が行われ、また両国がソ連邦と何ら連絡することなくポーランドに対して独立擁護を約束したのをみて、英仏両国がファシスト諸国と抗争するためにソ連邦と提携する熱意を真にどの程度に有しているかについて重ねて疑うにいたった。しかも、ソ連邦としては他方、自国が単独でドイツと戦争を交える地位に陥ることをあくまで回避しようとした。そこで、ポーランド問題をめぐってヨーロッパの国際情勢がいよいよ重大化しつつある中で、ソ連邦はむしろドイツとの間に国交調整を行って自国の安全《セキュリティ》をはかることを次第に考えるにいたった。このような中で、ソ連邦とイギリスおよびフランスとの間にひらかれた交渉は、ポーランドが戦争の場合におけるソ連軍のポーランド通過を拒否したことにより行詰ったのに対し、ドイツとの交渉は進展し、遂に八月に両国の間に不可侵条約が調印せられた。そして、そのことは当時の世界の耳目を正に聳動せしめた。この条約の成立は、ソ連邦に関していえば、今や全く尖鋭に対立するにいたった二つの資本主義国家ブロックの一つと結ぶことによって自国の安全《セキュリティ》を確保しようとしたものにほかならない。またドイツに関していえば、ヒットラーは在来共産主義を攻撃するためには言葉をえらばず、たとえば、「ボリシェヴィズム」をもって「獣のごときまた気の狂った信条」であると罵倒し、「労働者の解放をでなくて、牢獄中の人間を解放することを第一義とする政府と条約を結ぶことはできない」と叫び[49]、この条約の結ばれる前年においてもわれわれが「密接な交渉をもつことを欲しない唯一の国、それはソヴェト・ロシアである。われわれはボリシェヴィズムをもって在来にもまして人間の破壊力の化身と考えている」と絶叫したのであったが[50]、今彼は対ポーランド戦争勃発に備えて、この条約を結ぶにいたったのである。

ヒットラーは、上に述べたように、この独ソ不可侵条約の締結によってイギリス・フランスのポーランド援助の意志を動揺させ、それによって対ポーランド戦争を局地戦争《ローカル・ウォー》にすることを望んだのであったが、この期待は、しかし、裏切られることになった。イギリス・フランス両国は、ポーランドに対するドイツの要求をヨーロッパ大陸支配への意図に発したものとみ、ドイツによるポーランド侵略をあくまで阻止しようとするその立場を変えることはなかった。ヒットラーは、ポーランドとの戦争を局地戦争として遂行する希望をその後もなおもちつづけたが、しかし、ソ連邦の中立を確保し得た後は、ポーランドとの交渉におけるその態度は一段強硬となり、かつその要求を拡大させ、やがて遂に交渉を打ち切って戦争をひらくにいたった。しかも、それとともにここにイギリス・フランス両国はポーランドを支持してドイツに宣戦(九月)、こうして第二次世界戦争の口火は切られたのである。

ドイツ・ポーランド戦争はいわゆる電撃戦《ブリッツクリーク》の形においてドイツ側の圧倒的優勢の中に急進展をとげ、そのような中で、独ソ両国は独ソ不可侵条約附属秘密議定書(51)を基礎としてポーランドを完全に分割し、戦闘はたちまちに終った。ついで、ヒットラーはポーランドのこの壊滅後もイギリスおよびフランスが対独戦争を続行する意志を依然として変えないのをみて、翌一九四〇年五月西部攻勢をひらき、またも電撃戦をもって英仏連合軍主力を撃破したのである。しかも、これをみるや、イタリアはドイツ側へ参戦し、ついで、フランスは屈服して独伊両国との間に単独講和を結ぶにいたった(六月)。ドイツはこのように華々しい勝利を連続的に収めながら、しかも、英本国上陸作戦を敢行する軍事的成算は容易にもち得なかった。そこで、ヒットラーは対ソ戦争をひらいてソ連軍を電撃戦をもって粉砕し、イギリスをしてソ連邦およびアメリカに将来の援助を期待し得ないことを覚らせ、イギリスを和平へ誘導して戦争を勝利の中に収拾しようと決意するにいたった。彼としては、ソ連邦の敗退は極東における日本の比重を増大させ、その結果アメリカがイギリスを強力に援助することが全く不可能となると考えたのであった。かくして、一九四一年六月独ソ戦争の火蓋が切られることになった。なお、この間において、ドイツおよびイタリアの作戦行動を中心として、戦火はヨーロッパにおいてはしきりに拡大を重ねてきた。

ところで他方、極東においては一九三七年の日中事変以後中国における戦争は長期戦争の様相をいよいよ露呈し、その間において中国をめぐる日本と西欧側諸国、とくにアメリカとの間の帝国主義的対立はいよいよ尖鋭を加えてきた。そのような中で、日本は一九三八年一一月に「東亜新秩序宣言」を公にし、「日満支三国相携へ、政治、経済、文化等各般にわたり互助連環の関係を樹立」して、東亜に「新秩序」を建設する意志を表明したが、他方、国際連盟は前年一一月に中国に対する日本の行動をもってパリ協約および九国条約の違反と認める旨を決議し、アメリカも当時これと呼応して連盟の右決議と同趣旨の声明を行った。日中事変以来の日本の軍事的・政治的行動は、中国におけるアメリカ人の生命・財産の安全ならびに権益を侵害・蹂躙した大小の事件を頻発させて、とくに日米関係はこれがためますます険悪化してきたが、一九三九年七月にいたりアメリカは遂に日米通商条約の破棄を日本に通告するにいたった。アメリカはこの措置により、最恵国条款による拘束から解除され、今後必要に応じて対日輸出禁止をなし得る地位に立つことになった。

しかも、その翌月ヨーロッパにおいて独ソ両国の間に不可侵条約の締結をみたとき、アメリカの対日警戒心はいよいよ深まることになった。アメリカとしては、独ソ両国が接近するにいたった結果日ソ両国間のこれまでの緊張状態はゆるむのみならず、日本帝国主義がその発展方向を今後北方から南方へ転換してフィリピンを、さらにまた南太平洋におけるアメリカの戦略的・商業的利益を脅威するにいたることを甚だしく惧れるにいたった。そして、その翌月ヨーロッパには遂にドイツ・ポーランド戦争が爆発して、第二次世界戦争の開幕をみるにいたったのであった。

ヨーロッパに展開されたこの事態に対して、日本は一旦不介入を宣言した。しかし、その後一九四〇年五月に展開されたドイツの西部攻勢によりたちまちにしてオランダ・ベルギーは席捲され、フランスは降服し、戦局がドイツに圧倒的に有利に転じた形になったとき、フランス領インドシナ、オランダ領東インド〔主として現在のインドネシア〕その他南方諸地域はかかる事態との連関において微妙な地位に置かれることになり、そのような中で、日本においては軍部を中心として「南進論」が急激に高まることになった。米内内閣の外相有田八郎による大東亜共栄圏建設の決意声明(同年六月)は、それを反映したものであった。ついで、その翌月には軍部の立案した「世界情勢の推移に伴ふ時局処理要綱」が大本営政府連絡会議において採択された。この文書は、「帝国が英米依存の態勢より脱却し日満支を骨幹とし概ね印度以東濠洲新西蘭以北の南洋方面を一環とする自給態勢を確立するは、当面帝国の速急実現を要すべき所にして、而《しか》も是が達成の機会は今日を措き他日に求むること極めて困難なるべし。軍備充実完成後に於ける米国の極東政策と国力充実に伴ふソ連邦将来の動向とを考察するに特に然りとす(52)」という考慮において起案されたものであり、その中には、日中事変の解決促進の必要が述べられてはいるが、重点はもとより「対南方施策」にあり、この点については「支那事変処理概ね終了せる場合に於ては、対南方問題解決の為内外諸般の情勢之を許す限り好機を捕捉し武力を行使す」となし、しかも、「支那事変の処理未だ終らざる場合」でも「内外諸般の情勢特に有利に進展するに至」ったときには「対南方問題解決の為武力を行使することあり」と述べられている。しかも、帝国主義的支配を南方へ拡大しようという意欲が高まるにともない、日本としてはアメリカに対する地位を強化してアメリカを牽制する必要を改めて強く意識し、そのような観点において、ドイツのかねての提議をとり上げて独伊両国との間に同盟を締結するにいたった(九月)。このいわゆる三国同盟条約においては、日本と独伊両国とは前者の「大東亜」における、後者のヨーロッパにおける「新秩序建設」に関してそれぞれが指導的地位をもつことを相互的に承認し、三国中の一国が「現に欧洲戦争又は日支紛争に参入し居らざる一国」の攻撃をうけた場合には、三国は政治的・経済的・軍事的に相互に援助を与えることを約束したのである。

このような中で、アメリカ大統領ローズヴェルト(F. D. Roosevelt)はすでに同年七月に石油および屑鉄を輸出許可制度品目に編入し、今後の情勢に応じて日本およびドイツの軍事力増強を阻害しようとするにいたった。そして、日本帝国主義の南方進出の意図が強まるにともない、日米関係はますます緊迫することになった。けれども、その後ヨーロッパにおいては、ヒットラーはイギリス本国上陸作戦を決行する成算立たず、戦局はこうして停頓の様相を呈するにいたったとき、日本は「世界情勢の推移に伴ふ時局処理要綱」において想定したごとき南方諸地域に対する武力行使を容易にはなし得ないことを覚るにいたった。しかも、日本は中ソ関係を離間して日中事変の解決を促進する上からも、またアメリカに対立しつつ南進計画を将来敢行する上からもソ連邦との国交調整を意図し、一九四一年(昭和一六年)四月、第二次近衛内閣は遂にソ連邦との間に日ソ中立条約を締結するにいたった。当時ソ連邦としてはドイツが対ソ戦争を準備しつつあったのをすでに察知しており、そこでその背後を安全にしようとしてこの条約を結んだのであった。そして、それから約二ヶ月の後ドイツによって独ソ戦争の火蓋は切られたのであった。

さて、日本はその対米関係が以上のように悪化の一途をたどってきたにもかかわらず、アメリカとの間の帝国主義的対立関係を調整して、一つにはアメリカを仲介として前途の見通しの立て難くなった日中事変を収拾し、また一つには、日米戦争を回避すると同時にアメリカが日米間の破局によってイギリス側に参戦するのを防止することを次第に強く欲するにいたった。しかし、アメリカはヨーロッパにおける戦争の勃発以来英仏側へ好意的態度を堅持し、一九三九年一一月には中立法[53](Neutrality Acts)を改正して交戦国への武器輸出条項を撤廃して武器供給によって英仏側の軍事力強化を助けるにいたり、そして、フランスの降服後はイギリスへの援助を一段と強化するにいたっていた。一九四〇年一二月にローズヴェルトは述べて、ドイツが全ヨーロッパをその支配下に隷属せしめた後世界支配へと進もうと意図していることは歴然たるものがある。アメリカはヨーロッパおよびアジアの好戦主義者たちが西半球への通路たる諸大洋を支配することを断じて許し得ない。もしもイギリスにして敗れるならば、枢軸諸国はヨーロッパ・アジア・アフリカ・オーストラリアの諸大陸・諸大洋を支配し、その厖大な軍事力を西半球へ集中し得る地位に立つであろうと述べ、侵略に抗して戦いつつあるイギリスその他の諸国を援助する必要を力説、強調して、アメリカは正に「デモクラシーのための大兵器廠」の役割を荷わねばならないと断じたのであった。それは正にこの前後におけるアメリカの反枢軸側諸国援助の基本的態度を説明したものにほかならない。そして、アメリカはさらにその後、武器貸与法(Lend-Lease Act)を制定して(一九四一年三月)、対英援助は格段に強化され、ついで、その海軍力を動員して軍需援助物資の輸送を護衛させ、ドイツの潜水艦戦に対抗するにいたった。日米国交調整のため外交交渉が両国間にひらかれるにいたったのは、以上のような中においてであった。

当時この日米交渉にあたって、アメリカはもしも自国が将来イギリス側へ参戦しても三国同盟条約を発動しないことを日本が約束し、かつ英米と正面から対立して推進されてきたその帝国主義政策を日本が大幅に修正するならば、東亜の事態について互譲的解決をはかる意向を抱いていた。しかし、それだけにまた、この日米交渉は本来的に前途きわめて困難であったといわねばならない。しかも、この交渉がひらかれて後、日本はやがて仏領インドシナ南部へ進駐するにいたった(七月)。そもそもこれより先、南方地域に領土をもつアメリカ・イギリス・オランダの諸国は日本帝国主義の抱く南進計画に鑑みて、対日貿易の面から日本の軍事力増強を阻むことを試み、また万一の事態を想定して国民党政府とも連絡しつつ共同作戦の協議を行うにいたっていた。そこで、日本としては仏領インドシナ南部へ進駐して、同地方に空軍および海軍基地を獲得し、それによって仏領インドシナ全土を制圧するとともに、タイを勢力圏内に包容して、南方諸地域におけるこの反日的動きを屏息《へいそく》させようとしたのであった。しかし、日本の仏領インドシナ南部進駐は、アメリカに甚大な衝撃を与えた。日本がタイに隣接しまた南シナ海をへだててフィリピン・オランダ領東インド・マレー半島に臨んだこの地域をその支配下に置いたのをみて、アメリカは日本が遂に南方侵略の態勢をとるにいたったものとみ、直ちに在米日本資産凍結令を発し、つづいて、対日石油輸出禁止の措置をとってこれに対抗するにいたり、しかも、イギリスおよびオランダ領東インドもまた相ついでこれに倣った措置を断行し、このような中で日米交渉も一時中絶の状態に陥った。

さて、以上の諸国、とくにアメリカによって上記の措置がとられた結果、事態がこのままに推移するならば、日本にとり石油をはじめとする軍需物資の貯蔵量は時とともに減じ、窮極的には軍事力が事実上麻痺することは今や全く不可避となった。このような局面に逢着して、首相近衛文麿は日米交渉においてアメリカが主張してきた中国からの日本軍の全面的撤退の要求を容れ、それにより交渉の妥結をはかろうと考えたが、陸相東条英機は陸軍を代表して断乎としてこれに反対し、かつ交渉行詰りの原因となってきた他の係争点についても非妥協的態度を持して譲らず、その結果、近衛首相は内閣総辞職を行うにいたった。ついで、東条英機が後継内閣を組織することとなったが、東条内閣の成立ならびに同内閣が対米交渉に対して強硬方針をもって臨むにいたったことは、アメリカ側を在来にまして硬化させることになった。かくして、交渉妥結のためには当時にいたる帝国主義政策の全面的清算を迫られることになった日本は、遂に血路を対米英開戦に求めるにいたった（一九四一年［昭和一六年］一二月）。なお、日本のこの開戦の決意は、一つには当時の日本としてヨーロッパにおけるドイツの軍事的優勢の前途に大きな期待をかけていた結果でもあった。

さて、日本の開戦とともにドイツ・イタリア両国も三国同盟にもとづき米英側へ宣戦、第二次世界戦争はこうして今や全く世界的規模のものへと拡大するにいたった。

第四節　世界政治の構造と態様

一九一九年のヴェルサイユ条約はその前文において、この条約は戦争に代えて「強固、公正、且つ永続的なる平和」を打ち樹てようとするものであると宣言した。けれども、この条約が調印されて後僅か二〇年にして第二の大戦争の爆発をみることになった。第一次世界戦争の終りにウィルソンは諸国内政の民主化・民族自決主義ならびに国際連盟によって将来の国際平和が維持されることを期待したのであったが、その期待も結局空しい夢に終った。

ヴェルサイユ体制は、何ゆえに世界に長い平和の時代をもたらすことに失敗したか。そもそも、ヴェルサイユ体制は一面において「ウィルソン主義の白袈裟をまとった帝国主義《インペリアリステ》的平和《イック・ピース》」(H・ニコルソン)であり、従って、前に述べたように、旧独墺側諸国はヴェルサイユ体制を決定的なものとして承認する意志は初めからもたず、その結果戦後の世界政治はとくにドイツを中心としてしばしば烈しい緊張をくり返すことになった。また、ヴェルサイユ体制は他面において、連合諸国の対立する帝国主義的要求を調整・妥協させたものであり、従って、一時的に弥縫されたこの矛盾はやがて新たに発展する契機を本来的に孕んでいたのであった。すでに述べた戦後イタリア外交の動向のごときは、その典型的な一例といってよい。こうして、ヴェルサイユ体制は、それ自体の内部にすでに不安定性を孕んでいたということができる。

第二に、ヨーロッパ諸国における資本主義体制は第一次世界戦争を経ることによって少からず弱まり、ヨーロッパはアメリカからの資本輸出に高度に依存する状態となった(54)。第一次戦争前にいたるまでアメリカがヨーロッパ諸国の重要な資本輸出先であったことを考えるならば、それは正に巨大な変化であるといわなければならない。そこで、そのような中で一九二九年に勃発した世界恐慌は、ヨーロッパの資本主義体制に深刻な打撃を与えたばかりでなく、これまでその支柱となってきたアメリカ資本主義がもはやそのような役割を荷うことを困難ならしめることになった。このようにしてヨーロッパ資本主義が直面するにいたった重大な危機こそ、ファシズム発展の基本的要因となったのであった(55)。それは、ドイツの場合において最も顕著である。なお、極東においては、一九三一年の満州事変を契機とする日本帝国主義はワシントン体制を突破して展開され、極東国際政治を激動へ陥れ、それはヨーロッパにおけるファシスト諸国の動きと微妙な連関をもつことによって、世界政治の不安定をいよいよ高めることになった。このいわゆる日本ファシズムもまた、一面においては、世界恐慌下における日本資本主義の苦悶を政治的に象徴するものにほかならない。

第三に、ファシズムの発展それ自体が世界政治を動揺させることになったにせよ、ファシスト諸国を侵略行動へと誘導する外部的要因の存在していたこともまた注目しなければならない。その一つは、ソ連邦をめぐる情勢であった。一九一七年のロシア革命を発端として、世界には資本主義体制と社会主義体制との並存をみることになったが、革命直後に連合諸国が対ソ国際干渉を通して反革命派を援助したことは、ソ連邦に対する資本主義諸国の烈しい敵意をすでに示すものであったが、しかも、ソ連邦の世界革命への企図はソ連邦に対するこれら諸国の憎悪と恐怖とを極度に昂進させることになり、そのことは資本主義諸国をしてファシスト諸国に対してとかく寛容な態度をとらせることになった。資本主義諸国としてはファシズムの標榜する熾烈な反共性のゆえにファシスト諸国をソ連邦に対する資本主義世界の前衛、共産主義に対する防波堤として役だたせようとしたのである。他方、ファシスト諸国の側においても、その対外的膨脹を共産主義勢力の拡大阻止を名目として正当化して、その侵略政策につき資本主義諸国の黙認を獲ち得ることをしきりに試みたのである。ナチ・ドイツの場合については、このことはすでに述べたところからも明かであろう。(56) 日本に関しても、満州事変勃発後、国際連盟が満州へ派遣したリットン(Lytton)調査団はその報告書の中において述べて、日本は北満州における共産主義思想と南満州における国民党の排日宣伝とが提携するにいたるのを危惧し、日本とソ連邦との間に以上の「両者に染まない満洲を介在せしめようという考えを」次第に抱くようになり、しかも、ソ連邦が外蒙古に優越的地位を築きまた中国において共産主義勢力が増大するにいたってからは、日本の不安感は一段と高まるにいたったと述べているが[57]、やがて勃発した満州事変のこのような一面は帝国主義諸国をして日本に対して寛大な態度をとらせた一因であったということができる。さらに、一九三七年に盧溝橋事件が勃発し日中事変となった際、日本政府はその声明において「南京政府は排日抗日を以て国論昂揚と政権強化の具に供し、自国国力の過信と帝国の実力軽視の風潮と相俟ち、更に赤化勢力と苟合《こうごう》して反日侮日愈々甚しく以て帝国に敵対せんとするの気運を醸成せり。近年幾度か惹起せる不祥事件何れも之に因由せざるなし。今次事変の発端も亦此の如き気勢が爆発点を偶々永定河畔に選びたるに過ぎず[58]」と述べ、またその後声明して、国民党政府が「抗日容共政策」を変更しない限りは、日本は同政府の打倒へむかって邁進する旨を宣言し、「征戦」の窮極目標は東亜に「新秩序」を樹立することにあるとし、この新秩序の基本原則の一つとして「日満支」三国による「共同防共の達成」を掲げたのであった[59]。さらにその後、「東亜の天地には〈コミンテルン〉勢力の存在を許すべからざるが故に、日本は日独伊防共協定の精神に則り、日支防共協定の締結を以て日支国交調整上喫緊の要件とするものである。而して支那に現存する実情に鑑みこの防共の目的に対する十分なる保障を挙ぐる為には、同協定継続期間中特定地点に日本軍の防共駐屯を認むること及び内蒙地方を特定防共地域とすべきことを要求するものである[60]」となしたのであった。なお、帝国主義諸国が日本の中国侵略政策に対して寛大な態度をとったことについては、すでに述べたように、アジアにおけるその植民地における民族解放運動への考慮もあったのである。これら諸国としては、日本の中国侵略計画が完全に破綻した場合に、それがひろくアジアの民族解放運動を鼓舞し高揚させることを少からず危惧したのであった[61]。

以上のようにして、第一次世界戦争後の諸国における内政の民主化も、またヴェルサイユ体制下においてある限度において実現をみた民族主義の原則も、一九三九年に端を発する世界政治の破局を防止する力をもつことは遂にできなかった。そのことは、しかし、怪しむべきことではない。ブルジョア・デモクラシーの実現はその国の外交政策を当然に平和的にするとはいい得ない。また民族の解放が国際平和の維持に役だち得る限度については、本来的に大きな期待をかけ得ないのである。なおまた、パリ平和会議において創設された国際連盟も、国際平和機構として成長をとげることができなかった[62][63]。国際連盟規約第一〇条は「連盟国は連盟各国の領土保全及現在の政治的独立を尊重し且外部の侵略に対し之を擁護することを約す」と規定していたが、それによっても、国際連盟が起源的にはヴェルサイユ体制と事実上不可分の関係にあったことは明かである。ヴェルサイユ体制の形における連合諸国の帝国主義の勝利を保障する国際機構としての連盟のこの性格は、その後ドイツの加盟によってうすれることにはなったものの、しかし、国際連盟が他面、資本主義諸国とソ連邦との鋭く対立する世界政治の中において、所詮前者に奉仕するところのものであったことは否定し得ない。そのことは、ソ連邦の連盟加入によってもさして変ることがなかった。一九三九年一一月にフィンランドとソ連邦との間に戦争がひらかれたが、当時ソ連邦としては将来の独ソ戦争に備えてレニングラード(Leningrad)の防衛を強化しようとし、フィンランドに対して領土の一部交換を要求し、これが拒絶されるや、ソ連邦は宣戦したのであった。ところで、この戦争が勃発するとともに、国際連盟はソ連邦をもって侵略国と断定して国際連盟から迅速に除名したのである(同年一二月)。国際連盟は創設以来このときにいたるまでその加盟国を除名したことは、かつてなかった。それにもかかわらず、中国侵略を企てた日本、アビシニア戦争をひらいたイタリアに対してさえも下さなかったこの除名処分を、ソ連邦に対しては迅速に行ったというこの事実こそ、国際連盟の反ソ的性格を端的に立証したものということができるであろう。

市民的政治体制の発展にともない外交において世論の重要性が増大するにいたったことはすでに述べたが、この点との連関において両大戦間の世界政治について次に考案してみたい。まず第一次世界戦争終了直後世界とくにヨーロッパの多くの国の内政は一旦民主化の方向をたどり、「近代ヨーロッパの歴史において、民主主義の原理がかくも完全に、かくもひろく受け入れられたことは未だかつてない」といわしめるにいたった(64)。しかし、それにもかかわらず、外交の民主的統制については、大きな進展は制度的には見出し得ない。第一次世界戦争下において、ウィルソンはその一四ヶ条宣言の中において「公開で作成された公開の平和条約」(open covenants of peace openly arrived to)の締結を主張し、このような平和条約が成立をみた暁にはいかなる種類の国際秘密協定ももはや結ばれてはならないとなし、いわゆる「公開外交」(open diplomacy)を唱導した。そして、それを端緒として戦争末期以来「秘密外交」(secret diplomacy)の廃止ということが諸国の世論においてしきりに唱えられた。これは、この第一次世界戦争への参加が、往々国民大衆の背後で関係国政府間に結ばれた秘密条約または秘密の諒解にもとづくものであったためである。ところで、パリ平和会議において起草された平和条約案は独墺側諸国によって調印されるに先だって公表されたが、そのような措置はこの「公開外交」という建前においてなされたのであった。また、国際連盟規約の中に「連盟国が将来締結すべき一切の条約または国際約定《インターナショナル・エンゲージメント》は直に之を国際連盟事務局に登録し、連盟事務局は成るべく速に之を公表すべし。右条約又は国際約定は前記の登録を了する迄其の拘束力を生ずることなかるべし」(第一八条)と定められたが、これもまた今後の国際政治を「公開外交」の原則の下に置こうとしたものにほかならない。ただし、国際連盟規約のこの条項は諸国によって遵守されず、結局死文化したのであった。なお、イギリスにおいては一九二四年四月第一次マクドナルド(R. MacDonald)内閣(労働・自由両党の連立内閣)は、批准を必要とする一切の条約を今後批准の少くも二一日前に議会に附議することとする旨を声明した。しかし、秘密の中に結ばざるを得ないと考えられた政治的条約は、批准を必要としない旨を条約中に規定するのが通例であったから、この声明も公開外交への大きな寄与とは本来いいがたかった。しかも、この声明さえもその後の内閣によって守られることはなかったのであった。また、ドイツ革命後に制定された一九一九年のドイツ共和国憲法（いわゆる「ワイマール憲法」）は世界の最も民主的な憲法と当時讃えられた。しかし、この憲法も「大統領は国際法上国を代表し、国の名において外国と同盟を結び及びその条約を締結し、使節を信任し及び接受する。宣戦及び条約にして国の立法の範囲に属する事項に関するものは議会の同意を要する」（第四五条）と規定するにとどまった。

外交の民主的統制はデモクラシー理論の当然の要請であるといってよく、かつ諸国内政の民主化は第一次世界戦争後一旦進展をみたにもかかわらず、外交を議会の統制の下に置くことに関しては、以上のように、さしたる進展はみられなかった。それは、外交自体の特殊性にもとづくことが大であると考えられる。外交的措置は絶えず変動する国際情勢に迅速に対応して立案、実行に移されねばならず、また外交上の交渉はその成功のためには秘密裡に進められることを往々必要とする。そこで、外交の基本方針は別として、外交的措置または外交交渉のきわめて具体的な内容を議会に諮って決定することは、一般には甚だ困難といわなければならない。

けれども、他方において、外交に関して世論へ働きかけてその支持を獲得すること、および、世論が外交を牽制することは、第一次世界戦争後は旧来に比して顕著になった。[65][66]このことは、諸国において大衆の政治的比重が一段と増大するにいたったことと関連する。

しかも、同時に注意すべきことは、大衆の政治意識の上昇してくるにともなって、政治的支配層による自国および他国の世論操作もまたおのずから巧妙を加えることになった。そして、新聞のほかに映画・ラジオがそのための重要な手段として用いられることになった。また、政府の宣伝機関のごときも、国内に設けられるだけでなく、在外公館に附置された情報部もその国の世論に働きかけて、それを自国に有利な方向へ動かすことを重要な任務とするようになったのである。なお、この両大戦間の時期におけるとくに注目すべき現象としては、ソ連邦がその成立後コミンテルンおよび諸国共産党を通して諸国の世論、とくに労働者・農民階級へ強力に働きかけるにいたったことを挙げなければならない。その限りにおいては、マルクスが共産主義宣言において要請し、第一および第二インターナショナルの形で実践に移されたプロレタリア階級の国際的団結の試みは共産主義の観点において推進されることになったのである。この意味において、ロシア革命以来の資本主義体制と社会主義体制との対立は単にソ連邦と資本主義諸国との対立をもって停止せずに、諸国の労働者・農民階級が国境を越えて連帯して動く契機がここにつくり出され、それは国際政治を規定する無視し得ない一要素となることになった。

第六章　世界政治の現段階

第二次世界戦争は、イタリアについては、一九四三年七月のクーデタによるムッソリーニの失脚、九月のバドリオ(P. Badoglio)内閣による降伏条件受諾、一九四五年四月のムッソリーニの死、それにともなう彼のイタリア社会共和国の没落をもってその幕を閉じた。ドイツについては、一九四五年五月におけるベルリン陥落、つづくデーニッツ(K. Dönitz)を首班とする臨時政府の無条件降伏申入れによって終焉をみた。極東においては、日本は真珠湾奇襲以来東南アジアにわたっての広汎な攻勢を勝利の中に展開した後、一九四二年六月のミッドウェイ(Midway)海戦における敗北、八月におけるガダルカナル(Guadalcanal)島撤退を転機として戦況は逐次日本側に不利に転じ、アメリカ軍は一九四四年六月にサイパン(Saipan)島へ進攻、一〇月にはレイテ(Leyte)島に上陸してフィリピン群島奪還に移り、翌四五年二月硫黄島へ上陸、四月には沖縄本島へ進攻して六月同島を完全に占領、日本本土へ迫るにいたった。そのような中で同年七月から八月にかけて英米ソ三国によってポツダム(Potsdam)会議がひらかれた。アメリカはかねてから対日戦争を勝利の中に迅速かつ最小の犠牲において終結させる上からソ連邦の対日参戦を熱心に希望してきたが、すでに一九四三年のテヘラン(Teheran)会議においてスターリンは対独戦争終了後でき得るかぎり速かに対日戦争に参加することを約束した。その後ヤルタ(Yalta)会議(一九四五年二月)に際しては米英両国はソ連邦に対して蒙古人民共和国の維持、日露戦争によりロシアの喪失した権益の回収、千島列島のソ連邦への割譲を承認し、これらを代償として、ここにソ連邦はドイツが降服し、かつヨーロッパにおける戦争が終結をみた後二ヶ月ないし三ヶ月以内に対日参戦をなすことを約束したのであった。その後、同年四月ソ連邦は、日本がドイツの対ソ戦争を援助し、かつソ連邦の同盟国たるイギリス・アメリカと戦争を交えるにいたっていることを理由として、日ソ中立条約の廃棄を日本へ通告した。しかし、ポツダム会議においてはスターリンは八月後半期に入るまでは対日戦争の準備は整わない旨を述べたのであった。けれども、同会議終了後間もなく、ソ連邦は日本の降服が甚だしく切迫したのを察知し、急遽対日宣戦を行うにいたった(八月九日)。そして、それより僅か数日後、日本はポツダム会議において議定された降服条件を受諾、極東における戦争もここにその幕を閉ざすことになった。

さて、このような経過をたどった第二次世界戦争について以下にその性格を考えてみたい。まず、この戦争における最も重要な戦場はヨーロッパであり、ヨーロッパにおける戦局が全戦争の帰趨を決定したといってよい。この点は、第一次世界戦争の場合と同様である。また、アメリカがヨーロッパにおいて戦争を交えるにいたった国家ブロックの一方の勝利をもって自国の安全《セキュリティ》を危うくするものとみて、他方を支持する方針をとり、しかも遂に参戦してヨーロッパの事態へ介入するにいたった点も前回の大戦の場合と同じである。日本の真珠湾奇襲がアメリカ参戦の機会になったにしても、アメリカはすでにそれ以前に実態的にはイギリス側へ決定的に加担するにいたっていたのであった。

しかし、第二次世界戦争はヨーロッパにおける国際的対立を端緒として爆発しながらも、それが世界的規模の戦争へと発展・拡大するにいたったのについては、その根柢には一つには極東における日本と英米両国との尖鋭な帝国主義的対立が存在していたのであった。その点において、第一次世界戦争の場合に戦争の地域的拡大が大体においてはヨーロッパにおける国際的対立へ収斂されつつ行われたのと趣を異にするといってよい(1)。そして、このような相違は国際政治における重心点の多元化の進展によるものにほかならない。

次に、この戦争にアメリカが関与した程度、その荷った役割は、第一次世界戦争の場合に比してはるかに大であった。そのことは、アメリカが動員した兵力および工業生産力の規模の上からいい得るばかりではない。アメリカの軍事力および経済的援助が一九四五年における連合国側の勝利をもたらす上になした貢献は正に巨大かつ決定的であった。この点において、一九四四年六月における北フランス上陸作戦がアメリカの将軍アイゼンハワー(D. D. Eisenhower)の指揮の下に敢行されたこと、日本の降服措置がアメリカ軍人である連合軍最高司令官マッカーサー(D. MacArthur)に対してなされたことは、きわめて象徴的であるといってよい。

第二次世界戦争はさらに、第一次のそれに比して全体戦争としての性格をはるかに高度にそなえたものであった。交戦諸国は第一次世界戦争以後さらに発展をとげたところの工業生産力を戦争遂行のために強力に動員することを試みたばかりではない。敵国軍事力の基礎をなす工業生産力を破壊することを企てた。そして、第一次世界戦争の際には未だ大して用いられなかった航空機はその後飛躍的改良が重ねられた結果、第二次世界戦争は大規模な空爆戦をともなうものになったが、その場合空爆の重要目標の一つは敵国の工業生産力を破壊してその戦争遂行を困難に陥れることに置かれたのであった。ところで、いよいよ徹底的となった「産業動員」は国民の経済生活を逼迫させることになったとともに、武器の破壊的性能のすさまじい増大、ことに空爆は一般市民の生命・財産を大規模に破壊することになった。戦争がこのようにして一般国民に巨大な犠牲を強要するものになったことは、大衆の意識水準の上昇と相まって、政治的支配層をして世論操作にいよいよその力を集中させることになった。第二次世界戦争は、かくて第一次のそれに比して心理戦争(psychological warfare)としての面を高度に帯びたるものになったのである(2)。ドイツにおいては、ナチ革命後すでに教化宣伝省(Reichsministerium für Volksaufklärung und Propaganda)が設置されたが、その主管者ゲッベルス(J. Goebbels)は戦争下においてラジオ・映画・演劇・新聞・出版等のマス・コミュニケーションの手段を駆使し正に徹底的に世論操作を行った。ドイツ官民がベルリンの陥落まで焦土抗戦の方針を遂に堅持したのも、一つには彼によるこの世論操作の成功を物語るものにほかならない[3]。また、イギリスにおいて開戦直前に設置された情報省(Ministry of Information)、アメリカの戦争情報局(Office of War Information)も、戦時宣伝活動の上において注目すべき役割を荷ったのであった。なお、第一次世界戦争の場合と同様に、世論操作はひとり国内の世論のみではなく、敵国ならびに中立国のそれをも対象として行われた。たとえば、ドイツはスターリングラードの敗戦後は、連合国側を分裂させることなくしてはドイツの敗北は不可避であると考え、英米両国をソ連邦から離間させる目的の下に熾烈な対英米宣伝を展開し、ドイツの敗北は共産主義のヨーロッパに氾濫するのを阻止してきた巨大な防波堤の崩壊を意味する、ドイツが壊滅した暁にはソ連邦の軍事力はヨーロッパ最大のものとなり、ヨーロッパ資本主義の運命は予測を許さないであろうと称して、英米の世論を動かそうと試みた。またたとえば、日本は太平洋戦争下において西洋帝国主義諸国の植民地または支配地域へ侵入して行くにあたって、日本の使命はアジアを白人種の搾取から解放することにあると宣伝して、原住民の支持を獲得しようと試みた[4]。これらは、顕著な例といってよい。なお、第二次世界戦争下の宣伝においては、ラジオが有力な手段として用いられた。S・K・パドヴァーは諸国によってなされた敵国向けラジオ放送について述べて、アメリカの放送はドイツ人にとっては、あまりに昂奮しておりまたあまりに饒舌であり、「自由」とか「デモクラシー」とかいうようなことを仰々しくいいすぎるという印象を与えた。ドイツ人は長年にわたるナチの煽情主義と欺瞞とに倦み疲れていたので、彼らとしては具体的な事実、冷静な調子で述べられる主張を聴きたがっていた。その点で効果的であったのは、イギリスの対独放送であった。イギリス流の控え目な調子で述べられるBBC(British Broadcasting Corporation[「イギリス放送協会」の略)放送はドイツに多くの聴取者を獲得し、諸国の対独放送の中では最大の影響力をもった。また、モスクワ放送は往々ドイツ人に、粗雑でかつ露骨な宣伝調を帯びており、あまりに客観的真実を無視したものであるという印象を与えたとなしている。(5)

第二次世界戦争はまた、ファシスト諸国と、英米を中心とする資本主義諸国ならびにソ連邦との間の戦争であった。しかし、イギリス・アメリカ両国とソ連邦とは同一陣営に属しながらも、きわめて微妙な交渉を保ちつづけたのであった。それは、いうまでもなく一九一七年のロシア革命以来ソ連邦と資本主義諸国との間を常に支配してきた尖鋭な対立関係の持続を意味するものにほかならない。この点については、なお後にふれることとしたい。それにしても、第二次世界戦争がもった以上のような面は、第一次世界戦争との比較においてその重要な特色の一つをなすものといわねばならない。

さて、第二次世界戦争下において、一九四三年一〇月モスクワにイギリス・アメリカ・

ソヴェトの三国の外相会議がひらかれた機会に、右三国に中国を加えた四ヶ国は「一般的安全保障に関する四国宣言」(Four-Nation Declaration on General Security)を発表し、これら諸国は「その各自の敵国に対する戦争遂行のために誓った協力は、平和および安全保障の組織化と維持とのために今後にわたり継続されるであろう」と宣言し、またこれら諸国は「国際の平和と安全とのために、すべての平和愛好諸国の主権平等の原則を基礎とし、すべてのそれら諸国が国の大小をとわず参加し得るごとき世界的国際組織をでき得る限り速かに樹立する必要を認め」、「戦争終了後はこの宣言に掲げられた目的のため、かつその協議による以外には他国の領土に対してその武力を行使しない」ことを宣言した。また、同年一一―一二月のテヘラン会議において、イギリス・アメリカ・ソヴェトの三国は「戦時および平和時における協力に関する宣言」(Declaration on Cooperation in War and Peace)を発表し、三国は戦時ならびに将来の平和時においても協力をつづける「決意」を表明したのであった。さらに、一九四五年二月のヤルタ会議において、同じ三国はコミュニケを公にし、その中において「人類の最高の希望である確乎たる、かつ永続的な平和は、われわれ三国間およびすべての平和愛好的諸国間に引きつづきますます協力が行われ、かつ理解がとげられることによってのみ成就し得る」旨が宣言せられた。しかも、この間において、一九四三年の前述の四国宣言にいう新しい「世界的国際組織」への構想は、ダンバートン・オークス(Dumberton Oaks)会議(一九四四年一〇月)およびヤルタ会議(一九四五年二月)を経て次第に具体化の過程をとり、一九四五年四―六月にイギリス・フランス・ソ連邦・中国の四国の招請によりドイツまたは日本と戦争状態にある五〇ヶ国参加の下にサンフランシスコ会議がひらかれ、国際連合憲章(Charter of the United Nations)が議定されるにいたった。そして、創設されることになったこの国際連合が将来国際平和機構として機能するにおいて最も重要な役割を荷うものとして安全保障理事会(Security Council)が設けられたが[6]、イギリス・アメリカ・フランス・ソ連邦・中国がその常任理事国と定められた(国際連合憲章第二三条第一項)。なお、同理事会の決定は原則として常任理事国の全部を含む七理事国の賛成投票によって成立する(同第二七条第二項および第三項)ことと規定された。そこで、国際連合の成立経過および以上の諸規定からもうかがわれるように、国際連合による戦後の国際平和維持はイギリス・アメリカ・ソ連邦三国の協力をとくに不可欠の基本的前提としたのであった。

けれども、英米両国とソ連邦とはファシスト諸国の打倒を目指す戦争を共同に遂行しながらも、また以上のように戦時および戦後における協力をくり返して約束しながらも、すでに戦争下において早くも重大な見解の不一致を来し、また互に他方に対して不信・疑惑を抱きがちであった。しかし、一九一七年のロシア革命以後第二次世界戦争の勃発にいたる期間においてこれら諸国の関係が敵意を秘めた複雑・微妙なものであったことを考えるならば、それはむしろ怪しむに足りないであろう。

まず第一に、戦争下において両者は互に他がドイツとの間に単独講和を結ぶことを少からず惧れつづけた。英米側としては、ソ連邦が「第二の独ソ協定」を成立させることを絶えず恐怖した。そのような懸念は、ソ連軍が東部戦線においてドイツ軍のために甚大な損害をこうむりつづけていた一九四二—四三年において最も高まったのであった。他方ソ連邦は、第二次世界戦争前にいたるファシスト諸国に対するイギリスの既述のような態度とアメリカ内における有力な反ソ派の存在とから推して、またドイツにおける反ヒットラー派がヒットラーの支配を打倒した上で英米側と妥協しようとして極秘裡に動いている事実に鑑みて、英米側が反ヒットラー派の策謀成功後にドイツと単独講和を締結し、ひとりソ連邦をしてドイツと戦争を続行させる地位に置くことを絶えず惧れたのであった。

さらに、戦争下のイギリス・アメリカ・ソヴェト三国間においてきわめて重大かつ微妙な案件となったものに、第二戦線の設定をめぐる問題があった。第二戦線の実現は、一九四二年にとくにアメリカ側によって熱心にとり上げられた。当時はイギリスの軍事力は強力とはいい得ず、ドイツ空軍の爆撃を浴びながらドイツの英本土上陸作戦に備えねばならない地位にあった。従って、一九四一年以来の独ソ戦争はそのようなイギリスにとって息つくひま《ブリージング・スペース》を与えていたのであった。しかし、当時アメリカとしてはきわめて近い将来にソ連邦がドイツ軍のために撃破されることを予想しており、そこで、ドイツ軍がソ連軍を撃破した後に東部戦線へ動員したその厖大な兵力を西方へ移動させて英本土上陸作戦を決行することを惧れたのである。そこで、そのような事態の生ずるに先だって、米英軍を大陸へ進攻させて第二戦線を設定し、それによって、当面はドイツ軍を牽制して独ソ戦争を長引かせると同時に、ソ連軍壊滅の暁におけるドイツの対英作戦に備えた戦略的拠点をあらかじめ確保すべきであるとなしたのである。ローズヴェルトはこのような意図の下にチャーチルの同意を得て、ソ連邦に対し一九四二年の中にヨーロッパに第二戦線を作ることを約束したのであった(六月)。しかし、その際に構想されていた北フランス上陸作戦に対して、その後チャーチルはこれを犠牲と危険とにみちたものとしてあくまで反対し、ローズヴェルトの約束はかくして遂に実現をみるにいたらなかった。この約束不履行は、英米側の態度についてソ連邦に強い不満と疑惑とを抱かせることになった。ところで、翌一九四三年二月のソ連軍のスターリングラードにおける勝利、それにつづく同年夏のソ連軍最初の夏季攻勢とともに、英米側が予想してきた東部戦線崩壊の危険は解消することになった。それとともに、アメリカは第二戦線の設定をもはや急がなくなったのである。しかも、チャーチルはその後も北フランス上陸作戦には反対しつづけた。英米軍は一九四二年一一月に北アフリカへ上陸、さらに翌年七月にはシチリア島へ進攻してイタリア半島を北上することになったが、しかし、これらは、戦局の決定を促進しまたソ連邦の戦争遂行の負担を軽減するという点においては、ソ連邦の期待する第二戦線では到底あり得なかった。ソ連軍は当時東部戦線において反攻を展開していたが、しかし、その払いつつある犠牲は実に厖大に上りつつあった。そこで、一九四三年一一月から翌年一月にわたってひらかれたテヘラン会議において、スターリンは英米側に対して真の第二戦線を迅速に設定することを烈しく督促するにいたり、結局一九四四年五月を期して北フランス上陸作戦を行うことが決定をみ、六月にはそれは遂に実現をみた。第二戦線問題は、このときにいたるまで久しきにわたって英米ソ三国間の長い間の懸案であったばかりではない。その間ソ連邦はこの問題に対する英米両国の態度を非協力的であるとし、少からぬ不満と疑惑とを抱いたのであった。

イギリス・アメリカ・ソヴェト三国の間には戦争遂行の問題をめぐって、以上のように微妙な空気が漂いがちであったばかりではない。戦後処理の問題に関しても重大な見解の不一致が露呈する有様であった。その最も顕著なものは、ポーランドおよびバルカン半島に関してであった。ソ連邦は早くから独ソ戦争前夜の西部国境を将来にわたって決定的なものにして、自国の安全《セキュリティ》を確保しようと欲し、イギリスに対して一度ならずその趣旨の申入れを行った。しかし、ローズヴェルトは、一九四一年八月チャーチルと共同に声明した「大西洋憲章」(Atlantic Charter)の中において宣言した戦後構想(7)を将来具体化するについて予め拘束をうけることを欲せず、イギリスをしてソ連邦のこの申入れに諒解を与えることを差し控えさせた。しかし、そのような中で独ソ戦争の戦況がソ連邦にとって次第に好転するにいたったとき、ソ連邦は、たとえイギリス・アメリカ両国の諒解が得られずとも、その将来の安全《セキュリティ》のため必要と考えるところをソ連軍の力をもって事実上実現しようと考えるにいたった。ついで、一九四三年一一月から翌四四年一月にかけて開かれたテヘラン会議において、チャーチルはスターリンと交渉して、ソ連邦とポーランドとの国境をカーゾン線(8)とし、ポーランドは代償としてその西部国境を戦前に比し西へ移動させてオーデル(Oder)、ナイセ(Neiße)河に置くことにつき両人の間に諒解を成立させた。当時チャーチルとしてはソ連邦がこの戦争を機会にその勢力を東ヨーロッパへ拡大するのを、このような諒解を結ぶことにより抑制しようとしたのであった。ただし、アメリカは当時においても、このチャーチル・スターリン間の諒解に対して明確な同意を与えようとはしなかった。しかし、一九四五年二月にヤルタ会議の開かれる頃には、ソ連軍はすでにポーランド地方へ進出して同地方からドイツ軍を撃退するにいたっていた。そこで同会議はこのような事態を前にして審議した後、ポーランド東部国境をカーゾン線とし、ポーランドにはその代償を北方および西方において与えることにし、西部国境線の具体的決定は将来の平和会議にまつこととした。ところで、当時ポーランドに関しては二つの臨時政府が存在していた。その一つはソ連邦の援助の下にポーランドに樹立されたもので、それは最初ルブリン(Lublin)に設立されたのでルブリン政権と通称され、親ソ的分子から構成されていた。第二のものはドイツ・ポーランド戦争下においてロンドンへ亡命した当時のポーランド政府要人から成り、反ソ的かつ保守的性格をもちロンドン政権と一般に呼ばれていた。ヤルタ会議はこのような実状についても審議した末、ポーランドにおける臨時政府(ルブリン政権)をひろく民主的基礎に立ったものに改組させる申合せが成立をみた。なお、ソ連邦は自国の安全《セキュリティ》の上から、将来のポーランド政府を戦前のそれとは異って親ソ的なものにすることが絶対に必要であると終始考えていたのである。そして、一九四五年六月に以上二つの政府の統合が実現をみたが、統一政府は共産主義者が優越的地位を占めた政権として成立した。このような新政府の下においてポーランドはソ連邦の衛星国となり、一九五〇年六月ソ連邦の衛星国の一つであるドイツ民主共和国は、ポーランド西部国境をオーデル、ナイセ河とすることを承認した。事態の以上のような推移は、とくにアメリカを甚だしく不満ならしめ、ソ連邦に対する反情をいよいよ烈しくするにいたった。

独ソ戦争初期においては、英米側は前述べたごとくソ連軍が壊滅することを予期していたのに対して、その後ソ連軍はドイツ軍の攻撃を支えたのち烈しい反撃に移行するにいたった。そのようになったとき、英米側はここに転じて、ソ連邦の勢力がその勝利を通じてヨーロッパへ拡大して行くことを次第に烈しく恐怖するにいたった。そのような中で、チャーチルはポーランド国境についてソ連邦との間に既述のような諒解を成立させることを試みたが、彼はまたソ連軍がドイツ軍を追撃してバルカン半島へ入り込み、これを契機としてバルカン半島がソ連邦の勢力下に入ることを甚だしく惧れた。そこで一九四四年五月に、西進するソ連軍が同半島へ次第に接近しつつある中で、チャーチルはモスクワにおいてスターリンと会談し、ソ連邦に隣接するルーマニアをソ連邦の勢力範囲とし、その代りにギリシアに関してはイギリスが発言権を保有するという案を提出した。彼はそれによって、イギリスのヨーロッパ外への交通路にあたる東部地中海に接したギリシアをソ連邦の勢力圏外に置こうとしたのであった。スターリンはこの提案に対して好意的態度を示したが、ローズヴェルトは純軍事的目的にもとづいた暫定協定としてこれを認めたにとどまった。しかも、そのような中でソ連軍のバルカン作戦は急進展を示しつづけ、やがてルーマニアおよびブルガリアを占領、さらにハンガリーの首府ブダペストへ肉迫するにいたったが、正にそのような事態を前にして、同四四年一〇月チャーチルはまたもモスクワへ赴いて、スターリンと商議し、ルーマニア・ブルガリアおよびハンガリーに対するソ連邦の優越的地位を承認し、代償として、イギリスがギリシアに関して同様の地位をもつことをソ連邦に承認させたのである。アメリカは、しかし、この場合も局外の地位に立ったのであった。そして、その後ヤルタ会議(一九四五年)において、イギリス・アメリカ・ソヴェト三国はナチ・ドイツの支配から解放された諸国および枢軸側衛星国であった諸国に「民主的」な政府が樹立されねばならないことを宣言したのであった。しかし、イギリスがやがてソ連邦との間の諒解を基礎にギリシアの内乱に武力干渉を試みて親英政権の樹立を助けたのに対し、ソ連邦もまた同じ諒解を背景として以上諸国の内政へ介入して、それら諸国はソ連邦の衛星国へ改編されることになった。しかも、ソ連邦の勢力がこのようにひろくバルカン半島へのびるにいたったとき、そのことはとくにアメリカの対ソ反感をますます昂進させることになった。

以上のようにして、戦争下においてイギリス・アメリカ・ソヴェト三国の関係はすでに微妙で甚だ安定性を欠いていたのであり、ことに戦争末期にソ連邦の勢力が東ヨーロッパおよびバルカン半島へひろく拡大するにいたったことは、上に述べたように、とくにアメリカの対ソ関係を悪化させることになった。しかも、そのような中で、一九四五年四月にはこの三国の協力関係の維持に力を注いできたローズヴェルトは歿した。ソ連邦政府当局者は、すでにこれより先、ドイツの敗戦がもはや時期の問題とみられるようになってからは、「ソ連邦に対するアメリカの態度は際立って冷かとなり、アメリカはもはやロシアに用はないといっているかのごとくである」という印象を抱くにいたっていたが[9]、ローズヴェルトの死の翌月にはこの対独戦争も遂に終結をみた。しかも、さらに、アメリカは対日戦争において八月広島および長崎に原子爆弾を投下し、これによって、アメリカは今や未曾有の凄じい破壊力をもった新兵器をその掌中に独占的に掌握していることが明かになったのである。以上これらの諸事情を背景として、新大統領トルーマン(H. Truman)下のアメリカの対ソ外交政策は、ここにきわめて高圧的なものに転ずるにいたった。

さて、戦争終了後ヨーロッパにおいては、この巨大な戦争の直接・間接の結果として西ヨーロッパ諸国の資本主義の基礎は脆弱化し、そのような中で大衆の窮迫を背景としてそれらの諸国においては共産党の勢力は格段に増大するにいたった。またヨーロッパ外についてみるならば、第二次世界戦争はこれまで長く帝国主義諸国の植民地または半植民地であった世界の諸地域に烈しい民族解放運動を発展させることになった。それは、一つにはこれら帝国主義諸国が戦争を経ることによって疲弊し、その旧来の支配力を維持しがたくなったのによる。ところで、これらの諸地域においては、少数のきわめて富裕な地主・ブルジョアの下に厖大な貧困大衆が隷属し、帝国主義国家はこれらの地主・ブルジョアを籠絡してこれをその帝国主義的支配の支柱として役だててきたのであった。そこで、これらの地域において民族解放運動が大衆的基礎において発展するにいたったとき、その運動は帝国主義国家にむけられると同時に、当然に反地主・反ブルジョア的性格を帯びることになった。そこで、これらの民族解放運動は、共産主義運動と微妙に交錯・結合し、そのような形を通して、これら多くの地域において共産主義の勢力は増大するにいたった。

戦争終了後、ヨーロッパにおいてまたひろく世界において、共産主義の勢力が以上のように拡大するにいたったとき、すでに戦争下において不安定な様相を呈していた米英両国とソ連邦との関係、とくに米ソ関係は、急速に緊張を増大することになった。一九四六年三月、チャーチルがフルトン(Fulton)において演説して、「バルチック海のシュテッティン(Stettin)からアドリア海のトリエステ(Trieste)まで、大陸を横ぎって鉄のカーテンが下りた」。ヨーロッパの東部諸国では全国民の少数者にすぎない共産党が、権力を掌握して全体主義的支配を打ち樹てようと試みている。このような事態は、しかし、われわれが戦争を通して実現しようとしたヨーロッパの解放ということに明かに反するものであり、永久平和を全うするものではないといい、イギリスとアメリカとがその道義・物質両面における力と確信とを一にして堅く団結するならば、未来の大道はわれわれの将来にわたってひらかれるであろうと述べた。ついで、この演説に対して、スターリンは『プラウダ』(Pravda)記者との会見において、チャーチルを「戦争屋」と痛罵し、ヒットラーとその一派とが人種理論を唱えて戦争をひらいたのと酷似して、チャーチルは今や全世界の運命を決定するものは英語国民であるとなし、人種理論を掲げて戦争準備をなすにいたったと攻撃し、もしもチャーチルとその一派とが東ヨーロッパに対して新しい軍事的遠征を試みるならば、彼らは二六年前と同様に必ず敗北を喫するであろうと応酬した。こうして戦争終了後一年も経ぬ中に、この応酬を通じて「冷たい戦争」(Cold War)がここに公然とひらかれることになった。

ついで、翌一九四七年二月、イギリスは戦後財政の逼迫により、共産主義革命を阻止する目的の下に行ってきたそのギリシア駐兵をつづけ得なくなり、また同様の目的でなしてきたギリシアおよびトルコへの経済的援助を打ち切らざるを得なくなった。この事態に対して、アメリカはイギリスに代ってギリシアへ兵力を進駐させるとともに、三月にトルーマンは議会に対する教書において、アメリカの政策は武装した少数者または外からの圧迫によって隷従の運命に陥ろうとしている自由なる諸国民に援助を与えることにあると述べ、その建前においてギリシア・トルコ両国への経済的援助を要請した。トルーマン・ドクトリン(Truman Doctrine)がこれである。ついで議会は大統領のこの要請に応じた立法を行ったが、その後六月にはマーシャル(G. C. Marshall)国務長官は演説して、アメリカは世界の経済的復興を助けて、自由主義的諸制度《フリー・インスティテューションズ》が存立し得るための政治的・社会的諸条件が世界に作り出されねばならない、ヨーロッパ諸国がヨーロッパの経済的自立のための計画を立てるならばアメリカはこれをでき得る限り援助する用意があると述べた。彼のこの提唱は、ついでいわゆるマーシャル・プランの名の下に西ヨーロッパ諸国に関して実現をみたのである。アメリカは、このマーシャル・プランによって戦後ヨーロッパ経済が資本主義方式において再建されるのを援助し、それによって、共産主義勢力を抑えるとともに、アメリカ資本主義の市場をヨーロッパにおいて拡大しようとするにいたった。

　このマーシャル・プランに対しては、他方ソ連邦および諸国共産党は、これをもって、アメリカ帝国主義がヨーロッパに対する経済的・政治的支配を樹立し、ソ連邦を包囲して将来の対ソ戦争を用意しようとするものであると攻撃し、ついでソ連邦は対抗的措置として同年一〇月に共産党情報局(Communist Information Bureau)(略してコミンフォルム[Cominform]という)をベオグラードに設立した。それへは、ソ連邦、ポーランド、ユーゴスラヴィア、ブルガリア、ルーマニア、ハンガリー、チェコスロヴァキア、イタリア、フランスの諸国の共産党が参加したが、このコミンフォルムの目的はこれら諸国共産党が相互に情報を交換し、また必要に応じてその行動の調整をはかることにあった。アメリカが以上のようにヨーロッパへ介入し、自ら中心となって西ヨーロッパ諸国を助けて共産主義勢力と対抗しようとするにいたったとき、ソ連邦としては、諸国共産党の提携・協力を強化してこれと抗争することになったのである。なお、第二次世界戦争下の一九四三年五月にソ連邦はコミンテルン解散を発表し、右はファシスト諸国打倒のために戦う諸国政府の戦争遂行に寄与しようとしてとられた措置であると声明したが、コミンフォルムは、かつてのこのコミンテルンの部分的復活を意味するものと一般に考えられた。

米ソ両国を中心とした国際的対立が激化するにともなって、ヨーロッパはこのようにいわゆる西欧ブロックとソ連ブロックとに分裂して行くことになったが、そのような中で一九四八年二月チェコスロヴァキアにおいては、共産党が自らを中核とした内閣を組織することに成功し、つづいて、この新内閣下においてチェコスロヴァキアはソ連ブロックに入ることになった。他方、その翌月ソ連邦共産党はチトー(J. B. Tito)以下のユーゴスラヴィアの共産党首脳部の批判を行い、六月にはコミンフォルムはチトー政権の政策がマルクス・レーニン主義から逸脱し、かつ反ソ的方向をとりつつあるとの理由でユーゴスラヴィアをコミンフォルムから除名した。その結果ソ連ブロックとの間のすべての紐帯を切断されたユーゴスラヴィアは、その後西欧ブロックへ次第に接近することになった。

チェコスロヴァキアがソ連邦の衛星国となり、ソ連邦の勢力が一段と進展するにいたったことは、英米側に大きな衝撃を与えた。しかも、このようにしてますます高まることになった米ソ両国を中心とした国際的緊張をさらに一段と激化させるにいたったのは、同年七月以来のベルリン封鎖であった。ソ連邦が西欧側をしてその管理下の西ベルリンを放棄させようとして行うにいたったこのベルリン封鎖は、一旦は第三次世界戦争の切迫を噂させる有様であった。

急速に尖鋭化する米ソ両国を中心とした国際的対立は、戦後世界政治の上にさまざまな異常な事態を派生させることになった。その一つは、いわゆるドイツ問題であった。ドイツは終戦以来英米側とソ連邦とによって分割して占領されてきたのであったが、このドイツを統一して講和条約を結ぶ見込が立ち得ず、一九四九年五月にはアメリカ、イギリス、フランス三国はその占領下の西ドイツ地方を版図とするドイツ連邦共和国を創設するにいたり、ついで、ソ連邦もこれに対抗してまたその占領下の東ドイツ地方をドイツ民主共和国の名の下に一つの国家に改編したのである。ドイツは遂にこうして分裂した状態において西欧ブロックとソ連ブロックとへ編入されることになった。ドイツの場合と同様の民族的悲劇はまた、極東においては朝鮮に関して生じた。イギリス・アメリカおよび中国は、カイロ(Cairo)会議(一九四三年一一月)において戦後朝鮮を独立させることを宣言し、この決定はその後ポツダム会議において確認された。一九四五年にいよいよ日本が降服した後、朝鮮は三八度線を境としてその以北をソ連軍が、その以南をアメリカ軍が一旦占領したが、その後米ソ両国の間には統一政府の組織に関して意見の一致をみず、その結果一九四八年にいたり南朝鮮には親米・保守政権の下に大韓民国が、北朝鮮には共産党が優越的地位を占めた政権の下に朝鮮民主主義人民共和国が創設され、朝鮮もまた分裂の状態に置かれることになった。なおまた、日本がその降服後アメリカ軍の占領下に置かれた後、一九五一年九月西欧ブロックに属する諸国の多数との間にサンフランシスコ講和条約を結ぶにいたったのも、ある限度においては、米ソ両国を中心とした国際的対立の所産にほかならない。

他方、第二次世界戦争を契機としてヨーロッパ外の世界の諸地域に民族解放運動が烈しく高揚するにいたり、それは前述べたように往々その地域の共産主義運動と交錯・結合して発展することになったが、その場合これらの運動は米ソ両国を中心とした国際的対立の上へ当然に大きな波動を及ぼして、その対立の激化を助けることになった。戦後の中国の事態のごときは、その一例ということができる。一九四五年八月における日本の降服後、中国においては国民党政府と中国共産党とのかねてからの相剋は急激に発展して、遂に全国的規模の内乱が展開されることになったが、この事態を前にやがてアメリカは前者に対し、ソ連邦は後者に対して強力な援助を提供することになった。このような中で戦況は共産党側に有利に進展し、共産軍は一九四九年一月には北京、四月には南京へ入城、一〇月には中華人民共和国の成立が宣言され、ついで、中国共産党は全国的支配を樹立し、国民党政府は台湾へ移動して単なる地方政権に転落するにいたった。しかも、一九五〇年二月にはこの中華人民共和国とソヴェト連邦との間に友好同盟条約の締結をみたのである。

中国において、共産党がその政治的支配を打ち樹てたことは、いうまでもなく極東国際政治における巨大な革命的変化を意味するものであり、この事態は当然に米ソ関係へ反映して、アメリカをして極東における共産主義の動向をいよいよ警戒させることになった。しかも、正にそのような中で一九五〇年六月南北両朝鮮軍の衝突が開始された。アメリカはこれをみるや、国際連合安全保障理事会を操作してこの戦争を北朝鮮側の侵略行動にもとづくものとして制裁実施を決議させ、アメリカ軍を中心に編成された国連軍を朝鮮へ出動させて、南朝鮮側に対して強力な軍事的援助を与えるにいたった。しかも、ついで中華人民共和国政府は厖大な兵力を送って北朝鮮側を助け、戦争はこのような中で長期戦の様相を濃厚にするにいたったが、一九五三年七月にいたり休戦が成立して、事態は一応収拾された。その後同年一〇月にアメリカは大韓民国との間に相互防衛条約を締結し、将来における共産主義勢力の南朝鮮支配を阻止する決意を改めて明かにしたのである。

朝鮮戦争が一応の段落に到達した後、インドシナにおける民族解放運動の進展は、米ソ関係をまた新たに烈しく緊張させることになった。インドシナにおいては一九四六年以来共産主義者ホー・チ・ミン(Ho Chi Minh)を大統領とするヴェトナム民主共和国とフランスとの間に戦争が交えられてきたが、ホー・チ・ミン側は一九五〇年以来中華人民共和国政府の軍事的援助の下に在来のゲリラ戦を本格的戦闘へと発展させ、その熾烈な攻勢の前にフランス軍はしきりに後退を重ねる有様となった。アメリカはかねてから対仏軍事援助を逐次強化するにいたっていたが、この援助も戦況がフランスにいよいよ不利にむかうのを阻止し得なかった。しかも、東南アジアにおいてインドシナが占める戦略的重要性のゆえに、この戦争が米ソ両国の直接的武力衝突へと拡大・発展する可能性も予想せられ、インドシナの戦況はかくて世界の注目を集めるにいたった。しかし、一九五四年七月イギリス・アメリカ・フランス・ソ連邦・中華人民共和国・ヴェトナム民主共和国・インドシナ三国の諸国の参加したジュネーヴ会議において休戦が成立、事態は暫定的に収拾された。

さて、以上に述べてきたように、戦後米ソ両国を中心とする国際的対立が世界的規模において急速に激化し、その間において第三次世界戦争の危機をさえ孕む有様になったが、それにともなって、西欧、ソ連両ブロックはそれぞれ防衛体制を発展させることになった。ソ連邦はヨーロッパにおけるその衛星諸国との間に相互的軍事援助条約を締結して緊密な結束をつくり出し、またコミンフォルムを設置し、さらに極東においては中華人民共和国との間に前述のように友好同盟条約を締結したが、他方西欧ブロックの側においては、一九四八年三月イギリス・フランス・ベルギー・オランダ・ルクセンブルクの五ヶ国はブリュッセル条約を結んで五〇年を期限とする同盟を組織した。この条約は、ソ連邦を対象としたところの戦後最初の同盟条約であった。(10) アメリカはこの同盟に対してそれを積極的に支持する旨を明かにしたが、しかし、以上の五ヶ国はアメリカをも加えた一層広汎な防衛体制の構築を望んでいた。そして、翌一九四九年四月にはアメリカの主唱の下に以上五ヶ国の他にアメリカ・イタリア・ポルトガル・デンマーク・アイスランド・ノルウェーおよびカナダの諸国の参加した北大西洋条約(North Atlantic Treaty)がワシントンにおいて調印せられたのである。(11) なお、その後ギリシアおよびトルコもこれに参加するにいたった。このような巨大かつ強力な北大西洋条約機構(North Atlantic Treaty Organization)(略してナトー[NATO]という)が生れ出るにいたったのは、以上のヨーロッパ諸国とアメリカおよびカナダとが緊密に提携することにより初めてソ連ブロックに対する均衡を実現し得ると考えたからにほかならない。そして、それと同時に、アメリカとしては共産主義勢力に世界的規模において対抗する上から、これらヨーロッパ諸国を今や前進基地化するにいたったのである。

なお、極東・太平洋に関しては、一九五四年にアメリカの主唱の下にアメリカ、イギリス、フランス、オーストラリア、ニュージーランド、タイ、フィリピン、パキスタンの八ヶ国の間に東南アジア集団防衛条約(South East Asia Collective Defense Pact)(この条約機構をシアトー[SEATO]という)がマニラにおいて調印せられた。(12) これは、北大西洋条約に準じた条約を東南アジアに関して結んだものにほかならない。そして、アメリカとアジア諸国との間に結ばれた安全保障条約・軍事援助協定・相互防衛条約もまた、アメリカを中心とした防衛体制の重要な一環をなすものである。

＊　＊　＊

一九四五年六月当時の連合諸国によって議定された国際連合憲章は、その前文において「われわれ連合諸国の国民はわれわれの生涯において再度まで人類に名状し得ない悲しみをもたらした戦争の惨禍から未来の世代を救い」、「正義、ならびに、条約、その他国際法にもとづく諸義務に対する尊重が維持されうるごとき状態を確立」することを決意し、そのような意図の下に「善き隣人として互に寛容を守り、かつ、われわれの力を合せて国際平和と安全とを維持する」ことを決意した旨を宣言している。けれども、第二次世界戦争の終った後、急速に展開されることになった米ソ両国を中心とした国際的対立の激化は、世界政治を正に慢性的な緊張状態の中に置くことになった。国際連合憲章のこれらの言葉は、今日では空しい白日夢を描いたものとしか思われないかも知れない。たしかに、世界の新しい国際平和機構として大きな期待の下に創設された国際連合は、戦後世界政治の険悪化して行くのを阻止する力を遂にもち得なかった。それは、疑い得ない事実である。けれども、国際連合が本来的にイギリス・アメリカ・ソヴェト三国間の提携・協力をその基本的前提として組織されたことを考えるとき、それはむしろ怪しむべきことではないであろう。

それならば、しかし、世界政治は果して新しい破局へむかって進みつつあるのであろうか。そのように一義的に断定することは、明かに早計である。この点に関して第一に考えなければならないのは、原水爆の問題であろう。一九四九年九月トルーマンは、ソ連邦において原子爆弾の実験が行われたことを発表して、世界に大きな衝撃を与えたが、さらにその後一九五三年八月には、ソ連邦首相マレンコフ(G. Malenkov)はソ連邦がすでに水素爆弾を保有している旨を声明して、世界の耳目を聳動させた。アメリカによる原水爆独占は、こうして、遂に失われることになった。それとともに、将来米ソ戦争の爆発した暁において、アメリカもまたソ連邦の原子力攻撃をうける可能性がここに生じたのである。このようになったとき、アメリカがソ連邦に対して原水爆を背後に擁して高圧的な外交——「原子力外交」(atomic diplomacy)——を行う余地は今やもはや少くなった、さらに、かつ、ソ連邦の原水爆保有は、ヨーロッパに関しては、第三次世界戦争勃発の場合に西ヨーロッパ諸国をソ連邦の原水爆攻撃を浴びる地位に置くにいたった。そのことは、これらの諸国が戦後一旦専らアメリカの援助に依存せざるを得なかった状態から徐々に脱して経済的安定をとり戻し出したことと相まって、西ヨーロッパ諸国にその外交的自主性を回復させ、これら諸国は対ソ破局の回避を今やきわめて強く要求することになった。一九五四年の前述のジュネーヴ会議において西ヨーロッパの諸国がアメリカの強硬方針を牽制して遂にインドシナ休戦を実現させた事実は、この点においてきわめて象徴的である。原水爆に関してアメリカの独占が失われたことは、かくして、結果において第三次世界戦争勃発の可能性をある限度において減退させつつあるということができる。

ソ連邦の原水爆保有とともにいよいよ高まるにいたった原子力戦争への恐怖は、さらに他方、国際政治における資本主義体制と社会主義体制との平和的共存の問題を時代の日程に上せることになった。西欧・ソ連両ブロックのこの共存は、しかし、いかなる場合に安定性を獲得し得るであろうか。もしも両体制がその現在の体制を固守しながら、共存のための主たる保障を両ブロック間の軍事力の均衡に求めるとすれば、将来における平和の持続に大きな期待を寄せることは困難であろう。なぜならば、第一には勢力均衡《バランス・オヴ・パワー》、ことにいわゆるバランサーを欠いた勢力均衡が平和の保証としてどの程度効果的であり得るかは、歴史がすでに充分に証明しているところである。また第二に、資本主義体制をとる諸国が大衆に対する抑圧・搾取を持続しながらも同時にその国内における共産主義勢力の増大を抑止しようとするならば、それはやがてはファシズムの復活をもたらす以外には途はないであろう。しかも、その場合に政治的自由という貴重な西欧的伝統が葬り去られることはしばらく別としても、国内の被抑圧・被搾取大衆の間へ共産主義の浸透してくるのを防遏《ぼうあつ》しようとして、遂に対ソ戦争に訴えることは、あり得ることである。ちなみに、その場合において展開される原子力戦争が人類と文明との存立それ自体を危うくするものであることはしばらく措いて、言語を絶した凄惨な戦争において仮に勝利を獲た場合でさえも、それは決して共産主義に対する勝利を意味するものではないであろう。世界的規模において演ぜられた原子力戦争の後に現出する戦慄すべき破壊と荒廃、形容を絶した窮乏と飢餓とは、共産主義にフェニックスの役割を演ぜしめることになるであろう。そこで、両体制の平和的共存ということが、こうして、権力政治《パワー・ポリティクス》と各体制の現状維持《スタトゥス・クオ》との上に築こうとされるかぎりは、それは到底安定性をもち得ないであろう。けれども、もし西欧・ソ連両ブロックに属する諸国内において大衆の幸福・繁栄が真実に高められ、大衆の真の解放が断乎として進められ、それにともなって体制自体が変化をとげて行くならば、両ブロックの体制的相違は縮小して行くことになるであろう。実にこのような過程の進行のみが、両ブロック間の平和に安定性を作り出し、窮極的にはブロック自体の解消をも可能ならしめるであろう。両体制の真の平和的共存は、かくして、両体制自体が歴史的過程において変化することを前提としてのみ可能になるといわねばならない(13)。

原水爆の出現は、世界政治を巨大な「歴史の十字路」に立たしめることになった。かくして、現代の世界は、両体制の関係をいかに処理するかによって、あるいは国際平和へむかって画期的な歩を進めることができ、またあるいは人類とその文明とを破滅の淵へ永劫に投げ込むこともできるであろう。原子力戦争への恐怖は今日の世界を重苦しく包んでいる。そして、ひとびとは薄明の裡《うち》に生きる思いにみたされている。この薄明は果して輝かしい国際平和の黎明が迫りつつあることを告げるそれであろうか。それとも、人類と文明との上に迫りつつ没落を予示する黄昏であろうか。それに答えることは、もはや国際政治史の領域を越えている。それは実に人類と文明との名においてわれわれの一人一人に対して厳粛に要請されている政治的実践の問題なのである。

註

第一章　ヨーロッパにおける国際社会の成立

（1）Barker, E., Unity in the Middle Ages, in 'The Unity of Western Civilization,' ed. by F. S. Marvin, 2. ed., 1922, pp. 115-6.

（2）一八世紀末にいたるまでの間に、ヨーロッパには、そのような民族国家としてイギリス・フランス・スペイン・ポルトガル・オランダ・スイス・スウェーデンなどの諸国が生れ出た。

（3）中世における複雑かつ峻厳な身分的階層関係は、国家の成員の間に一体としての意識の発展するのを少からず阻んだ。たとえば、異る国家の貴族間の親近感の方が同一国家内の貴族・ブルジョア間の親近感よりも強くあった。戦争において交戦国間の騎士が互に相手を殺さずに捕虜にしようと努め、捕えた場合には好遇を与え、かつ身代金と引替えに釈放したのも、同一身分間の親近感によるものである。

（4）同一の国家に属することは、常に必ずしもその成員を民族へと成長せしめるとは限らない。しかし、政治的国境がしばしば民族を生む重要な契機の一つとなったことは、事実である。

第二章　絶対王政期ヨーロッパと世界

（1）前述した意味においての国際社会の成立以前においても、国家相互間の交渉はもとより存在していた。従って、外交使節の例はきわめて古い時代に見出すことができる。たとえば、古代ギリシアの都市国家間においても、特定の問題を解決するために他国へ使者を派遣することが往々行われた。その場合、使者にはその国において雄弁の才に富んだものが選ばれ、そのものは相手国の人民総会へ現われて、その弁舌をもって自国の主張を説いて相手国のひとびとを説得することを試みた。またたとえば、ビザンチン帝国(Byzantine Empire)も、外交使節を派遣することをした。同国はその衰頽期において、辺境の諸蛮族の国々へ使節を送って、それらの国の内情を探らせ、またそれらの国々相互の関係を視察させ、これによって得た情報にもとづいてこれら蛮族の国々を操って、弱まった帝国の地位の補強をはかったのであった。そして、このビザンチン帝国の場合においては、使節としては、以上のような使命を果すのにふさわしい観察力と判断力とを具えたものが起用された。

(2) ヴェネチア共和国は、本国政府と遣外使節との連絡についても周密な配慮を払った。また、外交使節が妻を同伴して任地へ赴くことを禁止していたが、これは機密の漏洩をふせぐためであった。さらに、外交使節はその料理人を同伴しなければならないことに定められていたが、それは出先において毒殺されることを予防するためであった。

(3) ウィックフォルト(A. de Wicquefort)は、一六八一年に公にした後述の『大使とその職能』の中において、外交官たるものに最も必要なのは歴史の知識であるとし、読むべき歴史書の書目を掲げているが、彼はマキアヴェリの全著作を推奨し、とくに『フィレンツェ史』を重要視している。

(4) しかし、同時に注意を要することは、この時代においては外交使節のみならず一国の大臣さも、総じていえば、後の時代におけるような国家観念または自己の王朝への忠誠心《ロイヤルティ》をもってはいなかった。それゆえに、他国政府から金銭的利益を収受するごときは別段異とされなかった。たとえば、エリザベス女王の大臣ロバート・セシル卿(Lord Robert Cecil)はスペイン政府から年金をうけていた。また、一七世紀におけるヴェネチア駐箚イギリス大使ヘンリー・ウォトン卿はスペイン政府へ年金支給方を要請しつつ、他方ではサヴォイ政府から年金を貰っていた。また、フランス政府は一七五七年から六九年にいたる期間オーストリアの政治家たちに合計で八二六五万二四七九リーヴルの金を支給していた。なお、条約が締結された場合に、その成立に協力した相手国政治家へ報酬金を贈ることも、別に怪しむべきこととはされていなかった。以上のゆえに、「一七および一八世紀における治国策の商業化は、国際的紛争の尖鋭化するのを当然に阻み、諸国の権力欲を比較的狭い範囲のものにすることになった」(Morgenthau, H. J., Politics among Nations, 1950, pp. 184-5.)といわれている。

(5)　ドゥ・トルシと同じような考えは、一九世紀の外交官の間においてさえもしばしば抱かれていた。たとえば、パーマストン(Lord Palmerston)は公然と、かつ表面不用意な様子を装いながら真実を相手側へ告げ、それによって相手側を誤解へ誘導することができるといって誇ったと伝えられている。またたとえば、ビスマルクはある時にひとに語って、自分が完全な真実を他国の外交官に語ると、それらの外交官は全く混乱して途方に暮れる、その様子をみていると思わず微笑を催してしまう、彼らはいつでも私が彼らに嘘を語ったのだと疑っているようであると述べたのも有名な挿話である。

(6)　外交使節は、資格において国家を代表するものであるから、駐在国政府の彼に対する処遇、とくに他国の外交使節のうける処遇との比較におけるそれは、駐在国政府が彼の代表する国家をいかに評価しているかを示すものである。従って、それは彼の代表する国家の威信《プレスティジ》に関係する問題とされる。このことは、過去・現在を通じて全く同様である。国際会議において各国代表の間にさまざまの機会に生ずる順位のごときもまた、それらの国家の国際的威信《プレスティジ》の程度を象徴するものと考えられている。モーゲンソー(H. J. Morgenthau)はこれらの点について次のような興味ある例を挙げている。たとえば、ヨーロッパの多数の国の宮廷では古くは、一般の外国使節は特別の係官によって、王国から派遣された使節は王族によって元首に紹介された。ところが、一六九八年にフランス駐箚ヴェネチア共和国大使はロレーヌ(Lorraine)公によってルイ一四世に紹介された。そのとき、ヴェネチア大評議会は同国に駐劄しているフランス大使に対して、ヴェネチア共和国はこの光栄を永えに感謝するであろうということをフランス王に報告するよう要請し、かつルイ一四世にあてて感謝状を送った。これは、以上の措置によってフランスがヴェネチア共和国を諸大国と同様の強国であることを認めたものであり、ヴェネチア側はそれを感謝したものにほかならない。また、法王朝では、法王は王国ならびにヴェネチア共和国の派遣した大使をサラ・レジア(Sala Reggia)で、他の公国および共和国からの使節をサラ・ドゥカーレ(Sala Ducale)で引見するのが慣例となっていた。これに対して、ジェノヴァ共和国はかつて法王に莫大な金を送ってその使節をサラ・レジアで引見するよう要請したが、ヴェネチア共和国が異議を唱えたために法王はこの要請を拒絶した。ヴェネチア共和国としては、ジェノヴァ共和国と同様に扱われることをその威信《プレスティジ》上同意しがたいと考えたのであった。近代においても、たとえば、T・ローズヴェルト大統領の時代には、大統領は毎年一月一日に外交使節全部を引見して新年の賀詞をうけたが、タフト(W. H. Taft)大統領はこの慣行を改めて、各国の大使たちと公使たちとを別々に引見することにした。一九一〇年一月一日に、このような改正を通告されていなかったスペイン公使は大使たち引見の際にホワイト・ハウスへ参向したが、入場を拒絶された。この事件が起ると、スペイン政府は駐米公使を召還するとともに、アメリカ政府へ抗議を提出した。すでにその帝国を失い、かつ第三流国へ転落していたスペインとしては、この抗議を通して、少くともその過去の偉大さにふさわしい威信《プレスティジ》を承認するよう要求したわけである。また、一九四六年パリにおいて挙行された戦勝記念式典に際して、ソ連邦以外の大国の代表者たちは第一列に着席したが、ソ連邦外相には第二列に席が与えられた。ソ連邦外相モロトフはこれを知ったとき、抗議の意味において退場した。ソ連邦は久しく国際社会における「賤民《パリア》」とされてきたのに対し、当時ではすでに明白に「大国」の地位に昇っていたがゆえに、ソ連邦としてはこの新しい地位にふさわしい威信《プレスティジ》の承認さるべきことを要求したのであった。また、一九四五年のポツダム会議に際して、チャーチル、スターリン、トルーマンのうち誰が最初に会議場へ入るべきかについて三国間に協議が行われた後、結局三人は三つの別々の扉から同時に会議場に入ることになった。この三人の政治家は各自の国民の力の象徴であったから、彼らの一人が優先することは、その一人の代表する国民が他の二国民に対してより大きな威信をもつ形になるので、入場の順序について折合がつかず、その結果として以上のような措置がとられたのである(Morgenthau, H. J., Politics among Nations, pp. 52-3.)。

（7）　Ferrero, G., War and Peace, 1933, p. 7.

（8）　Schuman, F., International Politics, 4. ed., 1948, p. 81.

(9) Bryce, J., International Relations, 1922, p. 16.

(10) Granet, P., L'Évolution des Méthodes Diplomatiques, 1939, p. 32.

(11) Spykman, N. J., America's Strategy in World Politics, 1942, p. 25.

(12) 勢力均衡が国際平和の維持に役だつということは、諸国の政治家によって認められていたにとどまらない。フランスの啓蒙哲学者フェヌロン(F. Fénelon)(一六五一—一七一五年)は、ヨーロッパの自由と静安とのためにはヨーロッパ諸国間に勢力均衡が保たれることが必要であると論じた。また一八世紀のスイスの法律家ヴァッテル(E. de Vattel)はその著『国際法』(Droit des Gens)(一七五八年)において主張して、近代のヨーロッパは国家の雑然たる集合体ではなく、それは一種の共和国であり、構成単位たる各国家はおのおの独立していながらもなお共通利益によって結びつけられており、相互の協力によって秩序と自由とを維持しようとしている。諸国間に存在している勢力の均衡はそのことを証拠立てているといい、勢力均衡ということを国際法上の問題として取扱ったことは、ひとの知るところである。

(13) 二つの国家あるいは二つの国家群の間に作り出された勢力均衡が、果して平和の保障としてどの程度の効用をもち得るかは、もとより大きな問題である。ただ、これらの国家または国家群の外に立つ第三国たる大国がいわゆるバランサー(balancer)(バランスをとるもの)の地位に立ち、劣勢に落ちようとする側へその力を貸すことを常に試みる場合には、均衡の維持は容易となり、従って上記の国家または国家群の間に平和が保たれる可能性は大であるといってよい。その点についての最も典型的な例として、イギリスのヨーロッパ大陸諸国に対する政策を挙げることができる。イギリスはヨーロッパ大陸諸国間に勢力の均衡を保たせることを近世初め以来その伝統的外交方針の一つとし、そのような目的の下に、必要に応じて大陸諸国間の関係へ介入を試みた。そして、大陸諸国間に均衡の失われるのを阻止するためには、大陸における劣勢な国家または国家群の側へ加担し、必要によっては参戦することをも躊躇しなかった。イギリスのこのような大陸政策がヨーロッパの平和維持に少からず役だったことは、否定し得ない事実である。なお、イギリスがこのような外交方針を堅持したのは、大陸における大国の一つが大陸に優越的地位を樹立した場合、第一にはイギリスの対岸地方であるいわゆる低地諸国(Low Countries)がその勢力下へ落ち、その結果イギリスの安全が脅威されると考えたからである。かつ第二には、右の大国を中心として大陸諸国が反英ブロックを形成し、世界帝国としてのイギリスに挑戦するにいたる惧れがあると考えたからである。

(14)　一五世紀における戦争の頻発はエラスムス(D. Erasmus)をして『平和の訴え』(一五一七年)において、平和維持のための国際的協力の必要を説かしめた。また、一六世紀の大半を通じてヴァロワ(Valois)王朝とハプスブルク(Habsburg)王朝との対立をめぐってヨーロッパの平和が乱れがちであったことは、フランス王アンリ四世(Henri IV)の「グラン・デッサン」(Grand Dessein)を生んだ。これは、西ヨーロッパ諸国が国際平和維持のために連盟を組織し、加盟諸国はカトリック・ルター・カルヴァンの三宗派に対して寛容の方針をとり、それによって宗教的原因による国際紛争を除去し、さらに、古代ギリシアのアンフィクティオニア同盟(Amphiktyonia)に倣った理事会を設け、この理事会をして加盟国間の一切の紛争の解決、ならびに共通利害関係事項の処理に当らせることにし、理事会は右の任務を充分に遂行するために国際軍を保有すべきであるとした。この「グラン・デッサン」の根柢には、ハプスブルク王朝がヨーロッパにおいて優越的地位を樹立するのを阻止しようというブルボン(Bourbon)王朝の意図がひそめられていたと今日解釈されているが、それにしても、以上のような構想はその後のヨーロッパにおける国際平和思想の発展の上に大きな影響を与えた(Phillips, A., The Confederation of Europe, 1920, p. 19. Thompson, D., Meyer, E. & Briggs, A., Pattern of Peacemaking, 1945, p. 144. note 1.)。サン・ピエール(de Saint-Pierre)の『ヨーロッパ永久平和案』(Projet de Traité pour rendre la Paix perpétuelle en Europe)(一七一三年)のごときも、「グラン・デッサン」のこの構想を発展せしめたものということができる。サン・ピエールはフランス全権委員ポリニャック(de Polignac)の秘書としてユトレヒト会議に参列したが、スペイン継承戦争の惨害は彼をしてこの書物を著わさせた大きな動機であった。なお、サン・ピエールのこの著書に先だつ約九〇年前にフランス人エメリク・クルセ(Eméric Crucé)はその著『新しいシネ』(Le nouveau Cynée)(一六二三年)において、全世界の国家を網羅した連盟を創設して、加盟諸国の代表者から成る常設的会議をヴェネチアに設け、この会議体をして世界諸国間の紛争を裁定させることを提唱した。この主張は、キリスト教国のみでなく異教国をも含む世界的規模の連盟を作って世界平和の維持をはかることを唱えた最初のものである。以上にあげたような平和方策のほかに、ルイ一四世によってなされた頻々たる戦争に刺戟されてウィリアム・ペン(William Penn)が国際平和案を提示したのをはじめ、さまざまのひとびとによって種々の平和維持のための構想がなされた。

(15) Grotius, H., The Rights of War and Peace, Engl. tr., 1738, p. xxv.

(16) ibid., p. 736.

(17) Spykman, America's Strategy, pp. 96-7.

(18) Seeley, J. R., The Expansion of England, 2. ed., 1895, p. 34.
(19) フランスは七年戦争の結果その海外領土の重要部分をイギリスに奪われたが、その後アメリカ独立戦争が勃発したとき、フランスはアメリカ軍に援助を提供した。これは、イギリスに対する復讐的意図にもとづくものであった。従ってこの戦争を通してアメリカの独立が実現をみたことは、フランスに大きな満足を与えたが、しかし、七年戦争の結果もたらされた世界政治におけるフランスの対英劣勢は、遂に回復すべくもなかった。

第三章　市民的政治体制形成期のヨーロッパと世界

(1) 一七九二年七月における普墺連合軍司令官ブラウンシュヴァイク公(Herzog von Braunschweig)の宣言。
(2) Bryce, J., International Relations, p. 21.
(3) 「テルミドールの反動」を境にして革命戦争の性格を余りに一義的に区別することは、充分正確ではない。革命戦争が「革命の福音」を外へ拡大・普及する建前をとっていた当時においてすでに、戦争は一面において征服戦争的性格をある程度帯びていた。たとえば、ヴァルミの戦勝後フランス軍がオーストリア領ネーデルラントへ侵入したのち、占領地司政官によって大規模な掠奪行為が行われたごときは、すでに右の点を象徴するものであったということができる。また、「テルミドールの反動」以後革命戦争が征服戦争としての色彩をきわめて濃厚にするにいたりながらも、フランス軍の中にはなお解放軍的要素が名残をとどめていた。それゆえにこそ、たとえば、第一次イタリア戦争(一七九六―九七年)において将軍ナポレオン・ボナパルト(Napoléon

Bonaparte)の軍がイタリア半島へ侵入したとき、フランス軍の現われるいたるところ、住民はこれに「イタリアの救世主万歳」という怒濤のごとき歓呼を浴びせた。この光景は、後年ナポレオンをしてセント・ヘレナ(St. Helena)流謫《るたく》の日に「余の生涯においての最大の快心事」として回想させるごときものであった。

(4) 当時のフランスがその所要兵力の調達に関して、未だかつてとられたことのないこれらの方法に敢えて訴えることのできたということは、革命戦争がフランスにおいて国民的な支持をうけていたことを示すものにほかならない。

(5) クラウゼヴィッツ(K. v. Clausewitz)の『遺著・戦争と戦争指導とについて』(Hinterlassene Werke über Krieg und Kriegsführung)(一八三二―三七年)(篠田英雄訳、『戦争論』、岩波文庫)は、ナポレオンの戦術を主たる素材として戦術に関する体系的理論を構成したものである。

(6) 大陸の一国が大陸において優越的地位を獲得するのを阻止することが、イギリスの伝統的外交方針の一つであったことは、すでに述べたとおりである(第二章註(13)参照)。

(7) B・ジョセフは、スペイン人民のこの抵抗をもって「純粋な民族精神の具体的発露の最初のもの」であるとなしている(Joseph, B., Nationality, 1929, p. 179.)。

(8) Holborn, H., The Political Collapse of Europe, 1951, p. 19.

(9) イギリスにおけるナポレオン研究者として優れた業績を残したH・ローズは、かつて述べて、ナポレオンはアレクサンドル大帝であるとともにシャルルマーニュ(Charlemagne)(カール大帝―著者)たろうとしたが、ヨーロッパを支配することとアジアを征服することとは絶対に両立し得ない事業であった、「クレタ島・テュロス・カルタゴおよびアテネの時代からヴェネチア・ポルトガル・オランダおよびイギリスの時代にいたるまで、偉大な植民国家《コロナイジング・ネーションズ》は、概していえば、海上において偉大であり得るときには陸上においては第二次的役割を演ずることで満足した。島国人が植民者としてしばしば成功を獲ち得たのは、自然自体が大陸においての戦争に重点を置き得ないようにしていたからである」、「フランスやスペインのごとき国は、その位置がヨーロッパのことにかかずらわせるので、大陸の支配と新しい(海外の)土地の開発という二重の努力をなすことによってそのエネルギーを使い果したのである」となしている(Rose, J. H., The Personality of Napoleon, 1929, pp. 256-7.)。

(10) なお、ウィーン会議においては、外交使節の栄誉と序列とに関して旧来しばしばくり返された紛争をなくす目的の下に、外交使節を特命全権大使(ambassadeur)・特命全権公使(envoyé extraordinaire et ministre plénipotentiaire)・代理公使(chargé d'affaire)の三階層に分けた。また、駐在国における同一階層に属する諸国外交使節の序列は着任の公式通告の日時の先後によって決定することに取極められた。その後、一八一八年のエクス・ラ・シャペル会議(後述)で、特命全権公使と代理公使との間に新たに弁理公使(ministre résident)というクラスを設けることになった。これらの決定は、その後世界諸国によって承認・遵守されることになった。なお、特命全権大使は大国間にのみ交換されることが、爾来久しきにわたって国際的慣行となった。

(11) Lockhart, J. G., The Peacemakers, 1814-1815, 1932, p. 41.

(12) Woodward, E. L., War and Peace in Europe, 1931, p. 7.

(13) 卑い身分に生れたナポレオンがヨーロッパに広大な帝国を建設し、諸国を正に圧倒する勢威を擁するにいたったことは、それ自体当時としては一つの「革命的」な出来事であった。ナポレオン自身もまた、支配者としての彼の地位のこの「革命的」性格を意識していた。彼が即位後、ヨーロッパ最古の王朝として高い誇りをもつハプスブルク家の皇女を皇后に迎えたのも、「歴史的権利」に支配の根拠をもつヨーロッパ王朝の伝統に彼自らを結びつけ、それによって、支配者としての地位を補強しようとしたものにほかならない。このことは、当時のヨーロッパにおいて君主の統治の基礎として「歴史的権利」ということがいかに一般に尊重されていたかを物語るものである。

(14) ロシアに対して抱かれたこのような恐怖は、果して充分な客観的根拠に立ったものであったであろうか。ナポレオンのロシア遠征の失敗は、ロシアの厖大な空間とその風土的条件とに原因することと少くない。平原・森林・沼沢地の交錯した荒漠たる自然——それは、冬は深雪の中に没して交通を甚だしく困難にした——に包まれたその国土へ侵入して、ロシア軍を撃破して屈服させることは、当時において到底容易なことでなかった。しかし、他国が征服することのこのように至難なロシア自身は、ヨーロッパの他の諸国を征服し得るだけの力を具えてはいなかった。ロシアの陸軍兵力は厖大であったが、その軍隊行政は紊乱しており、その将校は怠慢であり、しかも将卒の間は円満を欠くことが多く、軍のモラルは極めて低かった。また、ロシアの軍需産業は西ヨーロッパ諸国のそれに比して甚だしく立遅れており、さらに、その財政は全く乱脈の状態にあった。それゆえに、ロシアはヨーロッパの他の国へ進攻する力にはきわめて乏しかったのである。

(15) Holborn, The Political Collapse, pp. 28–9.

(16) ナポレオンを打倒したロシア・プロイセン・オーストリア・イギリスの四国は、一八一四年五月に条約を結び、その附属秘密条項において、四国はヨーロッパに真実にして恒久的な勢力均衡を樹立することを意図する旨を約束した。これは、全ヨーロッパ的規模における勢力均衡が考えられた最初の例ということができるであろう。

(17)　J・G・ロッカートは、ウィーン会議の業績を評価して次のごとく述べている。ウィーン会議が設定した平和を今日になって回想すれば、それは悪しき平和を打ち樹てたものといえるかもしれない。「会議でなされた重要な諸決定のほとんどどれ一つとして今日まで存続しているものはない。それらの若干は僅かほんの数年しかつづかなかった。ベルギーはオランダから独立を獲得し、三つの戦争でドイツ連邦はドイツ帝国に変り、オーストリア人はロンバルディアから、ブルボン家はナポリから駆逐され、今日ではポーランドは統一と独立とを回復しており、フィンランドはロシアから離脱しており、不愉快な取引で無理やりにデンマークからスウェーデンへ移管されたノルウェーは解放を獲ち得た。しかし、結果論をすることは容易である。また、ドイツ帝国や統一国家イタリアが五〇年後に実現したことからみて、すでに一八一五年にも洞察力を働かせることができたはずだと言うことは、容易である。しかし、ウィーン会議において平和作成にあたったひとびとは、はるか遠いユートピアの幻影をでなく、むしろ彼らの現に見かつ知っている世界を問題にしたのであった。若いひとびとが戦争で勝利を獲ち得たのであったけれども、平和を作り出したのは、年老いたひとびと――五〇年なり六〇年なり七〇年なりの間にある哲学・ある見識をもつようになった年老いたひとびと――であった。彼らの心ははっきり定まっており、いかにしても自分の型を破ることはできなかった。……(ウィーン)会議で一時しばらく問題とされた理想主義的な案の唯一のものは、ポーランド――ポーランドが独立の国家であったことは年老いたひとびとの記憶の中にあった——の再建であった。このことは、意味深いことである。彼らは伝統を根拠とした主張には、それほど強くではないにせよとにかく動かされたのであった。彼らは夢を夢みることはできたが、しかし、洞察をもつことはできなかったのである。」(Lockhart, The Peacemakers, p. 52.)

(18) ウィーン会議において、イギリスは革命戦争・ナポレオン戦争中に占領したフランス植民地の主要なものは、これをフランスに返還した。その海軍力の世界的優越を確立していた当時のイギリスとしては、フランス植民地の主要部分をフランスに返還するならば、フランスが将来戦争をひらいた場合にはこれら植民地を再びイギリス海軍のために奪取される可能性があり、従って、そのことはフランスをして国際平和の維持へ傾かせることになると考えたのであった(Hertz, F., Nationalgeist und Politik, Bd. I. Staatstradition und Nationalismus, 1937, S. 22. Anm. 13.)。

(19) H・モーゲンソーは、四国同盟は言葉の真の意味においての国際的政府(international government)であったといい、この同盟の最初の定期的会議である一八一八年のエクス・ラ・シャペル会議の議題の一部をみても、その活動の幅が判ると述べ、審議に附された案件を列挙しているが、それは次のごとくである。ドイツ地方諸侯の彼らの新君主に対する諸要求、ヘッセン(Hessen)選挙侯が君主号を名乗りたいという請願、ナポレオンの母からのナポレオン釈放の要請、モナコ(Monaco)公に対するモナコ人民の不満、バイエルン(Bayern)およびホッホベルク(Hochberg)家によるバーデン(Baden)相続の要求、オルデンブルク(Oldenburg)公とベンティンク(Bentinck)伯との間のクヌッペンハウセン(Knuppenhaußen)領地に関する係争、プロイセンおよびオーストリアにおけるユダヤ人問題、外交使節の序列、奴隷売買および海賊取締問題、スペイン植民地に関する問題(Morgenthau, Politics among Nations, p. 367.)。

(20)　前に述べたように、フランス革命に先だつ時期のヨーロッパにすでに民族および民族国家を見出すことができるが、しかし、それらはいわば社会的事実として存在していたにとどまる。そして、フランス革命にあたっても、「民族」に対する積極的価値づけは未だ行われなかった。たとえば、一七九一年にアヴィニョン(Avignon)およびヴネッサン(Venaissin)を、一七九二年にサヴォイ(Savoy)およびニース(Nice)をフランスへ併合することが革命議会に提案されたとき、革命議会はこれを審議した結果、人民投票によってこれら地方の住民の意向を徴した上で、それにもとづいて処置することを決議した。そして、きわめて厳正な人民投票を実施した後、これらの地方をフランスへ併合したのであった。領土併合に関するこのような方針はその後は棄てられたが、しかし、それにしても、以上のような措置は、実はフランス革命において標榜された人民主権論の適用としてなされたものにほかならない。それは、従って、後年の民族自決主義(principle of national self-determination)とは直接的関係はない。しかし、民族意識が人民主権論的思想と結合して、国民が民族主義の担い手になった場合において、ここに初めて近代的民族主義が成立する。その点からいって、フランス革命において唱えられた人民主権論が民族主義思想の形成過程において占める歴史的意味は、きわめて大きいといわなければならない。

(21)　以上に述べたように、ナポレオンはヨーロッパの広大な地域にわたってその優越的地位を樹立するにあたって、若干の地方についてはその地方の住民の民族意識を自己の征服計画のために利用することを試みた。彼は、たとえば、かつてのポーランド王国の版図の一部に彼の保護の下に立つワルシャワ大公国を創設した。それによって、彼はポーランド王国の復興を熱望してきたポーランド人の甘心を買い、この新国家を東方に対する防壁として、また東方への膨脹計画の拠点として役だたせようとしたのであった。たとえばまた、イタリア半島の一部に彼の保護の下に立つイタリア王国を創設した。それによって、彼は当時イタリア人の中にようやく抱かれはじめていたイタリア民族統一の夢にある程度の満足を与え、それによって、イタリア半島および東ヨーロッパおよび近東に対する彼の支配的地位を補強しようと試みた。たとえばまた、アドリア海に面したオーストリア領を併合してこの地方をイリュリア諸州と命名し、同地方のスロヴェニア人およびクロアチア人にある程度の自治を許容し、それによってこの地方の人心の支持を獲得しようと試みた。以上は例にすぎないが、彼のこのような政策の対象となった地方においては民族意識はこれによって刺戟されて強められることになった。

ナポレオンは、その覇制計画のためにせよ、若干の地方の住民の民族意識を利用した点において、民族意識の強さを認識しこれを操って行動したヨーロッパ最初の政治家であったといわれている(Muir, R., Nationalism and Internationalism, 1917, p. 74.)が、しかし、同時に注意しなければならないことは、すでにふれたように、ナポレオンはその覇制計画のために必要と考えた場合には、特定地方の住民の意志・感情を無視・蹂躙することを毫も躊躇せず、諸国の領土はしばしば彼の意のままに分合され、また彼の支配下の地方には駐屯軍と警察とを中心とした峻烈な軍事的独裁が布かれ、大規模な物資徴発・兵士徴集が行われた。このような彼の政策は、結果においてしばしばそれらの地方の住民の民族意識を刺戟して強めさせ、またはこれら住民の間に民族意識を成長させる契機となった。以上を要するに、ナポレオンは、彼の意図にもとづいてまたは彼の意図に反してヨーロッパにおける民族意識の成長を助けることになったのであった。

(22) H・コーンは述べて、一八世紀または一九世紀初めのドイツ地方、イタリア地方、スラヴ諸民族にみるように、ブルジョア階級が未だ弱々しくて揺籃期にあった場合には、民族としての主体意識は主として文化の領域に現われるにとどまり、民族としての関心は主として、民族の政治的統一ということよりも民族精神および文学・民間伝承・固有言語・歴史における民族精神の現われにむけられた。けれども、一九世紀の間にブルジョア階級が次第に成長し、かつ大衆が政治的・文化的に目ざめてくるとともに、この「文化的民族主義」は間もなく民族国家形成への欲求に転化したとなしている(Kohn, H., World Order in Historical Perspective, 1942, pp. 65–6.)が、それは正当であろう。

(23) Lockhart, The Peacemakers, pp. 319–20.

(24) 一八四八年三月四日の外相ラマルティーヌ(A. de Lamartine)の声明。

(25) Muir, Nationalism and Internationalism, p. 176.

(26) 戦死者数についてみるも、ナポレオン戦争においては、それは二一〇万人であったのに対して、この戦争の場合には七八万五〇〇〇人を算した。

(27) Heckscher, E. F., Protection, (Encyclopaedia of the Social Sciences, Vol. XII.) p. 562.

(28) Sternberg, F., Capitalism and Socialism on Trial, 1951, pp. 122–3.

(29) Ziekursch, J., Politische Geschichte des neuen Deutschen Kaiserreichs, Bd. II, 1927, S. 20.

(30) ナポレオンがロシア遠征に惨めな蹉跌を招いて以来、ヨーロッパ諸国がロシアに対して強い恐怖を抱くにいたったことは、すでに述べたとおりである。この場合、ロシアに対する恐怖とは主としてロシア陸軍力に対するそれにほかならなかった。この点について、E・L・ウッドワードは次のごとく述べている。ロシアに対する恐怖観念はメッテルニヒからディズレーリにいたるヨーロッパ政治家たちによって抱かれたが、しかし、それは客観的には根拠ないものであった。「歴代のツァーは富裕であったが、ロシアは貧しく、ロシア軍は大きかったが、その将校は怠惰で、訓練されていず、兵士たちからは憎まれるかまたは恐れられていた。外国軍がロシアへ侵入することが困難であったのとほとんど同程度に、ロシア軍がロシアから外征することは困難であった。行政のやり方は未熟で不真面目で、無知で、非能率的であった。国内の産業資源は未開発であった。一九世紀初期においては、この点では中欧と東欧、ロシアとその隣りのドイツ諸国とは実にほとんど選ぶところなかったが、しかし、ワーテルロー以後の時期には、プロイセンはその道路・水運、その後鉄道を発達させ、軍需生産機構を改善し、ロシアの数的優勢の価値は年毎に減じ、ロシアは時代を経る毎に弱くなり、海岸線・適宜な渓谷・凍らない河川をもったヨーロッパの変転して行く経済生活に対応して行くことが段々とできなくなった。」そして、ソールズベリ卿(Lord Salisbury)(一八三〇―一九〇三年)こそはロシアの弱いことを看破した最初のイギリス政治家の一人であった。彼は一八七七年四月二七日付のリットン卿(Lord Lytton)宛書翰の中に記して、「わたくしはロシアを恐れているひとびとにそう共鳴することはできない。極端な恐怖が実に多数のインド在住イギリス人やこの本国の実に多数の武断派の安眠を妨げている。しかし、そのことは、ロシアが地図の上で占めている大きさによって以外には、その歴史またはその現状からは説明できない。未開の東洋人――あるいはそれとほとんど選ぶところないポーランド人――との戦を別とすれば、その陸戦史は敗北の長い記録である。その唯一の勝利は……モスクワとポルタヴァ(Poltava)とにすぎない。そして、その海戦史というものは全くない。その財政が未だかつて良好であったことはないが、今では救いがたいものになっている。その社会状態は慢性的な危機状態であり、隙があれば社会革命が勃発しようとしている。その人民は戦争好きではない。その官吏は腐敗している。その支配者たちは、ドイツから借入れをしたときにだけ、事を処理できる」(Woodward, War and Peace, pp. 11-2, p. 11. note 1.)。

第四章　市民的政治体制発展期の世界政治

（1） Spykman, America's Strategy, p. 97.

（2） この点は、イタリアの場合においてとくに重要である。イタリア半島は過去数百年にわたって甚だしい政治的分裂の状態を呈しつづけてきただけに、統一後もその国内諸地方には地方意識がきわめて強く、かつ深く残存することになった。それに加えて、一八七〇年にイタリア王国は普仏戦争を機会に軍隊をローマ法王国へ進駐させ、ついで人民投票によってこれを併合したことは、爾来ローマ法王庁をしてイタリア王国に対して熾烈な敵対感情を抱かせることになった。そして、それはイタリア国民の中にカトリック教がひろく信奉されていることと相まって、統一後の国内人心を慢性的に不安定にすることになった。このように、その内部的統一が未だ到底強固とはいいがたいにもかかわらず、イタリアはすでに一八七八年頃にはアフリカに対する膨脹計画を立て、ついで一八八〇年代以降それを実行に移したのである。「その根を深くするよりもむしろその枝をひろげようとする一本の樹」にも形容されたイタリアのこのような動向(Ruedorffer, J. J. Grundzüge der Weltpolitik in der Gegenwart, 1914, SS. 76-7.)は、一つには、外への膨脹によって民族的誇負を高揚しようとするラテン人種のロマンティシズムによって多分に彩られていたと考えられる(Die Großmächte vor und nach dem Weltkriege, 22. Aufl. der Großmächte Rudolf Kjelléns, 1930, S. 51, 52, 54.)。

(3) フランスは、普仏戦争後のフランクフルト(Frankfurt)条約によってアルザス(Alsace)・ロレーヌ(Lorraine)の二州をドイツへ割譲した。その結果、アルザスの加里工業・繊維工業およびロレーヌの製鉄業がフランスから失われたことは、フランスにとって大きな経済的損失を意味した。けれども、普仏戦争における敗北、その結果としてのドイツ帝国の成立は、フランスの国際的比重を甚だしく低下させた。そこで、アルザス・ロレーヌの喪失は、ひとり経済的損失と考えられたばかりでなく、失われたこの二州は戦後フランスの「屈辱的」な国際的地位を象徴するものと考えられたのであった。一八七一年以降のフランスにおいては、その外交政策の焦点をどこに置くべきかについて二つの見解が対立することになったが、その一つは「ルヴァンシュ」(Revanche)(対独復讐戦争)を通して二州を回復すべきであるとの主張であった。この場合において、二州の回復とは実は普仏戦争の結果低下したフランスの国際的比重の復興を主として意味したのであった。他の一つは、ヨーロッパ外に領土を獲得してフランスを植民帝国へと発展させ、それによってフランスの国際政治的地位を再建すべきであるとの主張であった。普仏戦争後しばらくの間は、ある時期においては第一の見解が、またある時期においては第二の見解がフランスの対独外交政策を規定した。そして、後の場合においては、フランスのヨーロッパ外への膨脹はとくに精力的に推進せられたのであった。しかし、注意すべきことは、このヨーロッパ外への膨脹の推進力として、フランス産業資本が時とともに重要度を加えることになるが、しかもなお、以上に述べたような政治的動機の存在を無視することはできない。Viallate, A., Economic Impe-

rialism and International Relations during the Last Fifty Years, 1923, p. 105. なお、pp. 20-1. 参照。

（4） Sternberg. Capitalism and Socialism on Trial, pp. 122-6.

（5） アメリカの雑誌『アイアン・エイジ』(The Iron Age)は、一八九七年八月一九日号に「新興の国アメリカ」(The United States, the Rising Nation)という社説を掲げ、その中において、「合衆国は久しい以前からその天職とされてきた商業的発展の途に今や就きつつある。……地球上のいかなる国といえどもかくまでに世界の将来の工場たり得る地位にあるものはない。他のいずこをみても、かくまでにしっかりした産業およびかくまでに豊かな、かつ入手しやすい原料を有し、そして、かくまでに豊富で、かつ廉価な食糧品のあるところはない。自給し得るという点において、合衆国は諸国にその比をみない。政治的また経済的面においてのその独立性は他の諸国の羨望を招くかもしれない。しかし、他の諸国は合衆国の発展をとどめることはできないのである」と述べたといわれている。また、一八九八年デンヴァー(Denver)において、アメリカ銀行家協会(The American Banker's Association)の会長は演説して、「わが国は今、商業的優越をめざした競争においていわば三枚の勝札をもっている。鉄・銅および石炭がこれである。わが国は久しきにわたって世界の穀倉であったが、わが国は今日においてはその世界の工場たらんと望むものであり、さらにはその(世界の)手形交換所たらんと欲するものである」と述べたといわれている。これらはいずれも、急激な躍進をとげつつあるアメリカ資本主義が自らのために捧げた讃美歌にほかならない。

（6） Sternberg, op. cit., p. 126.

（7） Gastrell, W. S. H., Our Trade in the World, 1897, p. 2.
（8） Hobson, J. A., Imperialism, A Study, rev. ed., 1938, p. 18.
（9） Supan, A., Die territoriale Entwicklung der europäischen Kolonien, 1906, S. 256.
（10） ibid., S. 254.
（11） Woodward, War and Peace, p. 80.
（12） 資本主義が独占資本主義の段階に入るとともに、厖大な産業資本が運転されることになり、その結果銀行から融資を仰ぐ必要が増大する。この場合に銀行が産業へ投下した資本を金融資本(Finanzkapital)とよぶ。すなわち、金融資本とは産業資本として投下された銀行資本を指す。しかし、独占資本主義の発展は金融資本の役割を大きなものにするだけではない。同時に、銀行は産業へ投下したその資本を確保しまたそれからでき得る限り大きな利潤を獲得する目的の下に、企業の経営に対して発言権をもつことを試みるほか、企業の合同・集中を促進し、この点において独占資本主義の発展をさらに推進する役割を演ずる。これらの形において、産業に対する銀行の支配力は強力となり、そのような点から、独占資本主義の段階は金融資本主義の段階ともよばれる。
（13） Lenin, N., Der Imperialismus als jüngste Etappe des Kapitalismus, 1917, (Bibliothek der Kommunistischen Internationale, IX.) S. 62.
（14） 帝国主義国家相互の関係が融資問題によってある程度規定された例、または、一帝国主義国家が融資問題によって他国を動かそうと試みた例は、「帝国主義の時代」にしばしば見出される。前者の例としては、たとえば、一八八七年ブルガリア問題を契機として露独関係が緊張を示した当時、ビスマルクはライヒスバンク(Reichsbank)に対して、ロシアの公債および社債を融資の見返り担保として受取ることを禁止し、かつ同銀行取引先へロシアの信用能力の薄弱なことを通告させた。ビスマルクは、このようにして、ドイツ金融市場の門戸をロシアに対して事実上閉鎖したのであるが、それは緊張した露独関係の中でロシアをドイツに対してより妥協的ならしめようとしてであった。ロシアは後進資本主義国として国内資本の蓄積が貧弱であり、当時にいたるまで外資とくにドイツの融資に高度に依存してきたのであった。そこで、ビスマルクのこのような措置に直面したとき、ロシアはその切実に必要としていた外資を転じてフランスに仰ごうとするにいたった。しかも、ドイツに対する関係においてロシアとの提携をかねてから望んできたフランスは、融資の前提条件として露仏間の友好関係を強固にすることを要望したのであった。フランスのこの策謀は効果的であった。一八九三年にロシア外相ギールス(de Giers)が「ビスマルクはとくにその金融上の措置によってわが国をフランスの手中に追いやったのであった」といったように、この融資問題は露仏同盟を成立せしめる重要な契機の一つをなしたのであった。またたとえば、日露戦争(一九〇四—〇五年)後ロシアはいよいよ財政的逼迫にかり立てられて、イギリスへ融資方を申し入れるにいたったが、そのときイギリスを応諾させるためには、英露国交を調整することが必要であることが明かとなり、その結果ロシアの発意によりこの目的のための交渉がひらかれ、それは英露協商(一九〇七年)へと結実したのであった。

なお、「帝国主義の時代」において、ヨーロッパ諸国中、対外融資を外交目的のために最も効果的に利用したのは、フランスであった。この点については、フランス金融市場が常に豊富な遊資を擁し、従って、その利率が英独金融市場のそれに比して著しく低く、外資借入れを行おうとする国にとってきわめて魅惑的であったことを考え合さねばならない。

(15) British Security, A Report by a Chatham House Study Group, 1946, p. 24.

(16) トルコ帝国内のトルコ人のほとんど全部はアジアに居住し、ヨーロッパ・トルコにおいては処々の大都市の一画およびトラキア地方に少数のトルコ人が住んでいたにすぎなかった。こうして、バルカン半島においては、その全人口中少数を占めるにすぎないトルコ人が征服者として実力をもって半島の諸民族に対して無慈悲な支配、搾取を行ってきたのであった。そして、このことは、トルコ政府が被支配民族に対して同化政策をとらず、それら諸民族が各自の文化的個性を維持し得たことと相まって、彼らの間に強烈な民族意識を発展させることになった。そして、それは本文に述べたように中欧および西欧における民族的解放運動の進展によって著しく促進せられたのであった。なお、バルカン半島はこの時代においては純然たる農業地帯であり、従って、半島の諸地方に成長してくる民族的解放運動の主たる担い手は知識人・農民階級であった。農民階級としてはトルコの支配を脱することによって苛酷な課税・徴発その他の負担から解放されることを期待して、この運動に熱心に参加したのであった。なお、商工業者たちも半文明的なトルコの下におけるよりも、自民族居住地方を基礎とした近代的な民族国家が作られることによって彼らの事業の繁栄が進められることを望んで、この運動を支持した。

(17) バルカン半島の住民の大多数はロシア人と同じくスラヴ人種に属し、かつロシア人と同様にギリシア正教を信じていた。またコンスタンティノープルはその昔ギリシア正教の総本山の所在地であった。これらの事実は、ロシアがスラヴ族の最大の国家であり、また最大のギリシア正教国であったことと相まって、ロシアにバルカン諸民族の庇護者としての「名分」を与えたのであった。

(18) フランスは古くからシリアに利害関係をもち、かつトルコと伝統的友好関係にあり、また、かつてインドの支配をイギリスと争った国家であった。さらに、ロシアはピョートル大帝の時代以来トルコおよびペルシアへその勢力をのばそうと試みてきたのであった。

(19) とくに、フランスがレヴァント(Levant)およびシリア地方へ勢力を扶植すること、ならびに、ロシアのバルカン半島・ペルシア・インドへの進出が警戒された。

(20) Brandenburg, E., Von Bismarck zum Weltkriege, neue Aufl., 1939, S. 5.

(21) なお、これはヨーロッパにおける平和の維持という観点からばかりではなかった。ビスマルクとしては、露墺間に戦争が勃発し、この戦争においてオーストリア＝ハンガリーが敗れて、国内に複雑な民族問題を孕むオーストリア＝ハンガリーがこれを契機として崩壊することを惧れたのであった。オーストリア＝ハンガリーは、「ドイツ風のファサードをもったスラヴ人の家」(a Slave House with German Façade)と形容されたことによっても判るように、その人口の大きな部分はスラヴ系諸民族から構成されており、従って、帝国瓦解の暁にはその跡にスラヴ系民族の諸国家が生れでることが考えられた。しかも、そのようになった場合にそれら諸国の上へロシア帝国主義の勢力が及ぶことを予想せざるを得ず、もしもそのような事態が発生するならば、ドイツ帝国の安全は脅かされざるを得ないと彼は考えた。ビスマルクはまた、オーストリア＝ハンガリーがロシアとの戦争において勝利を獲得した場合には、オーストリア＝ハンガリーは転じてドイツに対し普墺戦争の復讐を計画するにいたることもあり得るとなし、それもまたドイツを容易ならぬ局面に逢着させることになると考えたのであった。そこで、ビスマルクは露墺二国がいずれも大国の地位を維持しながら互に牽制し合い均衡を保つことが、ドイツにとって最も望ましいと考えたのであった。

(22) ビスマルクは、ヨーロッパ諸国の中フランスとの間に同盟を結ぶ可能性のある国はロシアおよびオーストリア゠ハンガリーであるとなし、この二国を常にドイツに引きつけておくことがあくまで必要であると考えた。彼がたえず警戒し恐怖したのは、仏露墺三国の間に反独的同盟が成立することであった。七年戦争の当時オーストリア帝国宰相カウニッツ(W. A. Kaunitz)の首唱によって結ばれたこの三国の同盟はフリードリヒ大王を絶大な危地へ陥れたのであったが、ビスマルクはこのいわゆる「カウニッツ的同盟」(Kaunitzsche Koalition)が再現することを極度に惧れた。そこで、そのような彼は三帝協商をきわめて重要視し、それが露土戦争(一八七七—七八年)を機会に一旦破綻し、しかも、ベルリン会議後ロシアとの関係が緊張するにいたったとき、彼は一方において一八七九年に独墺同盟を成立させてロシアに一応そなえながらも、なお他方三帝協商の復活をはかり、遂にそれに成功した(一八八一年)。なお、彼が独墺同盟締結後においてもドイツ、オーストリア゠ハンガリー、ロシアの提携を再現することに腐心して止まなかったのは、カウニッツ的同盟の出現を阻止するためであったほかに、なお一つには、ドイツとロシアとの関係が決定的に冷却した場合には、オーストリア゠ハンガリーは自国にドイツが頼らざるを得ない地位に陥ったのを利用して、独墺同盟を自国の帝国主義的目的の具に役だたせようとするであろうと考えたからであった(Bismarck, O. v., Gedanken und Erinnerungen, mit einer Einführung von T. Heuss, 1951, S. 328.)。なお、三帝協商はその後一八八五年にブルガリア問題によって露墺関係が険悪化するに及んで、事実上死滅するにいたった。しかも、このとき、ビスマルクは露独関係が悪化した末にドイツが将来ロシア・フランス両国との間に戦争を交えなければならなくなることを甚だしく惧れ、一八八七年ロシアとの間に秘密条約を締結したのである。対露再保険条約とよばれるものが、これである。この条約の主たる内容は次のごとくである。(一)ドイツはブルガリアおよび東ルメリア(Eastern Rumelia)をロシアの勢力範囲として承認する。(二)両国は相互の諒解によらざるかぎりはバルカン半島における国境の変更をみとめない。(三)両国は協力して、戦争の場合にトルコがイギリス艦隊に対してボスポラス・ダーダネルス両海峡の通航自由を許容することのないようにする。かつロシアが自国の利益のために上記両海峡の平時占領を行わねばならなくなった場合には、ドイツはロシアのこのような行動を精神的・外交的に支持する。(四)両国の一国が第三国と戦争をひらいた場合、他方は好意的中立を守る。ただし両国の一国がオーストリア＝ハンガリーまたはフランスに対して攻撃戦争をひらいた場合は、その限りではない。以上のような対露再保険条約によって、ビスマルクはロシアとの間にバルカン半島に関して諒解を成立させて、同半島に関する露墺帝国主義の対立の激化を抑制することを試み、またドイツが対仏戦争に入った場合にロシアが中立を守ることを約束させたのであった。

(23)　Rothstein, J. Beiträge zur Geschichte der Arbeiterbewegung in England, 1928, S. 360. Anm. 4.

(24)　中東とは、今日の政治地図にもとづいていうならば、西は地中海および紅海、南はアラビア海およびインド西部国境、北はトルコの東部国境ならびに南部国境、および、ソ連邦南部国境で画された三角地帯をいう。従って、その中にはサウジアラビア(Saudi Arabia)、トランスヨルダン(Trans-Jordan)、シリア(Syria)、パレスチナ(Palestine)、イラク(Iraq)、イラン(Iran)その含む)および一九一四年現在においてトルコ領であった地方を指す。

他が含まれる。なお、これに対して、近東(Near East)とは、東部地中海沿岸地方(エジプトを

(25) 取極めの核心は、エジプトおよびモロッコに関するそれであった。エジプトについては、イギリスはエジプトの法的地位を変更する意志のないことを約し、これに対してフランスはエジプトにおけるイギリスの行動を妨害しないことを約束した。モロッコについては、フランスはモロッコの法的地位を変えないことを約し、これに対してイギリスはモロッコにおけるフランスの行動を妨げないことを約束した。両国は、さらに、エジプトおよびモロッコについて今後三〇年間各自の経済活動に関して平等の地位をもつ旨を協定した。なお、両国は別の秘密協定において、モロッコをフランス・スペイン両国の勢力範囲に分割することについて諒解をとげた。

なお、英仏協商という言葉は、当時両国間に結ばれた諸協定それ自体を指していうこともあるが、またこれら諸協定の結果両国間におのずから生ずるにいたった親善関係を指していうこともある。後述の英露協商という言葉についても、右に準じた用い方がされている。

(26) 当時のドイツ政府当局は、ドイツが一方においてオーストリア゠ハンガリーとの間に独墺同盟を結んでいながら、他方において、対露再保険条約をもつことを好ましくないと考えた。彼らは、この秘密条約がオーストリア゠ハンガリー側へ漏洩した場合には、ドイツに対するオーストリア゠ハンガリーの不信感は抜きがたいものになると考えた。そして、もしドイツ、オーストリア゠ハンガリー両国の間にこのように決定的な亀裂が生じたならば、ロシアは自国にドイツが依存するほかなくなったのを利用して、ドイツをロシア帝国主義遂行の具として役だたせようと試みるであろうと考えた。そして、たとえドイツがこの条約を継続しなくても、政治制度と政治思

った。

想とを甚だしく異にするロシア、フランスの二国が提携することは起り得ないと判断したのであった。

(27)　Brandenburg, Von Bismarck zum Weltkrieg, S. 2. ブランデンブルクがビスマルク時代の英露関係を形容したこの言葉は、一九〇七年にいたる両国の関係についてもまた妥当する。

(28)　一九〇五年(明治三八年)に更新された第二次日英同盟条約においては、同盟の地域的適用範囲は東亜およびインドと規定され、同盟義務についても、(イ)締約国の一方が第三国から攻撃された場合、(ロ)第三国が締約国の東亜およびインドにおける領土権または特殊利益を侵害しこれに対して開戦するにいたった場合には、他の締約国は軍事的援助の義務を負うこととなった。

(29)　この取極めは、ロシアとインドとの中間に位置している三つの地域を対象としたものであった。まずペルシアについては、その北部地方をロシアの、インド国境に沿った地帯をイギリスの勢力範囲と定め、それ以外の部分(ペルシア湾沿岸を含む)を緩衝地帯と定めた。ペルシアに関してイギリスが以上のように大きな譲歩をなした代償としてロシアは、(二)アフガニスタンをその勢力範囲外とすることを承認し、(三)チベットについては、イギリスとともに、これを清国の一部であることを認めて、その内政に干渉せず、かつ外交使節を派遣しないことを約束した。イギリスとしては、ロシアにこのような約束をさせることによって、将来ロシア帝国主義がチベットへ浸透して行くことを防止し得ることになった。

(30)　Paléologue, M., Un grand Tournant de la Politique mondiale, 1904–1906, 1934, p. 12.

(31)　イギリス・フランス両国は、英仏協商においてモロッコについて協定を結んだが、ついで、フランスは右協定との連関においてスペインとの間にも諒解を成立させた。その間において、ドイツはモロッコについて何らその議にあずからなかったことを甚だしく不満としていたが、フランスが以上の取極めを背景として、一九〇五年モロッコ王国の広汎な改革計画を作成、これをモロッコ政府に提出するにいたったとき、ドイツは声明して、自国はモロッコに関する英仏および仏西間の取極めに拘束されるものでないとし、ついで、皇帝ヴィルヘルム二世のタンジール訪問計画を発表した。ドイツとしては、この際においてもなお傍観するならばモロッコはフランスの完全な支配下に陥ると考え、かつフランスの同盟国ロシアが当時日露戦争下にあって関心を極東へ集中していることをもおそらくは考慮に入れて、このような抗議的態度に出るにいたったのである。そして、やがてタンジールへ到着したヴィルヘルム二世は、ドイツとしてはモロッコ王国の独立とその門戸開放の維持とを要求する旨を宣言したのである。当時フランスおよびイギリスにおいては、ドイツはフランスの同盟国ロシアが極東における戦争に忙殺されている機会をとらえて、モロッコ問題を機会として対仏戦争をひらくのではないかと疑った。しかも、モロッコ政府はドイツのこの態度に勇気づけられて硬化し、フランスの提出した改革案を全面的に拒絶するにいたった。しかし、フランスは自国に対独戦争を行う充分の準備がないことを考慮して、結局ドイツの要求を容れ国際会議を召集して、モロッコ問題をそれに附議することに同意し、ここにモロッコほか一二ヶ国参加の下に国際会議がアルヘシラスにおいてひらかれた。モロッコ問題の処理が国際会議によって行われることになったことは、この問題が列国の共同の関心事であることが承認されたことを示すものであり、そのことは、同会議でモロッコ王国に関してその独立および門戸開放の原則が改めて確認されたことと相まって、ドイツ側の主張が貫徹したことを意味する。また、会議参加国が共同かつ平等の出資をもってモロッコ国立銀行を創設することになったのも、ドイツにとっての外交的収穫といってよい。けれども、全会議を通じて、イギリスは英仏協商との関連からフランスを支持する態度を持し、ロシアもまた露仏同盟の関係からまたおそらくはフランスの融資に高度に依存していた関係から、フランスを支持した。さらに、イタリアは一九〇〇年の仏伊秘密協定（一一九頁参照）との関連においてフランスに対して好意的態度を表明した。オーストリア゠ハンガリーもまた、フランスと対立することを好まず、ドイツに対するその支持は甚だ微温的であった。こうして、この会議においてドイツはほとんど孤立した形であった。この事実は当時のヨーロッパ国際政治におけるドイツの地位を象徴したものといってよい。

(32)　一九一〇年、モロッコの首府フェズ(Fez)近傍において原住民部族の叛乱が勃発したが、モロッコ政府はこれを鎮圧する軍事力を欠く有様であった。そこで、翌一九一一年四月フランス政府は声明して、モロッコ王国におけるヨーロッパ人の生命・財産が危険な状態にあるのに鑑みて、フランスはモロッコ王の要請に応じて首府防衛のためのモロッコ軍編成に援助を与え、また首府防衛に必要と認めた場合にはフランス軍を派遣する旨を発表した。これに対して、ドイツは右の声明をアルヘシラス協定に違反するものとして強硬に抗議し、ついで、アガディール港およびその近傍のドイツ人の生命・財産の保護を名として軍艦パンター(Panther)を同港へ派遣、示威的態度に出たのである。ドイツの以上の行動は諸国をして、ドイツがアガディール港またはこれをふくむ南部モロッコの支配を意図していることを疑わせ、とくにイギリスは地中海のアガディールにドイツが拠点を獲得することをあくまで阻止する決意を表明し、こうしてヨーロッパ国際政治は一旦全く危機の様相を呈する有様となった。しかし、当時ドイツはモロッコ問題をもって戦争をひらく意志はなく、結局独仏間の交渉の結果、ドイツはフランスのモロッコ支配を承認する

って、事態は解決をみたのである。

代償としてアフリカのカメルーン(Cameroon)をフランスから譲り受けることになり、それによって、事態は解決をみたのである。

(33) この秘密協定において、(一)フランスはトリポリを自国の勢力範囲外であることを承認し、(二)将来フランスがモロッコの政治的または領土的地位《ステータス》を変更する場合には、イタリアはその代償としてトリポリに対してその勢力を発展させ得る旨を取極めたのである。

(34) この秘密条約においては、(一)ロシア・イタリア両国は、バルカン半島における現状維持《スタトゥス・クオ》が不可能となった場合には、他のいかなる国の支配をも排斥しつつ、民族主義の原則に立脚してバルカン諸国の発展をはかることを約束し、(二)イタリアは、ボスポラス・ダーダネルス両海峡の開放に関するロシアの要求について好意的態度を持する代りに、ロシアはトリポリ・キレナイカに対するイタリアの要求について同様、好意的態度をとることを約束した。

(35) モンロー主義の宣言から西米戦争にいたるまでの間、アメリカの重要な対外関係は、アメリカ大陸内の諸国との交渉を除けば、ヨーロッパとの間のそれに限局されていたといってよい。しかも、ヨーロッパとのこの関係はモンロー主義を基準として処理さるべきものと一般に考えられていた。そこで、外交政策に関してアメリカ世論内においては大きな不一致は存在していなかった。しかし、西米戦争の結果フィリピン群島を領有するにいたって以来は、極東に獲得したこの新しい足場をアメリカとして今後にわたって保持し発展せしむべきか、あるいはまた、将来これを放棄してアメリカ大陸内へ後退すべきかについて、アメリカの世論は爾来長く分裂の状態を呈することになった(Lippman, W., U. S. Foreign Policy: Shield of the Republic, 1943, pp. 3-4, 6.)。

(36) 一九一四年にいたる「帝国主義の時代」において、アメリカでは原料および農業生産はその国内需要に対して常に過剰であり、その結果アメリカの輸出貿易において、原料および農産物の輸出は一八七一—七五年には八〇パーセントを占め、一九一〇—一四年においてさえも五三パーセントに上っていたのであった(Sternberg, Capitalism and Socialism on Trial, p. 88.)。

(37)　一九世紀終りにおいても、アメリカの対清貿易はその外国貿易全体の中において未だ二パーセントにも達していなかった(Clyde, P. H., The Far East, 2. ed., 1952, p. 294.)。従って、当時のアメリカにとっては清国市場はむしろアメリカ資本の将来の発展の場として考えられていたといってよい。

(38)　Brandenburg, Von Bismarck zum Weltkrieg, S. 77.

(39)　ibid., SS. 269–70.

(40)　ロシアが満州を軍事占領下に置いた当時、満州の輸入総額の三分の一以上はアメリカからのものであった。しかし、アメリカのこの対満輸出における主要な競争国はロシアではなく、日本およびイギリスであったのである(Williams, W. A., American Russian Relations, 1781–1947, 1952, p. 38.)。けれども、ロシアが満州に対する帝国主義的支配を強化した場合においては、アメリカのこの対満貿易は当然に大きな打撃をこうむることが予想されたのであった。

(41)　この協定において、日露両国は各自が清国との間に結んだ条約および契約にもとづく権利を相互に尊重することを約束しているが、協定の重要性はその秘密取極めの部分にある。そこでは、両国は満州に関して以上の本文に述べたような勢力範囲の取極めをなし、さらに外蒙古に対するロシアの特殊利益を日本が承認・尊重する代りに、ロシアは日本と韓国との間に政治上の共通利害関係が存在することをみとめ、かつその関係の今後の発展を認容する旨を約束したのである。

(42) なお、ロシアは前述のように、日露戦争後はその膨脹の主たる方向をバルカン半島へ転換し、極東においてはむしろ日本との関係を調整しつつその帝国主義政策を進めようと欲していた。しかも、日本もまたロシアとの関係を調節することによってロシアによる復讐戦争を回避することを強く希望していた。日露協商が成立するにいたった背後には、これらの事情もまた存在していたことは、注意しなければならない。

(43) 日露協商は一九一〇年(明治四三年)に更新されたが、この第二次日露協商の秘密協定においては、第一次協商の際になされた勢力範囲の取極めが再確認されたのみならず、両国はさらに進んで、その各自の勢力範囲内における特殊利益を確保するために相互に商議し、支持し合うことを約束したのである。協商関係がこのように強化されたのについて重大な契機をなしたものは、その前年にアメリカ国務長官ノックス(P. C. Knox)が列国に提案した満州鉄道中立化計画であった。それは日本・ロシア・アメリカ・イギリス・ドイツおよびフランスの六ヶ国が清国政府へ融資して、清国をして満州において日露両国が現に所有している鉄道を買収させ、その上でそれら鉄道の経営を以上六ヶ国の監督の下に置こうとするものであった。ノックスのこの提案は、満州がますます日露両国の勢力範囲に化そうとしている事態に鑑みてなされたものであったが、この提案に対して、日露両国は烈しい反対を表明し、しかも、他の諸国は積極的関心を示さなかったので、それは不成立に終った。その後、一九一二年(明治四五年)に日露協商は三たび更新された。この第三次日露協商の秘密協定においては、両国はこれまで勢力範囲に関する取極めを満州に限定していたのに対して、今や進んで蒙古および中国西部についても行うにいたった。協商関係のこのような強化の直接の原因は、前年における四国借款団(Four-Power Consortium)問題にあった。すなわち、一九一一年アメリカ銀行団はアメリカ政府の支持の下にイギリス・フランス・ドイツ三国の銀行団とともに満州の幣制改革ならびに産業開発を目的とした四国借款団なるものを組織した。当時アメリカ政府は、この借款団を通して、日露両国に対抗しつつ満州へ自国資本の強力な進出を実現しようと意図したのであった。これに対して、日露両国は同借款団の目的をもって満州における両国の特殊権益を侵害するものであるとして、強硬な抗議を提出し、一旦紛糾を来したが、結局両国も同借款団へ参加して「六国借款団」(Six-Power Consortium)がここに作られることになり、かつ日露両国は借款団の事業が自国の利益に反すると判断した場合には自由に脱退し得ることに取極められた。しかし、アメリカのこのような満州浸透計画に鑑みて、日露両国はその提携をさらに強化する必要をみとめ、その結果前述のような内容の第三次協商が結ばれたのである。

(44)　一九一一年、日英同盟が更新・継続されるに際して、イギリスの要求によって、同盟条約中に「両締盟国の一方が第三国と総括的仲裁裁判条約を締結したる場合には、本協約は当該仲裁裁判条約の有効に存続する限《かぎり》右第三国と交戦するの義務を前記締盟国に負わしむることなかるべし」という一条が新たに挿入された。イギリスは当時アメリカとの間に総括的仲裁裁判条約締結の交渉をひらいていたのであり、従って、イギリスとしては同盟条約にこのような条項の追加を主張することにより、将来日米間に戦争の勃発をみた場合、イギリスは日本側へ参戦する意志のないことを明かにしたのである。なお、右の英米間の仲裁裁判条約はその後アメリカ上院において批准を拒否されて不成立となった。しかし、それにもかかわらず、日本としては将来対米戦争の勃発した場合にイギリスの支持を期待し得ないことは事実上明白になったのである。

(45) Spender, J. A., Fifty Years of Europe, 1933, p. 359.

(46) ユーゴ＝スラヴ族とは、スラヴ人種の中でヨーロッパ南部に居住し、かつ同一または類似の言語を用いているセルビア・クロアチア・スロヴェニアの三民族の総称である。この三つの民族は伝統・宗教の点で同一ではなく、かつその言語も共通ではなかった。しかし、彼らは被支配民族として甚だしい抑圧をこうむりつづけてきた点においてひとしく強烈な不満を抱いていたのであり、そのことが彼らを相互に接近させる有力な契機となったのであった。

(47) イタリア参戦当時の首相サランドラ(A. Salandra)の述べた言葉。

(48) 「海洋自由の原則」とは、一般には、領海等のごとき特殊の海洋面を除いてはいずれの国の領域にも属しないという主張をいう。しかし、第一次世界戦争下においてアメリカが唱えていた「海洋の自由」の主眼点は、戦時における商船の公海航行の自由ということにあった。

(49) N・J・スパイクマンはいう、アメリカは、ヨーロッパ諸国間に勢力の均衡が保たれている限り、安んじて孤立していることができた。それは、あたかもヨーロッパ大陸諸国間に勢力の均衡が保たれている限りイギリスが「光栄ある孤立」を誇ることができたのと似ている。ところで、イギリスはヨーロッパ大陸諸国間に均衡を保たせることをその伝統的方針としたが、イギリスのこの方針が完全に成功するかまたは完全に失敗した場合には、アメリカは孤立の中に安んじていることができなくなった。すなわち、イギリスの以上の方針が成功してイギリス本国の安全《セキユリテイ》を確保し得た場合には、イギリスはその海軍力を他の大陸に対するイギリスの政策の援護に用いることができた。英帝国が膨脹し得たのも、またラテン・アメリカにおいて英米帝国主義が一時軋轢を演じたのも、右のような場合においてであった。これに反して、一九世紀前半期においてはイギリスとヨーロッパ大陸諸国との海軍力は均衡していたから、南米にスペイン帝国が復興されず、モンロー宣言が実効を挙げ得たのである。なお、イギリス海軍力がヨーロッパ大陸諸国のそれに対して優越していた結果、イギリスは「アメリカ地中海」(メキシコ湾およびカリブ海によって構成される水域)および太平洋への水路を独占的に支配しようとするアメリカの企図に対して五〇年にわたって反対しつづけたのであった。そして、西米戦争においてアメリカが勝利を得、またヨーロッパ水域に強力なドイツ海軍が成立した結果として、イギリスはアメリカ地域におけるアメリカの完全な優越的地位を承認するにいたったのである。それゆえに、アメリカにとっては、「イギリスの方針の完全な成功は好ましいものでないとしても、その完全な失敗はきわめて危険であろう」(Spykman, N. J., America's Strategy, pp. 123-4.)。このようなスパイクマンの見解は正当といってよい。

(50)　ドイツ帝国宰相ベートマン゠ホルヴェークは開戦当初において、この戦争は「烈しい暴風雨になろう。しかし、きわめて短期のものであろう。わたくしは三ヶ月またはせいぜい四ヶ月の戦争だと思っている。わたくしは、すべての政策をそういう前提の上に作成した」と述べた。またドイツ皇帝ヴィルヘルム二世は、クリスマスの時には戦争はもはや終っているであろうと称した。それらの言葉は単にドイツの勝利への自信を誇示したものではなく、戦争に関して交戦国の双方の側にひろく抱かれていた本文のような予想をある程度において反映したものでもあった。

(51)　なお、この会議において参加諸国は国際紛争の平和的処理に関する条約(Convention for Pacific Settlement of International Disputes)を締結し、ハーグに常設仲裁裁判所(Permanent Court of Arbitration)を設立することになった。国際紛争を仲裁によって解決した例は、これ以前にも見出すことができる。しかし、これまでは、仲裁にあたるものをその都度当事国が選定したのであったが、今この条約により、締約国はあらかじめ選任した裁判官をもって常設の仲裁裁判法廷を組織させ、国際紛争が生じて紛争当事国が双方の合意で事件をこの仲裁裁判所を通じて処理しようとする場合には、以上の裁判官中から紛争審理にあたらせる裁判官を選定し、それらのものに判決をなさしめることにしたのである。このような国際司法機関が設立されたことは注目すべきことといってよい。けれども、前記の条約に参加した国家でも、国際紛争を起した場合にこれを常設仲裁裁判所に附する義務を負ってはいなかった。かつ、この裁判所が設立された以後の実績をみても、同裁判所によって処理された紛争はきわめて少く、しかも、それらの紛争はいずれも甚だ小さな紛争にすぎなかった。常設仲裁裁判所が国際平和の維持に役だち得た程度は、それゆえに、甚だ少かったといわねばならない。一九一四年夏サラエヴォ事件の勃発をみ、オーストリア゠ハンガリーがセルビアに最後通牒を送ったとき、セルビアはその回答の中において、もしオーストリア゠ハンガリーがその回答内容に不満足な場合には、セルビアは事態の処理を常設仲裁裁判所または諸大国の決定に委ねる用意がある旨を述べたが、オーストリア゠ハンガリーはこの提案に一顧も与えることなく、直ちに宣戦したのであった。この挿話的事実は、ひとり当時だけでなく一九一四年にいたる時期において、国際平和維持のためにはヨーロッパ協調にも常設仲裁裁判所にも大きな期待をかけ得なかったことを象徴するものといってよい。

(52) 戦争に対する第二インターナショナルの立場は、一九〇七年のシュトゥットガルト大会の決議において規定され、一九一二年のバーゼル大会において敷衍せられた。「バーゼル宣言」(Basel Manifest)は述べて、「インターナショナルの各国支部は、自国政府に対してプロレタリアートの力をもって抗争し、あらゆる戦争屋に対して国内世論を動員し、かくして互に提携して反帝国主義闘争を行うことによりあらゆる国々の労働者たちの巨大な協力が実現し、それによって、危殆にある世界の平和を救うためにすでに大きな貢献をなしたのである。世界戦争が起るならばプロレタリア革命が勃発するであろうという支配階級の恐怖が、平和維持の重要な保障となっていることはすでに立証されてきた」といい、「ヨーロッパの現下の情勢においては、かつまた労働者階級内の雰囲気を考慮するならば、諸国政府は自らを危うくせずしては戦争をひらくことはできない。諸国政府はそのことを銘記すべきである」となし、「もし戦争勃発の惧れが生じた場合には、関係諸国の労働者階級ならびに議会におけるその代表者たちは、インターナショナル事務局の協力的支持の下に、彼らが最も有効と考えるいかなる手段……に訴えてでもその勃発を阻止するため万策を尽さなければならない。しかし、それにもかかわらず戦争が勃発するにいたった場合には、彼らの義務はそのできるだけ速かな終結に努めることであり、また戦争によってひき起された政治的・経済的危機を利用して大衆を覚醒させ資本主義的階級支配の廃絶を促進するよう全力を挙げることである」となしたのであった。

(53)　ヴィルヘルム二世は、将来ヨーロッパ大陸諸国をこの露独同盟へ参加または接近させ、これをイギリスに対抗するところの大陸同盟へと発展させることを夢みていたのであった。なお、彼はイギリスと同盟関係にあった日本の加盟をも将来に期待していた。

(54)　ヨーロッパにおいては、ブルジョア階級が政治的支配層としてその地位を確立してからもなお、外交官には貴族層出身者が多数含まれていた。これは一つには、本文に述べたように、外交の分野においては君主がなお影響力をもち得ていたこととも連関があると考えられる。すなわち、外交に対しては以上のような関係に立つ君主の信任をうる上からも、さらにまた駐在国宮廷との交渉においても、貴族層の出身であることは往々便宜であった。そのほかに、外交官の任務の一つは自国を駐在国において強く印象づけることであるが、しかも、そのような活動のためには外交官の俸給は一般に充分でなく、その点において豊かな資産の所有者であることが好ましいとされた。また駐在国の宮廷・「社交界」へ出入する上において、貴族層出身者は挙措・趣好において高い適格性を具えていると考えられた。さらに、外交官としての活動のためには、ひろい教養と高い語学力とが必要とされたが、それらのための基礎を与える教育は、富裕な社会層の子弟にとってのみ、それをうけることが可能であった。これらの点が相合して、外交官に依然貴族層出身者を多く含むことになったと考えられる。W・バジョットは、イギリス・ブルジョア階級の「黄金時代」ともいうべきヴィクトリア時代中期に著わしたその『英国憲法論』(The English Constitution)(一八六六年)の中で、貴族層にとって現在またさらに今後長くその長所を発揮できるのは、外交の分野においてであるといい、「ヨーロッパの旧世界外交は主として迎接の間《ま》で行われたが、今日でももちろん多分にそうである。諸国が接触するのは各々の国の最上層部同士の間においてである。最も旅行をし、最も多数の外国を知っており、地域的分派心――それは愛国心とよばれまたそう信じられている――を最も持たないのは、いつも最高の階級である」、「大使は単なる代理人ではない。彼は同時に見世物《スペクタクル》なのである。彼はある仕事をするためと同時に人目へさらすために外国へ派遣されるのであり、彼は外国の宮廷・外国の君主の間において女王(ヴィクトリア女王を指す―著者)を代表しなければならない。貴族階級は本来的にそのようなことをなすのに比較的適しており、人の世の演劇的な面を演ずるのに慣れており、何かに適しているとすれば、これに最も適している」(Bagehot, W., The English Constitution, World's Classics' Ed., pp. 106-7.) と記している。

(55) Bismarck, Gedanken und Erinnerungen, S. 309. なお、Pribram, A. F., England and the International Policy of the European Great Powers, 1871-1914, 1931, pp. 24-5.

(56) トルストイ、「基督教と愛国心」、『トルストイ全集』、岩波版、第一八巻、昭和六年、四六五頁。

(57) Nicolson, Diplomacy, p. 73.

(58) Benda, J., La Trahison des Clercs. (木田稔訳、『知識人の反逆』、昭和一六年、一三一―四頁)

(59) フランスにおいては、革命戦争にあたって義勇兵を募ってこれを戦線へ送ったことはすでに述べたごとくであるが、その後一七九八年に今日の徴兵制度に近いものを採用した。また、ナポレオン時代に、プロイセンにおいてはナポレオンによって課せられた陸軍兵力量の制限を事実上まぬかれる目的の下に短期在営年限制の徴兵制度を採用した。プロイセンのこの制度は、ついで他のヨーロッパ諸国の倣うところとなった。けれども、復古《レストレーション》の時代以後、諸国においては徴兵制度は廃止され、または小規模のものにされた。これは、王たちの政府としては人民を武装させることは彼らにとって危険であると考えたためである。しかし、一八六〇年代にいたり、プロイセンにおいては徴兵制度は徹底した形において施行され、その結果生れでた厖大なプロイセン軍は普墺・普仏の両戦争において巨大な勝利を獲得したのであった。これを契機として、ヨーロッパ大陸の諸国はプロイセンに倣った兵制改革を行い、徴兵制度はここに普遍化することになった。

(60)　この点は、在来しばしば指摘されてきたところである。なお、Morgenthau, Politics among Nations, pp. 75–6., Reeves, E., Anatomy of Peace, 1945. 稲垣守克訳、『平和の解剖』、昭和二四年、二〇七頁。S・ツヴァイクは、一九一四年の夏に母国オーストリア＝ハンガリーが開戦しようとする際の情景について自伝の中に次のように述べている。それは本文に述べた点に関する一例となし得るであろう。「どの駅にも総動員を告げる貼り紙が貼られてあった。どの列車も新しく入隊させられた新兵で一杯であり、旗が飜えり、音楽がどよめき、ウィーンでは全市が興奮しているのを見出した。……行列が街頭に組まれ、突然到る処に旗・リボン・音楽が燃え上り、若い新兵たちは意気揚々と行進した。彼らの顔は明るかった。ふつうならば誰も眼中に置かず、讃えもしなかった微々たる平凡人である彼らに、人々は歓呼の声を送ったからである。」「二〇〇万のひとつの町、ほとんど五、〇〇〇万のひとつの国は、自分たちは世界史を、けっしてふたたびはめぐって来ない瞬間を、相ともに体験しているのだということ、各人はその微小な自我をこの燃え立っている群集のなかに投じ、其処であらゆる利己心から自分の身を浄化するのだということを、このときにあって感じたのであった。身分・言語・階級のあらゆる区別は、この一瞬間においては、友愛の流れる感情に被い呑まれてしまった、疎遠な人々も街上で言語を交わし、多年相避けていた人々も互いに手を握り合い、到る処に生気の溢れる顔が見られた。各個人が自己の自我の高揚を体験し、彼はもはや以前の孤立した人間ではなく、彼は群集の中に加わったのであり、彼は民衆であり、彼の人格は、彼のそれまで眼中に置かれなかった人格は、ひとつの意味を獲得したのであった。それまで早朝から夜分まで手紙を分類し、いつも分類し続け、月曜から土曜まで不断に分類し続けていた微々たる郵便局員、また書記・靴屋が、突然別なロマンティックな可能性を彼の人生に持つようになった。彼は英雄となることができたのであり、早くも女たちは軍服を着たあらゆる人を讃美し、銃後に残る者たちはあらかじめ畏敬を含めてこの英雄というロマンティックな名前で挨拶を送るのであった。彼らは、自分たちを日常の平凡さから抜け出させる未知の力を認めた。」（圏点は著者）(Zweig, S., Die Welt von Gestern, 1944. 原田義人訳、『昨日の世界』、下巻、昭和二七年、一三一―四頁）

(61)　下院議員総数は四三五名であるのに対し、上院のそれは九六名である。

(62)　二〇四頁参照。

(63)　一九世紀中頃から一八七〇年代にいたるまでは、経済的自由主義がヨーロッパにおいて経済政策上の主義としてひろく承認されていたが、経済生活に対する政治の干渉を原則的に排斥する経済的自由主義の建前は、戦争に関してもある程度守られたのであった。F・ハーツは、この点について次のごとく述べている。ロシアはクリミア戦争（一八五四―五六年）下においてイギリスにおけるロシア公債所有者に対してその利払いを継続した。また、そのための必要からロンドン金融市場において募債をも行い、さらに、ロシアの原料品はプロイセン経由イギリスへ輸入された。普仏戦争（一八七〇―七一年）の場合にも、交戦国間の商取引は停止されることはなく、ベルリンの実業家たちはドイツ軍の包囲下にあるパリの取引先との間に軽気球便《バルーン・メール》で通信を行っていた。このように、実業家たちは戦争と関係なくその活動を行ったが、政府の側もまた自国実業家の在外利益を軍事力を用いて擁護することをその任務とは考えていなかった。政府が一見そのような動きを示したようにみえる場合はあるが、それは主としては高等政策的考慮によるものであった。イギリスのエジプト干渉はエジプト公債を所有するイギリス人たちのためになされたものではなくて、トルコの衰退によって次第に危険に瀕してきた「インドへのルート」を防衛しようとしてであった(Hertz, F., Nationality in History and Politics, 3. imp., 1951, p. 231.)。しかし、第一次世界戦争は、もはや経済的自由主義の時代における戦争とはその趣を異にするものであったことは、本文に述べたごとくである。

(64) S・K・パドヴァーは、ドイツが対敵宣伝において拙劣であったのは、第一にはドイツ人には外国人、とくにアメリカ人の心理を理解・洞察する力に一般に欠けていたためであり、第二には、帝政期のドイツは階層《カースト》的社会を形成しており、社会の指導層、とくに軍事および政治における指導層は、彼らの支配的地位が余りにも確固たるものであったために、一般人の感情や反応に習慣的に無関心になっていたためであると述べている(Padover, S. K. and Lasswell, H. D., Psychological Warfare, Headline Series, No. 86, 1951, pp. 8-9.)。

(65) Padover and Lasswell, op. cit., p. 9.

(66) Ponsonby, A., Falsehood in War-Time, 1928, p. 19. なお、この書物には、第一次世界戦争下で交戦諸国によってなされた虚偽の宣伝の事例が多数収録されている。

第五章　市民的政治体制動揺期の世界政治

(1) Royal Institute of International Affairs, British Security, p. 23.

(2) いわゆる「一四ヶ条宣言」(Fourteen Points)の内容は、次のごとくである。(一)秘密外交の廃止、(二)海洋の自由、(三)一切の経済的障壁の除去、国際通商における平等主義の樹立、(四)軍備の徹底的縮小のための充分な保障の実現、(五)すべての植民地要求を原住民の利益を考量しつつ公正に処理すること、(六)ロシア全版図からの撤兵、ロシアに関する問題の解決にあたっては、諸国が協力してロシアの政治的自主性を保全し、かつロシアがみずから選択した制度を保有しつつ国際社会に参加し得るようにし、ロシアの必要とする援助を与えること、(七)ベルギーからの撤兵とその復興、(八)フランスの全版図の解放、その被侵略地方の復旧、アルザス・ロレーヌのフランスへの復帰、(九)イタリア国境を民族主義の原則に即したものに改めること、(一〇)オーストリア゠ハンガリーの諸民族の自主的発展の確保、(一一)ルーマニア・セルビア・モンテネグロからの撤兵、被占領地の復旧、セルビアに対して海への出口を与えること、若干のバルカン諸国の政治的・経済的独立および版図の国際的保障、(一二)トルコ帝国内のトルコ人居住地方へは完全な主権を与えるが、同帝国支配下の諸民族についてはその自主的発展を確保し、ダーダネルス海峡を国際的に開放すること、(一三)ポーランド国を建設し、その版図はポーランド民族居住地方を含み、海への出口を持ったものにし、その政治的・経済的独立と版図とを国際的に保障すること、(一四)国際的連合(a general association of nations)をつくり、これに加盟した国家は各自の政治的独立と領土とを相互的に保障すること。

(3)　ウィルソンは、一九一八年九月二七日の演説において、与国・敵国ともにひとしく正義の原則を尊重すべきこと、特殊利益はこれを承認し得ないこと、将来作らるべき国際的連合の内部においては同盟が結ばれてはならないこと、同連合に加盟した国家は相互的に経済的特殊関係を結ばないこと、秘密外交は廃止さるべきことを主張したのである。

(4)　Neumann, S., Future in Perspective, 1946, pp. 54-5.

(5)　Nicolson, H., Peacemaking, 1919, 1938, pp. 191-2.

(6) パリ平和会議においては、英語がフランス語と並んで外交用語として認められることになった。ヨーロッパにおいては、久しい間ラテン語が外交上の共通語として一般にみとめられていた。従って、ヴェストファーレン(ウエストファリア)条約(一六四八年)をはじめラテン語で綴られた条約はきわめて多い。そして、外交官はラテン語をもって交渉を行ったのであった。しかし、一六世紀以降には、フランス語もまた次第に用いられるようになった。ことに一八世紀に入ってから、フランスは自国語をひろく外交用語たらしめようとしきりに試みた。ただし、これに対しては、他国の強い反対もあった。そこで、たとえば、エクス・ラ・シャペル条約(一七四八年)はフランス語で起草されたが、それは締約国として今後の先例とするものではない旨がとくに明記された。パリ条約(一七六三年)・ヴェルサイユ条約(一七八三年)・ウィーン会議最終議定書(一八一五年)の場合にもまた、同様の留保が条約の中に挿入されたのであった。それにもかかわらず、すでに一八世紀中頃には、フランス語は事実上は外交上の「公用語」としてみとめられるようになり、たとえば、ウィーン会議(一八一四―一五年)・パリ会議(一八五六年)の議事はフランス語をもって行われた。なお、フランス語がこのように外交用語となるにいたったのについては、それが優雅な言葉としてヨーロッパ諸国の宮廷用語として用いられたこと、正確・明晰な表現をなすのに適当な言葉であることなどのゆえに、外交上用いるのに適当と考えられたことにもよるが、しかし、なお一つにはヨーロッパ国際政治においてフランスがもった巨大な比重にも負うと考えられる。このことは、イギリスが大きな勢力をもっていた同時代の極東において、英語が外交上の用語として用いられたことから考えても、明かであろう。ところで、パリ平和会議においては、英語がはじめてフランス語と並んで外交用語として認められ、ヴェルサイユ条約中には同条約はフランス語および英語のそれをいずれも正文とする旨が規定された(第四四〇条第三項)。この事実は、世界政治においてイギリスのほかに新たにアメリカが大きな比重をもつにいたったことと連関する。なお、パリ平和会議以後においても、多数国家の間に結ばれた多辺的条約の場合には、フランス語を正文とした例は依然多く、若干の条約はヴェルサイユ条約のように英仏両国のものを正文とした。Satow, Sir E., A Guide to Diplomatic Practice, 3. ed., 1932, pp. 52-6. Nicolson, Diplomacy, pp. 233-6. 参照。

（7）Hutton, G., Is it Peace?, 1936, p. 244.

（8）Nicolson, Peacemaking, 1919, p. 79.

（9）オーストリア＝ハンガリーが連合国との間に休戦条約を締結したのち、同帝国内の諸民族はつぎつぎに独立を宣言し、オーストリア＝ハンガリーは分解をとげるにいたった。そこで、連合国は分解後に成立したオーストリアおよびハンガリーと各別個に平和条約を結ぶにいたった。

（10）連合国とトルコとの間にセーヴル条約が結ばれて後トルコには革命が勃発し、この革命から生れ出たムスタファ・ケマル(Mustafa Kemal)を中心とする新政府はやがて連合国と折衝した後、一九二三年にセーヴル条約をトルコに有利に修正した新しい条約を結ぶにいたった。ローザンヌ(Lausanne)条約がこれである。

（11）ヴェルサイユ条約第五篇前文・国際連盟規約第八条第二項、参照。

（12）ヴェルサイユ条約第二三一条。

（13）一九一九年六月一六日付、連合国のドイツに対する回答。

（14）彼はたとえば、一九一七年四月二日の議会への教書において次のごとく述べた、「平和のための確乎たる提携は、民主的な諸国民の結合によるものでなければ、決して存続し得ない。専制的な政府はそのような提携に加わっても、誓いに忠実であり、あるいはその盟約を守るとは期待し得なかった。それは名誉をかけた連合体、同一見解にもとづいた結合でなければならない。……ひとり自由なる人民のみが共通の目的のためにその目的を把持し、かつ彼ら自身の限られた利益よりも人類の利益を先にすることができるのである」。

(15) 彼はたとえば、一九一九年九月二〇日ロサンゼルスにおいて演説して、ふり返ってみるならば、過去は勢力均衡の時代であった。それは「各国家が自分で自分のことを考えるか、他の国家または国家群と提携して世界の平和を確保し、あるいは世界の弱い地域を支配した時代であった」といい、同盟の時代は今や去った。国際連盟の計画は、このような党与を組むことをなくそうとするものである、と述べた。

(16) Nicolson, Peacemaking, 1919, p. 187.

(17) Neumann, Future in Perspective, p. 157.

(18) Nicolson, op. cit., pp. 91-3.

(19) Spykman, America's Strategy, p. 125.

(20) パリ平和会議において、世界諸国の参加した国際連盟が創設され、この国際連盟が世界平和の一部としてのヨーロッパの平和保全をはかることになった。しかも、対仏軍事援助条約の場合、「ヨーロッパのあらゆる政治問題の中で最も重大な問題が、非ヨーロッパ国家がヨーロッパの平和維持に継続的に関与することになるような措置によって解決」することが試みられたのである。これらに示されているように、パリ平和会議当時においては、「政治的に自足的なヨーロッパ体制を再建しようという意識的試みは何らなされなかった」(Holborn, The Political Collapse of Europe, p. 98.)。この事実は、きわめて注目に価することといわねばならない。

(21) トルコの場合については、幾分別に考えねばならない。この点に関しては、本章註(10)参照。

(22) ヴェルサイユ条約第二三一条、第二三二条第一項および第二項、第二三三条第一項、参照。

(23) イギリスおよびフランスは、ドイツをして戦争をひらき得ない状態に置くことを必要と考えた。しかし、フランスはこれがためには自国が大陸において覇制的地位を占めることが必要であるとなしたのに対し、イギリスはドイツが大国として復活することをある限度において許して、ヨーロッパ大陸にある程度の勢力均衡をつくり出し、それによって、一九世紀におけるようにイギリスとして大陸諸国に対してバランサーの地位に再び立とうとした。そして、そのような観点において、ヴェルサイユ体制を運用することを考えていた。そして、そのような方針は、ドイツをして戦争を恒久的にひらき得ないようにすることと何ら矛盾しないと考えたのであった(Morgenthau, Politics among Nations, pp. 371–2.)。

(24) 戦債とは、世界戦争の遂行および戦後の復興のためにアメリカが連合与国に対してなした融資を指す。

(25) ロシアは、この条約の結果、フィンランド・ロシア領ポーランド・リトアニア・ウクライナ・ベッサラビア(Bessarabia)・アーランド(Aland)諸島・エストニア・リヴォニア(Livonia)・クールラント(Courland)などの諸地方を放棄し、これら地方の今後の処置は独墺側諸国がそれら地方の住民と協議、決定することに定められ、さらにアルメニア(Armenia)をトルコに割譲することになった。ロシアがこの条約によって喪失することになった領土は合計五〇万平方マイルに上ったが、大国が一つの条約の結果かくまでに厖大な領土を失ったのは、ヨーロッパ史上未曾有のことであるといわれている。なお、戦争が連合国側の勝利をもって終るにいたった後、連合国側は独墺側諸国にこの条約を廃棄させた。

(26) ロシアにおいてボリシェヴィキがとった革命方式は、諸国の社会主義政党内部にその是非に関して烈しい論争をひき起したが、自国に関してもボリシェヴィキのとった方式を踏襲しようとするものは分裂して独立の政党を作るにいたった。そして、ボリシェヴィキ政府はこれら政党の代表者をモスクワに招請して、共産主義インターナショナルを組織したのである。それは世界戦争の勃発とともに崩壊した第二インターナショナルの事業を一面においては継承したものとして第三インターナショナル(Third International)ともよばれることになった。

(27) 連合国最高会議(Supreme Council)は、一九一九年一二月にポーランド東部国境を画定した(ヴェルサイユ条約第八七条第三項参照)が、それはポーランド人居住地方の東の端に沿って国境線を引いたもので、カーゾン線(Curzon Line)の名で知られている。しかし、ロシア・ポーランド戦争後の講和条約(一九二一年三月)で、ポーランド東部国境はカーゾン線よりもはるかに東に画定され、その結果ポーランド東部地方には多数の白ロシア人・ウクライナ人・ユダヤ人を含むことになった。

(28) Machray, R., Poland, 1914-1931, 1932, p. 165.

(29) レーニンは、一九二〇年一二月全露ソヴェト会議(All-Russian Congress of Soviets)において演説して、「わが国の外交政策は、わが国が孤立し、かつ資本主義世界が強力である間は、われわれとして(資本主義諸国間の)不一致を利用する以外にはない。……わが国の存立は、第一には帝国主義諸国の陣営内に甚だしい分裂があるということ、第二には連合国の勝利とヴェルサイユの平和とがドイツ人民の大多数を生きて行けないような境遇へ追いやったこと、によって可能になっている。……ドイツのブルジョア政府は、ボリシェヴィキを憎んでも余りあるものと思っている。しかし、国際情勢の上から、彼らはその意に反してソヴェト・ロシアとの平和を求めざるを得なくなりつつある」と述べたが、事態はレーニンの予見したごとき方向へ進んだわけである。

(30)　世界戦争下において、イギリスをはじめヨーロッパ諸国は戦費調達の必要からその在外資産の大きな部分をアメリカへ売却し、さらに、戦債の形においてアメリカから巨額の融資を仰いだ。それらの結果として、アメリカは世界戦争を経ることによって一躍国際貸借上世界最大の債権国となるにいたった。このことは、戦前のアメリカが債務国であり、その資本主義の発展はヨーロッパ諸国の融資に負うこと大であったことを考えれば、正に巨大な変化であるといわなければならない。戦前すでにめざましい発展を示してきたアメリカ資本主義は、こうして今や戦後世界経済において強力な地歩を打ち樹てるにいたった。

(31)　パリ平和会議の結果、日本は南太平洋の赤道以北のドイツ領諸島に対する委任統治権を獲得した。ところで、これら諸島はハワイからフィリピン諸島にいたるルートの上に位置している関係上、アメリカとしてはフィリピン諸島を日本の攻撃に対して防衛することは在来に比して容易でなくなった。そこで、アメリカは戦後その海軍主力を大西洋岸に置く旧来の方針を改めて、これを太平洋岸に常置してきたのであった。

(32)　ただし、ドイツにおいては、右翼諸派はこの条約をもってドイツとして何ら見るに足る対価を得ずして、アルザス・ロレーヌを決定的に放棄し、かつラインラント軍備禁止を恒久的なものとして承認したものであるとして、シュトレーゼマン外相に対して痛烈な攻撃を浴びせたのであった。

(33) Carr, E. H., Conditions of Peace, 1942, p. 192.

(34) ドイツ、ベルギー間、ドイツ、フランス間、ドイツ、ポーランド間、ドイツ、チェコスロヴァキア間の仲裁裁判協定、および、ドイツによる攻撃をこうむった場合に対するフランス、ポーランド間、フランス、チェコスロヴァキア間の相互協定を指す。なお、これらの諸協定とロカルノ条約とは、一括してロカルノ協約(Locarno Pact)とよばれている。

(35) Gooch, G. P., Studies in Diplomacy and Statecraft, 1942, p. 181.

(36) ibid., p. 186.

(37) このことは、ナチの主張を考え合せるならば容易に想像することができる。ナチはその党綱領において「すべてのドイツ人を結成して大ドイツを建設すべきことを要求」し、「他国民に対するドイツ国民の平等、ヴェルサイユ条約およびサン・ジェルマン条約の廃止を要求」し、ドイツ「国民を養い、かつ過剰人口を養い得るために土地(植民地)を要求」していた。そして、党首ヒットラー(A. Hitler)はその著『わが闘争』(Mein Kampf)において、「失地の回復は神に恭々しく助けを乞うたり、国際連盟につつましやかに希望してみても、実現するものではない。ただ武力に訴えるほかにありえない」(Hitler, A., Mein Kampf, 277./280. Aufl., 1937, S. 708.)と述べ、しかも、ドイツはヴェルサイユ条約の結果喪失した地域の回復をその目標とすべきではない、なぜならば、「一九一四年の国境は全く合理性がない」、「それは実際においてドイツ民族に属するものを包含するという点からみて完全ではなく、軍事地理学的合目的性の見地からいっても合理的ではなかった。……一九一四年の国境はドイツ国民の将来にとっては全く無意味である」(ibid., SS. 736-8.) と主張し、「ドイツにとって、健全な領土政策を遂行する唯一の可能性は、一つにヨーロッパ自体の中に新領土を獲得することにある。……もしヨーロッパに土地を獲ようということになれば、それは大局的にみてロシアの犠牲においてのみ可能である」(ibid., SS. 153-4. なお、SS. 742-3.) と記したのである。

(38)　前にふれたように、世界戦争が勃発したときイタリアは一旦中立を標榜したが、連合国側はその後一九一五年四月イタリアとの間にロンドン秘密協定を結び、イタリア参戦の代償として連合国勝利の暁にはイタリアに対し若干の、とくに領土的利益を提供することを約束し、そこでイタリアは連合国側へ参戦したのであった。イタリアはパリ平和会議において、この秘密協定を基礎とした要求を提出したが、それらの多くは承認されなかった。そのとくに強硬に主張したダルマチア(Dalmacija)地方併合の要求に対しては、平和会議はユーゴスラヴィアの独立を認めた関係上この地方を民族自決主義の原則に従ってユーゴスラヴィアに帰属させたのであった。また、植民地に関しては、平和会議はイタリアに新しい植民地をほとんど与えなかった。しかも他方、イギリス・フランス・南ア連邦のごときは、平和会議の結果厖大な旧ドイツ植民地を国際連盟からの委任統治の名の下に事実上獲得し、そして、それらの植民地は資源に富み、かつ移住に適する地域であった。由来イタリア本国は資源に貧しく、人口過剰に苦しんでおり、しかも、その旧来の植民地の大部分は経済的価値に乏しいと同時に移住に適しなかった。そこで、平和会議の以上のような決定は、イタリアを極度に失望させ不満ならしめたのであった。

(39) F・シュテルンベルクは、この点について当時のインド相エーメリー(L. S. Amery)が一九三三年二月二七日に下院においてなした演説を引用している。それはいう、「われわれは何ゆえに行動ないし言説の形でまたは同情という形で、個人的にまたはことさらに、この件について日本に反対しなければならないのであるか。そうすべき何らの理由もないと私は敢えていう。日本の主張は基本的事態に基礎を置いたものであり、現在ではすでにきわめて尤もなものなのである。……われわれの中の果して何人が石を投げうち、日本が満州に平和と秩序とを樹立するためにまた強力な中国民族主義の絶えざる攻勢に対して自己を防衛するために行動したのを不当であるといい得ようか。もしもわれわれが日本を非難するならば、それはインドにおけるわれわれの全政策、エジプトにおけるわれわれの全政策を非難したことに同時になるのである」。なお、エーメリーはこの以後も一九四五年までインド相の地位にとどまっていた(Sternberg, F., Capitalism and Socialism on Trial, p. 402.)。

(40) 一九三三年五月一七日のドイツ議会におけるヒットラーの演説。

(41) ヴェルサイユ条約は、東部ドイツにバルチック海の港ダンツィヒ(グダニスク)をふくむ帯状の土地を画して、これをポーランド領とし、それによってポーランドを海への出口をもった国家たらしめた。この地帯は俗にポーランド回廊とよばれることになったが、それはポーランドから海への廊下という意味である。この地方は昔ポーランド王国の版図の一部をなしていた関係からその人口の過半数はポーランド人であり、従って、ポーランド回廊の設定は民族主義の原則を無視したものと一概に断定することはできない。けれども、このような措置の結果ドイツの領土は東西二つに分断されることになり、従って、そのことはドイツを甚だしく憤らせたのであった。

(42)　イギリスが、イタリアに対して経済制裁を行うもイタリアとの間に戦争を賭する意志はもたない旨を公然声明するや、ムッソリーニは直ちに、国際連盟の指定する対伊輸出禁制品目に石油が加えられるならば、イタリアはこれをもってヨーロッパ戦争を発生させる敵対行為とみなす旨を宣言したのである。そこで、禁制品目中から石油は除外せられた。イタリアはその結果戦争遂行上最も切実に必要としていた石油を自由に輸入し得ることになった。

(43)　当時フランス政府内には、ドイツへ最後通牒を送り対独開戦を賭すべきであるとの主張が甚だ有力であった。しかし、フランス軍部は戦争の危険を冒すことについて甚だしく躊躇的であった。しかも、イギリスはこの際ドイツに対して戦争をひらく意志はなく、かつフランスが開戦することに対してもまた反対であった。当時のイギリスにおいては、ヴェルサイユ条約中のラインラント武装禁止条項は本来的に不自然であり、従ってドイツの国力回復とともにそれが撤廃されるのもまたやむを得ないとする見解が支配的であった。そして、フランスの独立はイギリスの安全《セキュリティ》のため不可欠の条件であるが、しかし、それはマジノ線によって担保されているという考えがひろく抱かれていたのであった。そこで、フランス政府としてはイギリスがこのように消極的態度を持し、軍部もまた動くことを欲しないのに鑑みて、実力行動をとることを遂に断念したのであった。当時の駐独イギリス大使ヘンダーソン(N. Henderson)はその回顧録において、このラインラント進駐のときこそおそらくは「イギリスおよびフランスが戦争を余儀なくされることなくして独裁者(ヒットラーを指す—著者)に〈否《ノオ》〉という意志を強いることが未だできた最後の機会であったであろう」と述べている(Henderson, N., Failure of a Mission, 1940, p. 41.)が、それは後年ゲッベルス(J. Goebbels)によっても裏書されている(Deutsch, O., Germany's Next

Aims, 1939, p. 12.)。
(44) Sternberg, Capitalism and Socialism on Trial, p. 401.
(45) ムッソリーニはすでに一九三七年一一月に、リッベントロップ(v. Ribbentrop)に対して、オーストリアに対するイタリアの関心はかつてのごとくに切実なものではない、イタリアはその関心を地中海と植民地とに集中していると告げた。
(46) ズデーテン地方はその人口の圧倒的部分がドイツ人であるにもかかわらず、パリ平和会議は同地方をオーストリア領とせず、チェコスロヴァキアに帰属させた。それはチェコスロヴァキアの独立を補強しようとしてであった。すなわち、山岳地帯であるズデーテン地方を領有することはチェコスロヴァキアを国防上有利な地位に置くと考えられ、また、チェコスロヴァキアの中核をなすボヘミア地方の経済的繁栄はズデーテン地方の鉄・石炭・その他の工業資源に負うこと大であり、従って、この地方はチェコスロヴァキアの重要な経済的基盤となり得ると考えられた。
(47) W・リップマンも「一九三七―一九三八年にドイツの脅威が彼ら(イギリスの政治指導者を指す―著者)の上に加わったとき、彼らはミュンヘンでロシアと連携することを取止めることによってイギリスの安全《セキュリティ》を獲ち得ようとしたが、それは、ドイツとロシアとが戦って共に疲れ果てることへ果敢ない最後の望みをかけてのことであった」(Lippmann, W., U. S. Foreign Policy, 1943, p. 116.)と述べている。
(48) アルバニアはアドリア海への入口にあたるオトラント(Otranto)海峡を扼する位置にあり、そこでアルバニアが第三国に併合せられまたは第三国の勢力下に置かれて、右の第三国がこの海峡を制圧するならば、トリエステ(Trieste)からバリ(Bari)にいたるイタリアの諸港はその機能を奪われ、またそのアドリアティック艦隊の力は著しく減殺されることになる。そこで、イタリアはすでに第一次世界戦争前からアルバニアの独立維持をはかり、戦後にはアルバニアと軍事同盟を結んでこれをイタリアの勢力下に置き、アルバニアをイタリア本国の防衛に役だたせてきた。なお、イタリアは同国をバルカン半島への帝国主義的発展の拠点としてもまたきわめて重要視してきたのであった。従って、アルバニアの併合は、以上の方針をさらに推進せしめたものにほかならない。

(49)　一九三六年九月六日の演説。

(50)　一九三八年二月四日の演説。

(51)　Nazi-Soviet Relations, 1939-1941. From the Archives of the German Foreign Office, Department of State, 1948, pp. 76-8.

(52)　大本営政府連絡会議における「世界情勢の推移に伴ふ時局処理要綱」審議にあたって大本営側が提出した説明書中の句。

(53)　中立法(一九三五年および三七年制定)は、アメリカを他国の戦争へ引込まれないようにする意図の下に、そのような戦争に対してアメリカは徹底的に不関与の態度を守るよう諸種の規定をなしたものである。それは孤立主義の見地からなされた立法であった。

(54)　アメリカは第一次世界戦争を経ることによって国際貸借における債務国たる地位から巨大な債権国へと転化したが、この戦後のアメリカはその資本輸出を後進資本主義国に対してのみでなく、ヨーロッパの在来の先進資本主義諸国に対しても大規模に行うことになった。これに反して、戦後のヨーロッパ先進資本主義諸国の資本輸出は激減することになった。

J・クチンスキーは、一九一三―三八年の国際投資について、下掲のような算定(単位は一〇億マルク)を行っている(Kuczynski, J., Studien zur Geschichte der Weltwirtschaft, 1952, S. 88.)。

(単位:10億マルク)

年	1913	1919	1929	1938
イギリス	75	55	75	71
アメリカ	13	68	114	102
ドイツ	35	—	5	10
フランス	36	—	22	—

(55) ブルジョア階級は、資本主義体制の不安定化にともなう国内の階級対立の激化に対処して、小市民層と結んで独裁権力を樹立して、国内的には反資本主義的勢力を抑圧すると同時に資本主義経済を強力な国家的統制の下に置き、それらによって階級的対立の尖鋭化を抑制することを試み、他方、対外的には戦闘的な膨脹政策をとるにいたった。これをファシズムという。ファシズムにおける対外政策と対内政策とは相互的連関性をもつ。すなわち、その対外プログラムにより膨脹への意欲を国内に高揚させ国民の関心を外へそらせることによって、国内の階級対立を緩和させようとし、また膨脹を通じて獲得する利益の幾分を資本主義経済に対するその国家的統制を通して小市民層・労働者階級へ分配しまたは分配することを約束し、それによってその膨脹政策に関する国民の中に広汎な支持を獲得しようと試みる。

(56) ドイツは反共の立場をくり返し強調しながらその勢力を逐次拡大した。けれども、ドイツがミュンヘン会議以後大陸における優越的地位樹立の意志を歴然と示すにいたったとき、イギリスはここに宥和政策をすてて、ドイツのこの企図を阻止するためソ連邦と提携することを初めて考えるにいたったのであった。

(57) 国際連盟協会刊、『日支紛争に関する国際連盟調査委員会の報告』(外務省仮訳)、訳文七三―

四頁。なお、同書収録の原文、五六―七頁。

(58)　一九三七年八月一五日の政府声明。

(59)　一九三八年一一月三日の政府声明。

(60)　一九三八年一二月二二日の「近衛声明」。

(61)　市民的政治体制の発展期においても、外交は依然国家理性の要求を反映していたことについてはすでに述べたが、その点は両大戦間の世界政治についてもまた多く異るものではない。すなわち、ソ連邦と資本主義諸国との対立はこの時期における世界政治を規定する重要な要素であったことは本文に述べるごとくであるが、この場合においても、社会体制を異にするソ連邦と資本主義諸国とは基本的には対立しながらも、各具体的時点においてのその相互の関係はすでに述べたように状況に対応して変化したのであり、この変化の裡に国家理性の発動を見出すことができる。

(62)　国際連盟はその創設とともに諸国の外交活動の重要な場となったことは、注目に価する。第一次世界戦争前においては、たとえば、国際郵便制度・商法・婦女子売買の禁止・国際赤十字条約などの特殊な問題については国際会議が折々ひらかれた。しかし、それらの場合、諸国はとくに選任した外交官あるいは専門家を代表として参列させた。一八九九年および一九〇七年の国際平和会議のごとき政治的性質の国際会議の場合でも、諸国から外相その他政治家は参加せず、職業外交官・国際法の教授などが派遣せられた。このようにして、ウィーン会議、ベルリン会議、その他の例はあるにしても、諸国の政治家たちが会同することは比較的稀であった。従って、たとえば、一国の外相が他国外相に会うのは、一般には元首に随伴して他国を訪問するような場合に限られていたといってよい(Seelos, G., Moderne Diplomatie, 1953, S. 27.)。しかし、国際連盟が創設されてのち、一九二四年にイギリス外相チェンバレン(A. Chamberlain)が同年一二月の連盟理事会に自身出席して以来は、これを端緒にして連盟の会合へ諸国の首相・外相たちが姿を現わすようになった。これにともなって、国際連盟の会合のひらかれるジュネーヴは諸国の外交指導者が親しく会見して商議する場として、国際政治の重要な中心の一つとなったのであった。

(63) 世界諸国の中で大使を交換し得るのは大国間に限られ、小国は公使を派遣しまた接受するということが、久しい間外交上の慣行とされてきた。従って、たとえば、ヴィクトリア女王治世(一八三七―一九〇一年)初期のイギリスは、フランス・ロシア・トルコとの間に大使を交換していたにとどまる。しかし、その後一八六〇年にオーストリア、一八六二年にプロイセン、一八九三年にアメリカ、一九〇五年に日本におけるその各公使館を大使館に昇格させ、大使を交換する国の数は増加をみた。しかし、大国・小国という区別は本来必ずしも明瞭ではない。そして、第一次世界戦争後には以上の伝統的慣行は著しく崩れて、大使を交換する国家の数は著しく殖えることになった。イギリスについていえば、一九一九年にベルギーおよびブラジル、一九二四年にはポルトガル、一九二七年にはアルゼンチン、一九二九年にはポーランド、一九三〇年にはチリの各公使館を大使館に昇格させ、その後、中国・エジプト・イラクとの間にも大使を交換するようになった。

(64) Headlam-Morley, The New Democratic Constitutions of Europe, 1928, p. 12.

(65) 今この後者について著しい例を挙げるならば、一九一九年のパリ平和会議中にイギリスの新聞『ウェストミンスター・ガゼット』(Westminster Gazette)はパリにおけるある「権威筋」との会見記事なるものを掲げ、その談話において右の人物は旧敵国との間に寛大な条件をもって平和を結ぶべきであると力説し、到底履行し得ないような要求を旧敵国側に対してなすよりも分別ある、かつ実行可能なことを要求すべきであると述べたのである。この「権威筋」とは、疑いもなくイギリス首相ロイド・ジョージであると当時一般に考えられた。この会見記事が掲げられると、それは戦争終了後日浅く独墺側諸国に対する敵対感情がなお烈しく燃えつづけていたイギリスの世上に大きな衝撃を与えた。そして、二〇〇名余の議員は直ちに連名をもってロイド・ジョージに宛てて威嚇的な抗議の電報を送るにいたり、この電報はロイド・ジョージが平和会議において穏和な講和条件を作成しようとする努力を甚だしく困難にしたといわれている。またたとえば、一九三五年イタリア・アビシニア戦争下において、フランス首相兼外相ラヴァル(P. Laval)とイギリス外相ホア(S. Hoare)との間にアビシニア領土の約三分の二をイタリアへ割譲させて戦争を収拾する案がつくられた。これは、イタリアを英仏両国側から完全に離れさせないことが、両国としてドイツに対抗して行く上から必要であるとの考慮にもとづいたものであった。国際連盟による対伊経済制裁が課せられている最中に、この「ホア・ラヴァル案」がイギリスで一般に知られるにいたったとき、それは連盟を通じてイタリアの侵略行動と抗争しようというこれまでの方針を政府自ら裏切ったものとして、世論の烈しい論難を誘発し、ボールドウィン内閣は遂にホア外相を罷免してこのアビシニア分割案を放棄するにいたった。

(66)　ソ連邦およびファシスト諸国の場合においては、言論に対する峻厳な統制の結果として、世論が一つの独立の力として表面に現われて外交政策を制約するということは生じなかった。けれども、これら諸国における外交政策の決定も、全く自由・無制約的になし得たのではなく、そのときどきの人心の状況を測定し、かつ、とろうとする政策に対する人心の反応を予め秤量して行われたのであり、その限りにおいては外交政策と一般人心とは決して無関係ではなかった。

第六章　世界政治の現段階

（1）Sternberg, Capitalism and Socialism on Trial, p. 451.

（2）S・ツヴァイクはその自伝の中において、第一次世界戦争勃発の際におけるヨーロッパの人心と第二次世界戦争開幕にあたってのそれとを対比して、次のごとく述べている。「ほとんど半世紀の平和のあとで、一九一四年において大衆の大多数は一体戦争について何を知っていたであろうか。彼らは戦争を識らず、ほとんど戦争のことを考えたことがなかった。戦争はひとつの伝説であり、まさしくそれが遠くにあることが戦争を英雄的でロマンティックなものとしたのであった。彼らは戦争をまだいつも学校の教科書や画廊の画のパースペクティヴで眺めていた」。そこで、ひとびとにとっては戦争は「荒々しい男らしい冒険」と考えられ、「若い人々は、自分たちが一生のうちのすばらしく刺戟的な出来ごとを体験する機会を逸しまいか、と正直な不安をさえ感ずるのであった。それゆえ彼らは烈しく旗の下にひしめき、それゆえ彼らは自分たちを殺戮台に搬ぶ行列の中にあって歓呼し、高唱したのである。全帝国(オーストリア＝ハンガリーを指す―著者)の血管を通って、荒々しく、熱気を帯びて、赤い血の波が流れていた」。これに反して、「一九三九年の世代は戦争というものを識っていた。彼らはもはやイリュージョンを抱かなかった。それはロマンティックなものではなく、野蛮なものである、ということを彼らは知っていた。戦争は人生のかけがえのない時期を何年も何年も続くだろう、ということを知っていた。槲《かしわ》の葉や五色のテープに飾られて敵に向って突進するのではなく、虱に取りつかれ、半ば渇えに苦しみながら幾週間も塹壕や陣地にのらくらしているのだということ、敵を眼にすることなしに、遠方から粉砕され手肢を切断されるのだということ、をよく知っていた。人々は新聞や映画であらかじめ、技術的で悪魔のような新しい破壊術を識っており、巨大なタンクは進みながら負傷者たちを粉々に砕き、飛行機はベッドにある婦女子を粉々にする、ということを知っていた。一九三九年の世界戦はその魂のない機械化によって、人類のあらゆる以前の戦争に比べて倍も賤しく、野獣的であり、非人間的であるだろう、ということを知っていた。一九三九年の世代の誰一人として、もはや神の欲し給うた戦争の正しさというようなものを信ずる者はなかった。そしてさらに悪いことには、人はもはやけっして闘い取るべき平和の正しさと持続性とを信じていなかったのである。人々は余りにもはっきりと、前次大戦がもたらしたあらゆる幻滅をまだ覚えていたからであった」（原田義人訳、『昨日の世界』、下巻、一七一―八頁）。第二次世界戦争がまずヨーロッパにおいてひらかれたとき、前の大戦のときとは異ってヨーロッパ諸国には熱狂や歓呼に沸き立つ場景はもはや見出すことはできなかった。英独開戦当時のドイツ駐箚イギリス大使ヘンダーソン（N. Henderson）はその回顧録の中に述べて、開戦数週間前からいよいよ国交断絶となってドイツを去るまでイギリス大使館員の誰一人としてドイツ人の無礼な態度、敵意のジェスチャーの片鱗さえにも接したものはなかった。第一次世界戦争勃発のときに、怒号するモッブがベルリンのイギリス大使館前にひしめいて、窓を破壊し、大使館員やイギリスに対して悪口雑言を浴びせたのとは、大変な違いであった。今度の場合には、ベルリンの一般の空気は全く陰鬱で意気消沈した有様であった。大使館員一同がいよいよ大使館を引払う際僅かばかりの群衆が路傍でみていたが、全く黙然としていた。そして、停車場へ赴く沿道には人影もなかった。全体的印象では、ドイツ人たちは無関心で味気ない気持でいたか、それとも途方に暮れていたように思われた。大使館付武官デニス・ダリーは自分にむかって「奇妙な戦争です」といったが、その通りであった。かりにドイツ人の態度だけをみていたら、誰でもイギリスがドイツに宣戦したとは到底思わなかったであろうし、またドイツ人たちがイギリスと戦おうとしているとは考えなかったであろう。以上の印象はドイツ国境を去るまで同様であった、と記している(Henderson, N., Failure of a Mission, 1940, pp. 287-9.)。ナチが周到かつ強力な世論操作を試みたドイツの場合について、このような記述がなされていることは注目すべきことである。

(3) Padover and Lasswell, Psychological Warfare, p. 11.

(4) 一九四三年一一月、首相東条英機は中国・満州国・タイ・フィリピン・ビルマ等の諸国における傀儡政権の代表者を東京に招致して、大東亜会議を開催し、「大東亜共同宣言」を議定した。この宣言は「米英は自国の繁栄の為には他国家他民族を抑圧し、特に大東亜に対しては飽くなき侵略搾取を行ひ、大東亜隷属化の野望を逞うし、遂には大東亜の安定を根柢より覆さんとせり。大東亜戦争の原因茲《ここ》に存す。大東亜各国は相提携して大東亜戦争を完遂し、大東亜を米英の桎梏より解放して其の自存自衛を全ふし、左の綱領に基き大東亜を建設し、以て世界平和の確立に寄与せんことを期す」と述べている。これらの語句は、太平洋戦争における本文に述べたような日本の宣伝方針を反映したものにほかならない。

(5) Padover and Lasswell, op. cit., pp. 18-9. なお、パドヴァーはイギリスのドイツ向け放送が有効であったことについて『一九四四年度ＢＢＣ年鑑』(BBC Yearbook of 1944)の次のような記事を引用している、「一九四三年一一月に、彼（ゲッベルス）は毎週公にするその論説の一つで多くの行を割いて、彼自身がロンドンからのドイツ語放送を聴取してきたこと、そして、〈さも客観的と思われる〉ニュースや解説の蔭に〈ドイツ国民を毒するもの〉をひそませる〈素晴らしい巧妙さ〉を認めてきたことを述べて、ＢＢＣ放送の影響力について真に敬意を、いな驚歎をさえ表現していた」(op. cit., p. 19.)。

(6)　国際連合憲章第二四条、第二五条、第四一条、第四二条、参照。

(7)　英米両国はこの大西洋憲章の中で、(一)領土、その他の拡大を求めず、(二)当該人民の自由に表明された希望に合致しない領土的変更を排し、(三)すべての人民がその統治形態を選択する権利を尊重し、また主権と自治権とを過去において剝奪されたものがそれらを回復することを希望し、(四)国の大小をとわずまた戦勝国・戦敗国の別なくすべての国がその経済的繁栄のために必要な通商ならびに原料入手をなし得るように努め、(五)すべての国民が経済の分野において完全に協力して労働条件の改善、経済的向上、社会的安定を確保することを希望し、(六)ナチの虐政を完全に破壊した暁には、すべての国民がその領域内に安らかに住み得るごとき、またすべての国のすべてのものが恐怖と窮乏とから解放されて生き得るごとき平和の樹立されることを希望し、(七)海洋航行の自由が万人に与えられることを期待し、(八)世界のすべての国民は武力の使用を放棄するにいたらねばならず、かつ平和愛好的諸国の軍備負担の軽減に協力する旨を宣言したのである。

(8)　第五章註(27)参照。

(9)　一九四五年五月、ホプキンズ(H. Hopkins)がトルーマン大統領の特使としてモスクワを訪問し、スターリンと会見したとき、スターリンは彼に本文に記したように語ったという(Sherwood, R. E., Roosevelt and Hopkins, 1948, p. 893.)。

(10) この条約においては、加盟国のいずれか一国がヨーロッパにおいて攻撃をうけた場合には他の加盟国は自動的に右の国家を援助することが約束され、他の大陸において攻撃をうけた場合またはドイツの脅威を感ずるにいたった場合には加盟国は相互に協議することが約束された。

(11) この条約においては、加盟各国はヨーロッパまたはアメリカにおいて加盟国の一国または数国に対して攻撃が加えられた場合にはこれを全加盟国に対する攻撃とみ、加盟各国は個別的にまたは共同して右加盟国に援助(武力発動を含む)を与えて北大西洋方面の安全を確保することを約束し、また加盟各国は自助および相互援助を通して武力的攻撃に対する個別的または集団的防衛能力を維持・上昇させることを約束したのである。

(12) 北大西洋条約との主たる相違点は、武力的攻撃をうけた場合に加盟国は共同の危険に対処するため憲法上の手続に従って行動することを約束していることにある。

(13) 第二次世界戦争下において、かつてローズヴェルトはスターリンにむかって、米ソ両国が将来において同じようなものの考え方をするようになることが可能と思うかと尋ねたとき、スターリンは答えて、アメリカについていえば、政府ならびに政府の責任に関する観念、また生活観は昔の頃とは随分異ったものになった。他方、ソ連邦の資源が開発され、民衆の生活にゆとりがでてくるようになれば、ソ連邦のわれわれは貴方がたのもっている考え方の若干については、今よりもっと近い考え方をもつようになり、また貴方がたの方はわれわれの抱いている考え方の若干を受け容れるようになることは充分あり得ることであると述べた(Roosevelt, E., This I remem-

ber, 1949, p. 253.)。スターリンのこの言葉について彼の真実の意図を穿鑿《せんさく》することは別として、本文のように考えるとき、この言葉はきわめて示唆に富むものと思われる。

参考文献

国際政治史に関する文献は非常に多い。以下には本書の内容との連関を考えながら一般的内容のものを掲げるにとどめた。かつその場合に代表的と考えられるものをなるべく選ぶことにした。特定の時期または特殊の問題に関する文献については、以下の挙げた書物のビブリオグラフィーを参照して頂きたい。

I　国際政治史一般

Fyffe, C. A. and Gooch, G. P., History of Modern Europe, 1792-1919, 3 vols., 1935. ファイフが一七九二—一八七八年の期間を、グーチが一八七八—一九一九年のそれを書いており、今日なお国際政治史の標準的教科書とされている。

Grant, A. J. and Temperley, H., Europe in the Nineteenth and Twentieth Centuries, 1789-1950, 6. ed., 1952.

Histoire des Relations internationales, publ. sous la Direction de P. Renouvin, 6 vols., 1953-.

'Peuples et Civilisations', publ. sous la Direction de L. Halphen et P. Sagnac, 20 vols. これは前二著とは異り、専ら国際政治史を内容としたものではない。しかし、この方面の叙述に委しく、信頼に価する。第一三巻以下においてフランス革命以後の近代世界史が扱われている。

Holborn, H., The Political Collapse of Europe, 1951. この書物は世界政治におけるヨーロッパの地位の変動に焦点を置いて、近代国際政治の発展過程に概観を与えたもので、好著である。

Sternberg, F., Capitalism and Socialism on Trial, 1950. 本書はヨーロッパおよびアメリカ資本主義の歴史的発展を中心として世界経済および世界政治の変遷を述べて、第二次世界戦争後に及んでいる。著者の見解については批判もあり得るが、近代国際政治の推移の社会的・経済的背景を理解する上に、甚だ有用である。

次に邦文のものでは、

神川彦松、『近代国際政治史』、四巻、昭和二三―五年

信夫淳平、『近世外交史』、昭和五年

田中直吉、『近代国際政治史』、昭和三〇年

林毅陸、『欧洲近世外交史』、三巻、昭和八―一〇年

Ⅱ　なお、以上の文献はいずれもヨーロッパを中心としたものなので、アメリカ外交史について二、三の代表的な書物を挙げておきたい。

Baily, T. A., A Diplomatic History of the American People, 5. ed., 1955.

Bemis, S. F., A Diplomatic History of the United States, 1950.

Spykman, N. J., America's Strategy in World Politics, 1942. この書物は、政治地理学的立場

からアメリカ外交および外交史の解明を試みたものである。その副題である「合衆国と勢力均衡《バランス・オヴ・パワー》」が示すように、著者はパワー・ポリティクス的観点に立っている。

Ⅲ　また、とくに極東国際政治史を扱ったものとしては、

Clyde, P. H., The Far East, 2. ed., 1952.

Hudson, G. F., Far East in World Politics, rev. ed., 1952. 標題の示すように、極東国際政治の歴史的発展過程を世界政治との連関において鳥瞰図的に叙述したもので、参照に価する。

MacNair, H. F. and Lach, D. F., Modern Far Eastern International Relations, 1950.

Griswold, A. W., The Far Eastern Policy of the United States, 1938.（柴田賢一訳『米国極東政策史』、昭和一六年）

邦文のものとしては、

鹿島守之助『日本外交の基本政策』、昭和二七年。この書物はかつて「帝国外交の基本政策」という題で公刊せられた。

信夫清三郎『近代日本外交史』、昭和一七年

渡辺幾治郎『近世日本外交史』、昭和一三年

Ⅳ　とくに、一八七一年以降第一次世界戦争勃発にいたる期間を扱ったものの中、代表的と考えられるものを例示的に挙げれば、

Brandenburg, E., Von Bismarck zum Weltkrieg, neue Aufl., 1939.

Hallgarten, G. W. F., Imperialismus vor 1914, 2 Bde., 1951. 著者は「帝国主義の時代」におけ

る国際政治の推移を社会的・経済的背景と連関させながら分析・究明することを試みている。その方法および内容の点できわめて高く評価さるべき文献である。

Hauser, H. éd., Histoire diplomatique de l'Europe, 1871–1914, 2 vols., 1929.

Spender, J. A., Fifty Years of Europe, 1933.

Feis, H., Europe: The World Banker, 1870–1914, 1930. この書物は、一八七〇―一九一四年の期間に「資本の輸出」が国際政治を動かした幾多の事例について実証的研究を試みたものである。この種の研究は今日まで少く、参照さるべきものである。

V　次に、第一次および第二次世界戦争間の時期の国際政治史に関しては、

Carr, E. H., International Relations between Two Wars, 1919–1939, 1947.

Duroselle, J. B., Histoire diplomatique de 1919 à nos Jours, 1953.

Dutt, P., World Politics, 1919–1936, 1936.

Gathorne-Hardy, G. M., A Short History of International Affairs, 1920–1939, rev. ed., 1950.

Neumann, S., Future in Perspective, 1946.（曾村保信訳、『現代史』、二冊、昭和三一年）

なお、一九一七年のロシア革命とともに生じたソ連邦と資本主義諸国との関係は、この期間の世界政治を規定するきわめて重要な要因の一つである。左にこの点に関する主要な文献を例示的に掲げることとしたい。

Schuman, F., Soviet Politics, at Home and Abroad, 1948. この書物は刊行されてから若干の年月を経た点はあるにしても、偏見に歪められない科学的態度をもってソ連邦の内政および

外交を研究した少数のすぐれた書物の一つである。

Beloff, M., The Foreign Policy of Soviet Russia, 1929–1941, 2 vols., 1947–9.

なお、第二次世界戦争後大きく表面化するにいたった米ソ両国を中心とした資本主義諸国とソ連邦との尖鋭な国際的対立について、その歴史的背景を理解するには、たとえば、次の二著のごときが適当と思われる。

Williams, W. A., American Russian Relations, 1781–1947, 1952.

McNeill, W. H., America, Britain and Russia, Their Co-operation and Conflict, 1941–1946, 1953.

国際政治および外交については古くから政治学的研究が行われてきた。しかし、それは第一次世界戦争後特に活発となり、今日までに数多くの注目すべき研究が現われた。それらの文献は、国際政治史の理解にしばしばきわめて貴重な示唆と照明とを与えるものである。以下にこの種の文献の重要なものを掲げることとしたい。

I　国際政治・外交一般

Carr, E. H., Twenty Years Crisis, 1919–1939, 1940.（井上茂訳、『危機の二十年』、昭和二七年）

Morgenthau, H., Politics among Nations, new ed., 1954.　モーゲンソーは、後に掲げるシュワルツェンバーガーとともに国際政治のパワー・ポリティクス側面を強調する点において特徴的である。

Schuman, F., International Politics, 4. ed., 1948.

Schwarzenberger, G., Power Politics, 2. ed., 1951.

とくに外交の研究に関しては、

Nicolson, H., Diplomacy, new ed., 1950. これは外交に関する基本的知識を与えようという啓蒙的意図をもって書かれたものであるが、一読に価する。なお、彼には The Evolution of Diplomatic Method, 1954. という著書もある。

Sallet, R., Der diplomatische Dienst, seine Geschichte und Organisation in Frankreich, Großbritannien und den Vereinigten Staaten, 1953.

Satow, E., Guide to Diplomatic Practice, 3. ed., rev. by H. Ritchie, 1936. 本書の内容は標題の示すごときもので、博引旁証、外交上の制度・慣行を詳細に説明しており、この方面に関する最も権威ある著作である。

Ⅱ　国際政治上の基本的諸問題に関するもの

Hayes, C., Essays on Nationalism, 1926.

Hertz, F., Nationality in History and Politics, 1944. ハーツのこの書物は、民族および民族主義に関する研究としては、おそらく最もすぐれたものといってよいであろう。

Joseph, B., Nationality, 1929.

Hobson, J. A., Imperialism, new ed., 1938.（矢内原忠雄訳、『帝国主義論』、二冊、〔岩波文庫〕）

Lenin, N., Imperialismus als jüngste Etappe des Kapitalismus, 1917. 邦訳としては、たとえば、

『レーニン二巻選集』、第一巻・6。
Woodward, E. L., War and Peace in Europe, 1815-1870, 1932.
Thomson, G., Meyer, E. and Briggs, A., Patterns of Peacemaking, 1945.
Vagt, A., A History of Militarism, 1937.
Wright, Q., A Study of War, 2 vols., 1942.

解説

坂本義和

一

岡義武先生は、東京大学法学部で、一度だけ「外交史」の講義をされた。昭和二二(一九四七)年度のことである。それまでこの講座担当であった教授が辞職した後をうけ、翌二三年度以降は非常勤講師が担当するようになる、その間の一年だけ引き受けられたのである。「僕が外交史の講義を一年でやめたのは、当時僕は……ヨーロッパ政治史を担当していた他に日本政治外交史の講義をしていました」からと先生は後年述べておられる(東京大学百年史法学部編集委員会『岡義武先生談話筆記』八八頁)。

私の経験からしても、東大法学部で一つの講義の準備をするのでも相当の作業であるのに、ヨーロッパ政治史と日本政治外交史の二つに加えて、外交史つまり国際政治史の講義をされたというのは驚くべきことで、先生の学殖の深さに脱帽するしかない。

それはただ単に学殖が豊かだということではない。一見して明らかなように、先生の業績を特徴づけるのは、一つにはヨーロッパと日本とを包括する比較の眼をもった切り口の深さであり、もう一つは内政と外交とを統一的にとらえる分析の深さである。

事実、先生の言葉によれば、「内政、外交の間にはいうまでもなく相互連関性があ」ることに照して、「伝統的な外交史の叙述の方法・内容に……かねてから若干慊《あきた》らないものを感じていた」ので、「この外交史の講義では国際政治の構造の歴史的な変化、それに伴う外交の態様の変化を話したのです」。そして、そうした視点に立って、この講義を糸口として「近代の国際政治の変遷を叙述しようと試みてみたのが、昭和三〇年に岩波全書の一冊として出した『国際政治史』なのです」(同上)。

しかし、先生が国際政治史を書かれたのは、この本が初めてではない。先生には、終戦の五ヵ月前にあたる一九四五年三月付けの「序」が付いた『近代欧洲政治史』(弘文堂書房、同年十一月刊行)があるが、これは、内政史と国際政治史との区別を感じさせない構成と筆致で書かれた作品である。「著者が本書において意図したところは、フランス大革命頃より最近にいたるまでの欧洲政治全体の変遷を鳥瞰図的に描くことにあつた。従つて、諸国における個々の事件については、近代欧洲政治全体の推移を明かにする上に必要と考へられる限度において述べるにとどめた」(同「序」)ということである。これがひとつの「鳥瞰図」であるのは、本書がテクスト・ブックとして書かれたことによると考えることもできるかもしれない。しかし、もしそれだけであれば、各国別の政治史の鳥瞰図であってもよいわけであるし、現にそういう書き方の教科書も少なくない。より重要なのは、著者の

「欧洲政治全体の変遷」「近代欧洲政治全体の推移」という言葉であろう。つまり、内政史と国際政治史とを包括する「全体」なのである。

考えてみれば、これは先に述べた、在来の外交史に対する先生の批判の当然の帰結である。つまり、内政史と切り離した外交史がリアリティを欠くという視点からすれば、国際政治史と切り離した内政史はリアリティを欠くということになるのは当然であろう。

因みに、先生は一九四七年度に一学期、旧制の第一高等学校に招かれて出講され、この『近代欧洲政治史』をテクストとして使われた。当時同校の学生であった私は、講義とこの本との底に流れる鋭い人間的洞察に、深い感銘を受けたことを今でも忘れられないが、この洞察は、内政と外交の区分などを超えた「政治」に自在に切り込むモラリストの眼を、私に強く感じさせるものであった。

二

このような背景をふまえて考えると、この本を書かれた時には一つの大型のデッサンのなかに組み入れていた内政史と国際政治史とを、先生はその後、さらに精緻な二枚の画像へと仕上げられたといってよいように思われる。すなわち、その一つが、同書の「全訂版」として出された『近代ヨーロッパ政治史』(弘文堂、一九五六年)であり、もう一つが本書『国際政治史』である。そして、『近代欧洲政治史』から十余年を経て刊行されたこの二書は、何事もゆるがせにしない先生らしく、文章のすみずみまで入念に筆が加えられていて、旧著の文章は一見些細なところまでほぼ全面的に書き改められており、また新たに参照された参考文献からの引用も慎重にとり入れられている。先生の使われた「全訂版」という言葉は、先生が改訂に傾注された努力を正確に物語っていて、少しの誇張もない。

こうして、この二書は、それぞれに独立の著作となるのだが、しかし同時に、先生の基本的な視点は、変らずに二書を一貫しているといってよい。それは、国際政治の変動を国内体制の変動との関連においてとらえ、それを「国際政治の構造の歴史的変化」として描き出すという視点である。

このことを端的に示すのは、章の表題に現われた時期区分である。すなわち、本書『国際政治史』の章立てを見ると、序説的な性格をもつ第一章「ヨーロッパにおける国際社会の成立」と第二章「絶対王政期ヨーロッパと世界」に続いて、第三章「市民的政治体制形成期のヨーロッパと世界」、第四章「市民的政治体制発展期の世界政治」、第五章「市民的政治体制動揺期の世界政治」という構成になっている。つまり、国際政治史の展開の叙述が、国内政治体制の変化を軸にして構成されているのである。

この時代区分は、『近代ヨーロッパ政治史』で、第一章「市民的政治体制の揺籃期」、第二章「市民的政治体制の発展」、第三章「市民的政治体制の動揺」と区分されている時期とほぼ対応する。またそれは、旧著『近代欧洲政治史』で採られた、第一章「揺籃期の近代欧洲政治」、第二章「近代欧洲政治の展開」、第三章「転換期の欧洲政治」という時期区分にも、ほぼ対応する。ただ、この旧著では「近代欧洲政治」という、やや平板な用語であったものが、後の二著では「市民的政治体制」という、明確に分析的な言葉に変っている。ここに、国内政治体制の変化を軸に国際政治史の変動をとらえるというアプローチが、一段と明らかに表示されるようになったといってよい。そして、まさにこの点に、先生の国際政治史研究の斬新さがあり、そのアプローチの独創性という点で、本書『国際政治史』は国際的にみても先駆的な業績であったといって過言ではない。

三

では「市民的政治体制」の変化とは何を意味しているのだろうか。

この点について、先生は必ずしも明確な概念規定をしておられるわけではない。ことに、やや注意して本書を一読すればすぐ気づくように、章の表題では「市民」がキー・コンセプトになっているのと対照的に、本書の本文では「市民」という言葉が分析概念としてまったく使われていないのである。その上、国際政治史を扱う本書とはちがって、もともと政治体制の歴史的変化そのものを主題とする『近代ヨーロッパ政治史』でも、やはり同様である。ここでは「市民」ではなく、「ブルジョア階級」が中核的な概念をなしている。「市民」という表現は、「小市民層」という言葉の一環としてしか使われていない。例えば、フランス革命の変質の歴史は、ブルジョア階級と小市民層や労働者階級との協調あるいは対立の力学としてとらえられている。では「市民」という言葉で、先生は何を念頭に置かれていたのだろうか。

この点で興味があるのは、旧著『近代欧洲政治史』での用語である。ここでは、「アンシャン・レヂームの下において……被治者層を形づくるものとして彼ら(農民層)の外に更に市民層を挙げることができる。彼らは都市(Bourg)に居住するが故に、ブルジョアジー(Bourgeoisie)とも呼ばれた」(二頁)と記され、続いて、「市民層」の成長のレヴェルと様式が、国や地域によって多様であることを強調しておられる。この本では「市民層」という言葉が多用され、「商業ブルジョア」「工業ブルジョア」という言葉がまれに使われていることはあっても、「ブルジョア階級」という表現は見られない。何故そうなのかは分らない。この本は、戦争末期に執筆され、終戦後の占領下で刊行されたため、情報局とGHQとの二度の検閲を受ける必要があった(前出『岡義武先生談話筆記』八六―七頁)が、このことと、こうした用語とは、あるいは関連があるのかもしれない。つまり、図式的な「階級史観」と不正確に混同されることを先生がきらわれたのかもしれない。

それはともかく、先生の用語は変っても、先生の基本的な思考と史観は、戦中戦後を一貫して少しも変らなかったことからすれば、「市民」とは「ブルジョア階級」とほぼ一致し、「市民的政治体制」とはブルジョアジーが中心的な担い手をなす政治体制を指すと考えてよいだろう。

だとすれば、先生の時期区分は、次のように見ることができよう。すなわち第一の「市民的政治体制形成期」は、フランス革命からウィーン体制の崩壊にいたる時期を指しているが、これは、ブルジョア階級を軸とする体制の形成がほぼ非可逆的になり、これに対する旧勢力による反革命的・反動的挑戦がその基盤を喪失していった時期といってよかろう。第二の「市民的政治体制発展期」は、民族主義と民主主義とが浸透するとともに、「産業資本の成熟」にともなって、資本主義の矛盾の所産として、内部では政治的労働運動が進展し、対外的には「帝国主義の時代」が始まる時期である。政治的労働運動の挑戦は、ほぼ体制の枠内で収拾されたから、その意味でこれは市民的政治体制の「発展期」に含まれるといえよう。しかし対外関係では、矛盾が激化してブルジョア的国際秩序の枠組みの崩壊が始まり、第一次世界戦争に突入して行く。第三の「市民的政治体制動揺期」では、ブルジョア的政治体制に立脚した国際レジームともいうべきヴェルサイユ体制が、その内在的矛盾の現われとしてのファシズムとボリシェヴィズムという、市民的政治体制の枠を否定する挑戦に直面し、またヨーロッパの外では反帝国主義的ナショナリズムの抵抗に当面し、その上、ブルジョア経済体制自身が大恐慌による世界的危機に陥る。その意味で、市民的政治体制は、内と外との両面で危機に当面することになった。それが「動揺期」ということの意味であり、この危機は第二次世界戦争の勃発へとつながるのである。先生の時期区分は、このように理解できるように私には思われる。

ここで、次の諸点に留意する必要があろう。第一に、先生は、近代の国際政治史を、もっぱら市民的政治体制の変化から、理解し説明しうると言われているのではない。そのような一元論的な史観ほど先生の思考から遠いものはない。先生の力点は、国際政治史と国内体制史とを、できるだけ関連づけて、全体としてとらえるということにある。

第二に、この二つの関連を見る場合、ある時期の国際政治に対応するすべての国の体制が、市民的政治体制の形成期なり発展期なり動揺期なりにあるという想定で、時期区分がなされているわけではもちろんない。先生が、政治体制の発展の多様性と不均等性を強調されたことは、前にも述べた。したがって、この三つの時期は、国際政治史の変化の主要な推進力として中心的で先進的な役を演じた国々についてのものであり、したがって本書の叙述でも、イギリス、フランス、米国、それにやや変形のドイツなどが、市民的政治体制の歴史的変化に連動する国際的変化のエンジンの役として登場している。ここには、先進大国中心の視点という問題があるかもしれない。しかし、近代の国際政治史の変化が、ヨーロッパの先発国を推進力とするアクションと、それ以外の社会のそれへのリアクションとによって展開されたことは事実である。しかも先生の場合、先進大国を軸にすえるとしても、それは単なる大国間パワー・ゲームという視点ではない。つまり、一つには、先生の着眼点は、近代の国際社会の変動を推進する先進大国におかれているのであり、したがってそれらはオーストリア＝ハンガリー帝国やロシア帝国といった、後発の大国と同次元におかれてはいない。それに関連してもう一つ重要なのは、こうした先進大国に着目するとき、その国内での体制の民主化と労働運動の政治化とが重視されるということである。そこに先進性をみるわけである。しかしここで、先生は、対内的民主化と対外的帝国主義化のパラレリズムという、歴史のひとつのパラドックスに当面せざるをえず、事実それのもつ問題性を率直に提示されている。それは、先生が「市民的政治体制の発展期」と呼ばれる時期を、同時に「帝国主義の時代」とも呼ばれることに端的に現われている。ここには、一九世紀末における先進国の民主主義化と帝国主義化とはどう結びついていたのかという問題がある。これは、先生が明確に意識されていたところであり、この時期を、あえて「発展期」と呼ばれたことは、それを示している。そして、ヨーロッパ先進国のもつこうした二重性の認識は、先生の使われた、もう一つのキー・コンセプトにも見られる。

つまり第三に、先生は個別主権国家の視点からする対外行動としての外交と区別して「国際政治」という概念を用いられた。「国際政治は、国際社会の成立をその前提とする」という、本書冒頭の一句が示すように、国際政治というのは主権国家の構成するシステムを指していると言ってよい。したがって、それは先ずヨーロッパ国際政治を意味している。その反面で、先生は「世界政治」という概念で、非ヨーロッパを含む世界全体の秩序をつねに意識しておられた。一七世紀以降の「植民帝国」「世界帝国」建設(二章二節)をうけた、ウィーン会議以後のヨーロッパ国際政治は、「世界政治の観点からみるならば、それは世界政治においてイギリスの優越的地位がいよいよ確立」された時期にあたる(三章四節)。そして「帝国主義の時代」の開幕はパクス・ブリタニカの終焉を意味し、「イギリス以外のヨーロッパ諸国、ついでアメリカおよび日本が活発な帝国主義的活動を」開始した結果、「世界政治における行動主体の複数化、世界政治の重心点の多元化」が生じたとして、先生は、ヨーロッパ中心の世界政治の終わりの始まりを重視される。これが、第三章は「市民的政治体制形成期のヨーロッパと世界」であったのが、第四章の表題が「市民的政治体制発展期の世界政治」となり、つづく第五章が「市民的政治体制動揺期の世界政治」(傍点筆者)となっている理由であろう。世界政治的なシステムの形成ということである。その半面、これはヨーロッパ以外でも「国際政治」が形成されることでもある。したがって第五章には、日本帝国主義の動きをめぐる「極東国際政治」という概念が登場する。世界政治のサブシステムということであろう。

ここでの先生の世界政治という概念が、アメリカと日本の登場を軸としているという限りでは、ヨーロッパの「国際政治」の延長という面をもつことは否めない。それは世界の周辺地域の視点からする「世界政治」観とは異なるし、現に本書には、たとえば旧植民地社会のナショナリズムが世界政治の主体として一九世紀以来もった意味は、描かれていない。にもかかわらず、先生が国際政治と区別した「世界政治」の視点に敏感であったのは、先生がヨーロッパと日本との間の距離と緊張の意識を強く持たれ、その意味でヨーロッパを対象化しておられたことと深くかかわっているように私には思われる。先生が、ヨーロッパ政治史と日本政治外交史とを、長期にわたり一貫して同時に研究対象とされるという、学界でも稀な姿勢を堅持された事実は、このことを雄弁に物語っていると言ってよいのではなかろうか。

四

このように考察対象が広範であるだけに、「国際政治の構造の歴史的変化」をとらえるのは容易ではない。もちろん本書の前にも、内政と外交を包括した通史は多々あったが、それに一定の構造を付与しようとする試みは、マルクス主義的アプローチを除けば、皆無に等しかった。先生が本書で最も多く引用されているシュテルンベルク(Fritz Sternberg)の著書は、社会民主主義的指向のマルクス主義の方法で、帝国主義の時代以降の現代国際政治史を分析したものであるが、先生は「近代国際政治の推移の社会・経済的背景を理解する上に、甚だ有用である」とされながらも、この「著者の見解については批判もあり得る」と記されている。おそらくその批判の一つは、方法論についてであろう。これに対して、先生は上述のように、市民的政治体制とのかかわりを重視されたのであり、この点に独自性がある。

他面、国際政治の政治構造を体系的に分析したものとして、先生が高く評価され、シュテルンベルクに劣らず多く援用されているのはモーゲンソー(Hans J. Morgenthau)であるが、周知のように、彼が国際政治の政治構造の基本にすえるのは国家間の関係であって、国内体制ではない。これに対して先生は、「国家なり外交なりが国民的利益《ナショナル・インテレスト》を追究するものと予断して、そのような観点から国際政治の歴史的過程を記述することは、多くの問題を含む」と本書の「序」に記されている。いわゆる「リアリズム」への批判という点にも、先生のアプローチの独自性が示されている。

因みに、先生は私が一九五四年に助教授として採用された時、「自分は国際政治学の指導はできないので、なるべく早く留学するように」と強く勧められた。そこで私は、シカゴ大学のモーゲンソー教授のもとで勉強したいと希望を述べたところ、先生は私を大いに励まして、早速推薦状を書いて下さった。先生と同様な視点からモーゲンソー教授のアプローチに批判的な私は、シカゴに留学中、同教授に執拗に異論を述べては「両者自説を譲らず」で終わるという経験を重ねたが、おかげで同教授とはたいへん親しくなった。そして、私が帰国の途中に訪欧する計画を立てると、同教授は私の「思想」が自分と異なることを百も承知で、当時のヨーロッパでの第一級の学者に宛てた懇切な紹介状を十数通書いて下さった。岡先生が、不肖の弟子を通してモーゲンソー教授と論争と親交を重ねたということになろうか。

本書が刊行されたのは、私がシカゴにいた年であった。モーゲンソー教授のおかげで、私は当時の欧米の多くの優れた国際政治学者に会うことができたが、岡先生のような視点に立つ人は見出せなかった。それは一抹のさびしさを感じさせたが、他面で、私は本書が国際的にみても独創性をもち、先駆的な業績であるという確信を一段と強めることになった。そして今日、私のこの判断が誤っていなかったという感をますます深めている。

例えば、先生は『近代ヨーロッパ政治史』で「政治的労働者運動の進展」に一節をあてておられたが、本書でも、国際労働者運動に注目されている。それは、一九世紀の「インターナショナル」を指すだけでない。ロシア革命以来の二つの体制の対立は、単にソ連と資本主義国との対立にとどまらず、「諸国の労働者・農民階級が国境を越えて連帯して動く契機がここにつくり出され、それは国際政治を規定する無視し得ない一要素」となったことが重視されている(五章四節)。言うまでもなく、今日の言葉でいえば、これは国際政治における「ノン・ステイト・アクター(非国家行動主体)」「トランスナショナル(超国境)・アクター」に相当するものの先駆的な例である。今日の世界では国際労働者運動は役割を失っているが、しかし超国境行動主体というカテゴリーそのものの重要性は、現在では常識になっている。

また、先生の独自性が最も集約されているのは、国内体制の民主化と国際政治との関連に光をあてる点である。主要先進国での民主化の進行にともなって、君主政と民主政とのイデオロギー対立、外交政策の決定における議会や世論の役割、その反面としての政府による世論操作などがもたらした、古典外交から現代外交への外交の態様の変化は、先生の分析が最も精彩を放つ領域の一つである(なお「近代政治家のストラテジー」岡義武著作集第八巻所収を参照)。そして今日では、民主主義化した国家同士は戦争をしないという命題が、あらためて実証研究の一つの焦点になっていることに示されるように、国内体制と国際政治との不可分の関連に着目することは常識となっている。先生が扱われた国際労働者運動が直接のトランスナショナルなリンクだとすれば、国内民主化運動は、間接のトランスナショナルなリンクだといってよいだろう。いずれにしろ、先生のアプローチの先見性と有効性は、今日あらためて再評価を受けるのに十分値するものである。それだけに、本書を執筆された当時を想起すると、先生の苦心が並々でなかったことが、私のこころに響くような思いを禁じえないのである。

五

国際政治と内政とを全体としてとらえようとする先生の視点は、どこから生れたのだろうか。本書を見れば明らかなように、第一に、先生の第一次的な関心の焦点は、フランス革命以来の革命と反革命、および戦争と平和におかれているが、近代以降のヨーロッパでは、このいずれもが、実はほとんど常に国境を超えた政治過程と政治変動を生み出していた。先生が、そのようなパースペクティヴで現実を見られたというだけでなく、現実そのものが、そうした性格をもっていたといってよい。第二に、国際政治と内政とのそうした関連は、現代に近づくほど顕著になり、それは、先生が生きられた時代、とくに先生がそこに滞在された一九三〇年代のヨーロッパでは、誰の目にも明らかになっていた。ファシズム、民主主義、共産主義という「国内」の体制と運動とが、戦争と平和という「国際」的な争点と不可分であることは、日常的に明白であった。

　先生は、戦間期から戦時にかけてのヨーロッパや日本での経験や見聞について、折にふれて洞察に富んだ「雑談」を聞かせて下さったが、それを想起するにつれ、私は、先生が本書の三分の一以上をヴェルサイユ体制以降の現代国際政治にあてられたことのなかに、そうした現代の同時代史としての国際政治史を書こうとされた、先生の醒めた情熱と意欲を感じるのである。先生は「序」で、本書の叙述が時代を下るに従って詳しくなっていることにふれ、「これは一つには、著者の専攻が近代史であることによるものであるが、しかし、現代世界政治の歴史的背景に重点を置いた国際政治史も、それなりにいろいろな意味において存在理由をもち得るように考える」(傍点筆者)と述べておられるが、先生らしいこの抑制された表現の底に、私は学問的手法という問題をこえた、現代に生きる人間としての先生の問題意識を見ることができるように思われる。そして先生は、現代国際政治史のなかでつちかわれた、国際・国内を統合する視点を、過去に投射され、近代国際政治史に新たな光をあてることを試みられたと言ってよいように私は考える。

なお、こうした国際と国内の不可分性は、相対的後発国の場合、否応なしに自覚化されるから、先生が日本近代史についても、そうした問題意識を持続されたことは、岡義武著作集の第一、二、三巻に明らかである。ところで、そういった近代日本の歴史と、第二次世界戦争に続く国際政治史とが交差する地点に、戦後日本の政治史の始点としての日本占領があるのだが、この位相を扱った先生の論文として「現代日本政治における外圧・反応」(岡義武編『現代日本の政治過程』、岩波書店、一九五八年、所収)がある。この論文は、占領という形で、国際と国内の区分の消滅がひとつの極限に達した状況での日本を対象としたもので、共同研究の責任者ということもあり、先生がひときわ力をこめておられたのを、私は記憶している。

第一章「外からの改革」、第二章「占領政策の修正と支配層の立直り」、第三章「アメリカ防衛体制への編入」からこの論文は成っているが、その導入部で、先生が戦後史の基調として強調されたのは、次の点であった。

「焦土作戦か降服かの岐路に次第に追い詰められて来たとき、彼ら(政治的支配層)の脳裡を支配したものは熾烈な空爆の下に打ちのめされて行く窮迫した国民のみじめな姿ではなくて、『国体』をいかにかして保全するということであった」(三頁)。他面アメリカは「占領政策の基本的目標を日本の非軍事化および民主化に」置いたが、「この場合において非軍事化と民主化とは二つの別個のものとして考えられていたのでない。民主化は非軍事化に役だつものとされていたのである」(四頁)。

ところで、国内体制と国際政治との交錯は第二次世界戦争後、一段と昂進し、二つの体制の対立と二つの国家ブロックの対立との二重映しとしての冷戦構造を生み出した。こうした体制のイデオロギー的対決の状況は、「国家的利益」という枠組みだけでは認識し対処することができない。のみならず、本来、国家的利益という目的達成の手段であるはずの軍事力や戦争が、核兵器の開発により、その目的そのものを無意味にする性格をもつことになった。換言すれば、内政と外交の区別などは、核兵器の出現によって、物理的に不可能になり、世界全体の生存が問われることになった。「原水爆の出現は、世界政治を巨大な『歴史の十字路』に立たしめることになった。」世界は、国際平和への歩を進めるのか、文明の破滅へと向うのか。「それに答えることは、もはや国際政治史の領域を越えている。それは実に人類と文明との名においてわれわれの一人一人に対して厳粛に要請されている政治的実践の問題なのである」という言葉で『国際政治史』は終わっている。

先生は、本書『国際政治史』の改定版を出したいという希望をもち、折にふれて、先生所持の本書に書込みをしておられる。岡義武著作集第七巻(一九九二年)に収めるにあたっては、先生自身の手になる、こうした字句修正や誤植訂正を、すべて生かすようにした。

内容にかんしては、とくに、国際政治史での「第一次世界戦争開始以来のわが国にもっと重点を置く」こと、また、「非植民地化とともに国際政治におけるヨーロッパの比重低下したことにふれる」ことなどをメモしておられる。さらに、戦後国際政治についても、もっと新しい時点まで加筆したいと話されていたのを、私は記憶している。だが、そうした抱負を文字にする作業は未完におわり、残念ながら、先生の手になる新版を見ることはできない。

なお、諸外国の地名・人名などは、現在一般に使われている表記に改めた。また今日ではカタカナだけで十分特定可能となった地名・人名などについては、岡先生が執筆当時の読者を念頭において加えられた外国語表記は、適宜割愛した。さらに、脱欧米化しつつある今日では、英仏独語での名称でなく、それぞれの社会に固有の呼称もふえてきているので、岩波現代文庫に収めるにあたり、現地名に改めたり、それを併記した箇所もあることを、おことわりしておきたい。

（東京大学名誉教授）

本書は一九五五年一一月、岩波全書の一冊として刊行された。底本には『岡義武著作集』第七巻（岩波書店、一九九二年）を用いた。

索　引

さ 行

た 行

な 行

は 行

ま 行

や 行

ら 行

わ 行

国際政治史

2009年9月16日　第1刷発行

著　者　岡《おか》　義《よし》武《たけ》

発行者　山口昭男

発行所　株式会社 岩波書店
〒101-8002 東京都千代田区一ツ橋 2-5-5
案内 03-5210-4000　販売部 03-5210-4111
現代文庫編集部 03-5210-4136
http://www.iwanami.co.jp/

印刷・精興社　製本・中永製本

ISBN 978-4-00-600229-9　Printed in Japan

岩波現代文庫の発足に際して

新しい世紀が目前に迫っている。しかし二〇世紀は、戦争、貧困、差別と抑圧、民族間の憎悪等に対して本質的な解決策を見いだすことができなかったばかりか、文明の名による自然破壊は人類の存続を脅かすまでに拡大した。一方、第二次大戦後より半世紀余の間、ひたすら追い求めてきた物質的豊かさが必ずしも真の幸福に直結せず、むしろ社会のありかたを歪め、人間精神の荒廃をもたらすという逆説を、われわれは人類史上はじめて痛切に体験した。

それゆえ先人たちが第二次世界大戦後の諸問題といかに取り組み、思考し、解決を模索したかの軌跡を読みとくことは、今日の緊急の課題であるにとどまらず、将来にわたって必須の知的営為となるはずである。幸いわれわれの前には、この時代の様ざまな葛藤から生まれた、人文、社会、自然諸科学をはじめ、文学作品、ヒューマン・ドキュメントにいたる広範な分野のすぐれた成果の蓄積が存在する。

岩波現代文庫は、これらの学問的、文芸的な達成を、日本人の思索に切実な影響を与えた諸外国の著作とともに、厳選して収録し、次代に手渡していこうという目的をもって発刊される。いまや、次々に生起する大小の悲喜劇に対してわれわれは傍観者であることは許されない。一人ひとりが生活と思想を再構築すべき時である。

岩波現代文庫は、戦後日本人の知的自叙伝ともいうべき書物群であり、現状に甘んずることなく困難な事態に正対して、持続的に思考し、未来を拓こうとする同時代人の糧となるであろう。

（二〇〇〇年一月）

岩波現代文庫[学術]

G187
地中海世界を彩った人たち
—古典にみる人物像—
柳沼重剛

古代の地中海世界ではどんな人々が活躍していたのか。英雄豪傑、美女、賢者など古典文学に登場する多彩な人物の織りなす一大絵巻。

G188
昭和の政党
粟屋憲太郎

政友会、民政党の二大政党が牽引する戦前政党政治はなぜ凋落し、戦争に抗し得なかったか。多彩な主題の解明で昭和史を描く一冊。

G189
フランス革命
柴田三千雄

「フランス革命」とは何だったのか。貴族・ブルジョワ・民衆の三者の勢力関係から、近代国民国家が再編成される過程を読み解く。

G190
空間〈機能から様相へ〉
原広司

機能的な均質空間の支配に抗して、著者は21世紀の建築は「様相」に向かうというテーゼを発信する。著名な建築家による哲学的著作。

G191
パリの聖月曜日
—一九世紀都市騒乱の舞台裏—
喜安朗

一九世紀パリの民衆騒乱の背景には何があったのか。日常生活の細部から浮かび上がる都市民衆の「文化」を活写した社会史の傑作。

G192
歴史のなかのからだ
樺山紘一

人間の「からだ」はどのように考えられてきたのか。古今東西の豊富な例をもとに「からだ」イメージの変遷を縦横無尽に解き明かす。

G193
昭和天皇・マッカーサー会見
豊下楢彦

戦後史の謎として長らく未解明だった全一一回の極秘会談。二人は何を話したかが「松井文書」の解読によって初めて明らかにされた。

G194
中国の民族問題
―危機の本質―
加々美光行

中国近現代史と国際政治の動向の中にチベット、ウイグル、モンゴルを位置づけ、民族自決運動の実態、共産党の民族政策等について考察。

G195
ケインズ『一般理論』を読む
宇沢弘文

『雇用、利子および貨幣の一般理論』は二〇世紀経済学で最大の影響力を持ち、その難解さでも知られる。その全体像を平明に解読する。

G196
「かたち」の哲学
加藤尚武

同じ「かたち」をしているものは、同じ存在？　双子姉妹との恋愛物語を通して、哲学の古くて新しい問題群をわかりやすくかたる。

岩波現代文庫[学術]

G203
新版 地球進化論
松井孝典
いかなる偶然によって、地球は生命を育む天体となりえたのか。地球の起源、海の誕生、大気の進化など、近年の研究成果を踏まえ考察する。

G204
民衆の大英帝国
―近世イギリス社会とアメリカ移民―
川北 稔
一七・一八世紀イギリス社会の貧民層にとって、帝国の形成は何を意味したか。人の行き来の側面から大英帝国をヴィヴィッドに描きだす社会史。

G205
自我の起原
―愛とエゴイズムの動物社会学―
真木悠介
生命史における「個体」発生とその主体化の画期的意義とは何か。遺伝子理論・動物行動学等の成果から「自我」成立の前提を解明する。〈解説〉大澤真幸

G206
近代日中関係史断章
小島晋治
アヘン戦争以後の日本と中国の歴史がどのようにからみあい、両国国民はお互いをどう認識したかをさぐる比較近代思想史の試み。

G207
広告の誕生
―近代メディア文化の歴史社会学―
北田暁大
広告とは何か。日本近代のメディア・消費文化の生成から検討し、その社会的意味と「ねじれた」政治性を浮き彫りにする力作論考。〈解説〉遠藤知巳

2009. 9

G208
私はどうして私なのか
―分析哲学による自我論入門―
大庭　健

自分がいる、とはどういうことなのか?「私」とは何?「あなた」がいて「私」がいる意味を、分析哲学の手法で鮮やかに検証する。

G209
マッド・マネー
―カジノ資本主義の現段階―
スーザン・ストレンジ
櫻井公人
櫻井純理
髙嶋正晴　訳

世界金融危機をどう認識するか。前著『カジノ資本主義』でカジノ化した市場に警鐘を鳴らした著者が、「マッド」になった市場を告発する。

G210
新版 ディコンストラクションI
J・カラー
富山太佳夫
折島正司　訳

気鋭の文芸理論家が、テクストの理論、読書行為論、フェミニズム論等を中心に、思想・哲学の最新配置図を描いた現代思想の名著。

G211
新版 ディコンストラクションII
J・カラー
富山太佳夫
折島正司　訳

脱構築の思想でテクストの独自な論理を解読し、メルヴィル等の文学作品やフロイトを具体的に批評する。ポスト構造主義の必読書。

G212
江戸の食生活
原田信男

大繁盛した大都市江戸の食べ物商売、武士の日記にみる日々の献立、肉食の忌避とその実態など、食から近世に生きる人びとの暮らしと心を探る。〈解説〉神崎宣武

2009. 9

岩波現代文庫[学術]

G213
イエス・キリストの言葉
―福音書のメッセージを読み解く―
荒井献

イエス・キリストの言葉は、現代においてどのような意味を持っているか。それぞれの福音書記者の立場や時代背景にそって読み解く。

G214
国民の天皇
―戦後日本の民主主義と天皇制―
ケネス・ルオフ
木村剛久
福島睦男 訳
高橋紘 監修

皇室の行動様式は戦後いかに変容したか。現天皇即位後の二〇年、象徴としての天皇制がいかに推移してきたかを歴史的に考察する労作。〈解説〉原武史

G215
日本国憲法の誕生
古関彰一

現憲法制定過程で何が問われたか。GHQ側、日本側の動向を解明する。現憲法に対する立場の違いを超えて、憲法を学ぶ人々にとっての必読書。大幅に加筆。

G216
家父長制と資本制
―マルクス主義フェミニズムの地平―
上野千鶴子

階級闘争でも性解放運動でも突破しえなかった、近代資本制社会に特有の抑圧構造を明快に分析する代表作。

G217
セクシィ・ギャルの大研究
―女の読み方・読まれ方・読ませ方―
上野千鶴子

もの欲しげな目に半開きの唇、しなりくねらせた肢体。世に流布するお色気広告を、ズバリ分析！ キケンで快感いっぱいの処女作。

2009. 9

岩波現代文庫[学術]

G218
近衛文麿
―教養主義的ポピュリストの悲劇―
筒井清忠

戦前の人気政治家は、戦争の時代にどう向き合ったのか。近衛の栄光と挫折を教養主義とポピュリズムの連関から究明する。待望の現代文庫オリジナル版。

G219
デモクラシーと国民国家
福田歓一
加藤節編

丸山眞男とともに戦後日本の政治学を理論的にリードした著者(一九二三―二〇〇七年)の不朽の政治哲学論集。

G220
〈心理療法〉コレクションI
ユング心理学入門
河合隼雄
河合俊雄編

日本で最初のユング心理学に関する本格的入門書。著者の処女作でもあり、河合心理学の出発点がわかる本。〈解説〉茂木健一郎

G221
〈心理療法〉コレクションII
カウンセリングの実際
河合隼雄
河合俊雄編

実際のカウンセリング場面で必要なカウンセラーの心構えとは？　著者自らのカウンセリング体験を踏まえて語る心理療法入門の実践編。〈解説〉鷲田清一

G222
〈心理療法〉コレクションIII
生と死の接点
河合隼雄
河合俊雄編

人生の様々な転機における危機を、古今東西の神話や伝説などを織りまぜて読み解く、河合心理学の傑作。〈解説〉柳田邦男

2009.9

岩波現代文庫[学術]

G226-227
ヒロシマを生き抜く(上・下)
—精神史的考察—
R・J・リフトン
桝井・湯浅
越智・松田訳

被爆一七年後に行なった被爆者へのインタビューに基づき、人類への最大の破壊行為の影響、特に、生き残った者の心理的側面に初めて光をあてた記念碑的著作。〈解説〉田中利幸

G228
近代日本の国家構想
—一八七一—一九三六—
坂野潤治

廃藩置県から二・二六事件までを多様な政治体制構想の相剋の過程として描き出す出色の近代政治史論。

G229
国際政治史
岡義武

東京大学法学部で政治史・外交史を講じた著者が、一九五五年に岩波全書の一冊として著した先駆的で独創的な名著。〈解説〉坂本義和

2009.9